新能源电力与低碳发展研究北京市重点实验室（华北电力大学）研究成果

电力行业煤炭消费总量控制方案和政策研究

袁家海　徐燕　雷祺　著

中国水利水电出版社
www.waterpub.com.cn
·北京·

内 容 提 要

本书基于对各类煤炭替代能源发电技术的经济性、竞争性及技术发展潜力分析，提出电力行业低碳转型路线图，研究全国中长期电力需求与电力负荷特性，编制全国中长期电力规划的参照方案和政策方案，并进一步对煤炭控制方案进行成本效益分析，提出电力行业煤炭消费总量控制目标措施以及相应的政策建议。

本书适合高等院校电力类管理科学与工程、技术经济及管理等专业的师生以及相关研究机构和政府部门的人员阅读参考。

图书在版编目（CIP）数据

电力行业煤炭消费总量控制方案和政策研究 / 袁家海，徐燕，雷祺著. -- 北京：中国水利水电出版社，2019.2
 ISBN 978-7-5170-7274-4

Ⅰ.①电… Ⅱ.①袁… ②徐… ③雷… Ⅲ.①电力工业—煤炭资源—能源消费—经济政策—研究—中国 Ⅳ.①F426.61

中国版本图书馆CIP数据核字（2018）第296282号

书　　名	**电力行业煤炭消费总量控制方案和政策研究** DIANLI HANGYE MEITAN XIAOFEI ZONGLIANG KONGZHI FANG'AN HE ZHENGCE YANJIU
作　　者	袁家海　徐燕　雷祺　著
出版发行	中国水利水电出版社 （北京市海淀区玉渊潭南路1号D座　100038） 网址：www.waterpub.com.cn E-mail：sales@waterpub.com.cn 电话：（010）68367658（营销中心）
经　　售	北京科水图书销售中心（零售） 电话：（010）88383994、63202643、68545874 全国各地新华书店和相关出版物销售网点
排　　版	中国水利水电出版社微机排版中心
印　　刷	天津嘉恒印务有限公司
规　　格	170mm×240mm　16开本　11.75印张　217千字
版　　次	2019年2月第1版　2019年2月第1次印刷
印　　数	0001—1000册
定　　价	**58.00元**

凡购买我社图书，如有缺页、倒页、脱页的，本社营销中心负责调换

版权所有·侵权必究

前　言

　　由于能源资源的禀赋条件，决定了我国以煤为主的一次能源消费结构，可以预见煤电在相当长的时期内仍将是我国电源结构的主力。长期以来，以煤炭为主的能源结构支撑了中国经济的高速发展，但同时也对生态环境造成了严重的破坏，尤其是2012年以来反复出现的全国性大面积重度雾霾，严重威胁了公众的身体健康。为了应对气候变化、保护环境和减少空气污染，电力行业煤炭消费控制方案及政策研究势在必行：一方面，严格控制电力行业煤炭消费总量，使电力行业的煤炭消费量尽早达到峰值，可以节约资源，实现资源更大范围内的优化配置；另一方面，加强大气污染防治，在环境容量的约束下促进电力行业实现低碳可持续发展。

　　本书通过对我国电力发展现状及面临形势的分析，深入研究各类煤炭替代能源发电技术的经济性、竞争性及技术发展潜力，提出电力行业低碳转型路线图；综合考虑经济社会发展、电气化水平提高以及能源资源特征等影响因素，研究全国中长期电力需求与电力负荷特性，并综合考虑电力电量平衡，编制全国中长期电力规划的参照方案和政策方案，分析未来煤电耗能的下降空间，预测电力行业煤炭消费总量峰值和拐点；基于区域资源评估、技术展望以及国家提出的战略规划与政策措施，编制区域中长期电力规划的参照方案，通过构建基于环境容量约束和输电约束的分区域综合资源战略规划模型，编制区域中长期电力规划的政策方案；提出电力行业煤炭消费总量控制措施，从电网实际运行角度，利用低碳电力调度模型对典型电网系统中各类替代能源的应用潜力和系统运行可行性进行分析，研究压煤、挖潜空间，并进一步对煤炭控制方案进行成本效益分析；结合电力发展战略目标、原则、布局，提出电力行业煤炭消费总量控制目标措施及相应的政策建议。

本书内容是国家自然科学基金项目"低碳电力转型目标决策、路径优化与政策机制协同设计"（71673085）的阶段性成果；本书还得到了中央高校基本科研业务费专项资金（2018ZD14）的资助。同时感谢自然资源保护协会中国煤控项目的大力支持。本书的编写得到了国内外众多专家学者的指导和帮助，在此一并表示衷心的感谢。

本书编写分工如下：袁家海（华北电力大学）负责本书的策划与统筹、研究主体方向与框架，以及最终结论与第六章政策建议的编写工作；欧阳敏（振华石油控股有限公司）负责第一章的编写工作；赵长财（中国电力科学研究院有限公司）负责第二章的编写工作；徐燕（山西财经大学）负责第三章的编写工作；雷祺（广州供电局有限公司）、王杨（上海电力设计院有限公司）负责第四章的编写工作；张为荣（华北电力大学）负责第五章的编写工作。

由于作者水平有限，书中不妥之处，敬请广大读者批评指正。

作者

2018 年 10 月

目 录

前言

第一章 我国电力发展概况 ... 1
第一节 装机容量及构成 ... 1
第二节 发电量及其构成 ... 2
第三节 发电结构及布局 ... 4

第二章 电力行业节能减排现状及形势 ... 8
第一节 电力能源消耗情况 ... 8
第二节 电力行业节能降耗现状 ... 9
第三节 火力发电厂的污染物排放与控制 ... 11
第四节 火力发电厂污染物排放与控制的挑战 ... 16

第三章 电力行业低碳转型路线研究 ... 18
第一节 主要电力技术的发展现状 ... 18
第二节 主要电力技术的资源潜力 ... 31
第三节 主要电力技术的技术发展路线图 ... 35
第四节 主要电力技术的技术经济评估 ... 47
第五节 电力行业低碳转型路径 ... 59

第四章 中长期低碳电力规划情景方案研究 ... 61
第一节 电力需求预测分析 ... 61
第二节 中长期电力规划方案 ... 75
第三节 电力行业污染物排放预测 ... 98
第四节 煤电水耗预测 ... 106
第五节 中长期电力投资测算及供电成本分析 ... 114
第六节 控煤的综合效益分析 ... 120

第五章 电力行业煤炭消费总量控制方案研究 ... 123
第一节 情景预测结果 ... 123
第二节 大力推广节能技术 ... 123
第三节 提高非化石能源发电比例 ... 123

第四节　优化火力发电结构与布局 …………………………………… 127
　　第五节　提高火力发电能效和技术 …………………………………… 129
　　第六节　实施低碳电力调度 …………………………………………… 132
　　第七节　节煤潜力分析 ………………………………………………… 135

第六章　电力行业煤炭消费控制政策措施 ………………………………… 137
　　第一节　立足国情、稳步推进电力市场化改革 ……………………… 137
　　第二节　大力推广节能技术、促进节能减排 ………………………… 140
　　第三节　推进电力科技创新、建设协同创新体系 …………………… 143
　　第四节　消除影响可再生能源发电应用的体制机制障碍 …………… 146
　　第五节　优化火电结构 ………………………………………………… 149
　　第六节　深化现有火电机组能效改造 ………………………………… 150
　　第七节　实施节能发电调度 …………………………………………… 151

第七章　结论 ………………………………………………………………… 153
　　第一节　研究结果 ……………………………………………………… 153
　　第二节　政策建议 ……………………………………………………… 153

附录 A　统筹电源、电网、负荷的分区 IRSP 电力规划模型 …………… 161

附录 B　节能发电调度模型 ………………………………………………… 166

附录 C　电力需求情景分析 ………………………………………………… 169

参考文献 ……………………………………………………………………… 177

第一章 我国电力发展概况

我国经济持续高速增长带动能源电力消费持续增加,电力行业在保持快速发展的同时,不断适应经济结构调整和科技迅猛发展带来的深刻变化,持续推进转变发展方式,调整电力结构,加强电力节能减排,为经济社会环境协调发展做出了重要的贡献。

2014年,全国电力消费增速放缓,全社会用电量55233亿kWh,同比增长3.8%,全国发电装机容量13.60亿kW,比上年增长8.7%,其中煤电装机8.3亿kW。2014年,全国主要电力企业电力工程建设完成投资7764亿元,同比增长0.5%。电源工程建设完成投资3646亿元,其中火电投资占电源投资的比例为26.1%。

第一节 装机容量及构成

截至2014年年底,全国发电总装机容量136019万kW,同比增长8.7%,其中:水电30183万kW(含抽水蓄能2183万kW),占总装机容量的22.2%;火电91569万kW(含煤电82524万kW、气电5567万kW),占总装机容量的67.4%,比上年降低1.7个百分点;核电1988万kW,并网风电9581万kW,并网太阳能发电2652万kW。

2001—2014年全国发电总装机容量及其增速变化见图1-1,人均装机容量

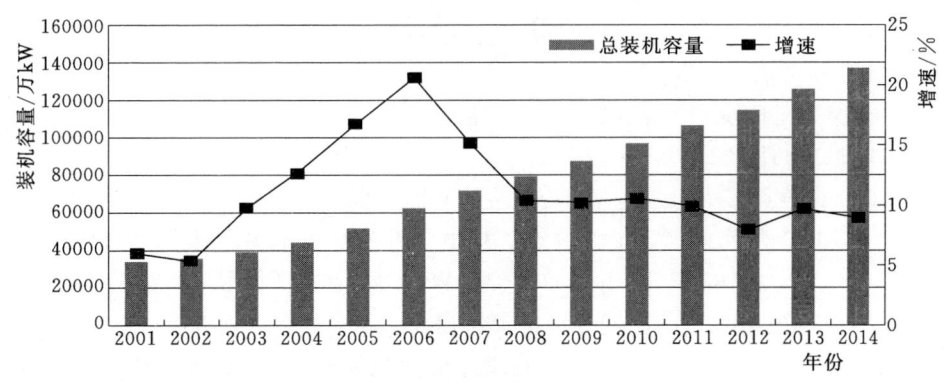

图1-1 2001—2014年全国发电总装机容量及其增速变化

及其增速变化见图1-2,不同发电类型装机比例变化见图1-3。

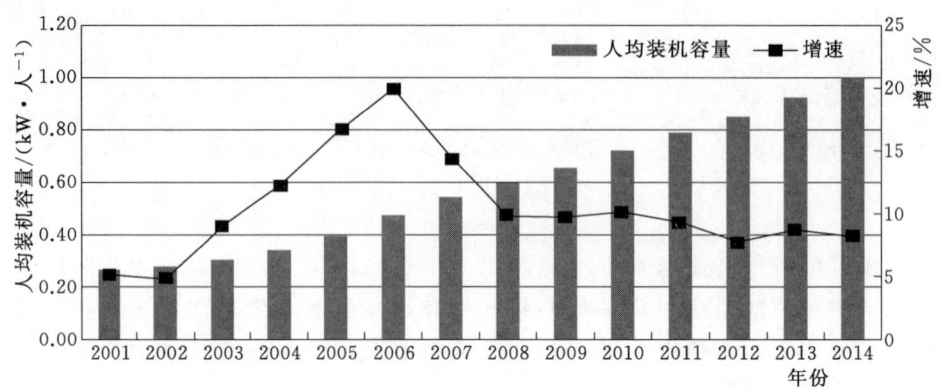

图1-2　2001—2014年全国人均装机容量及其增速变化

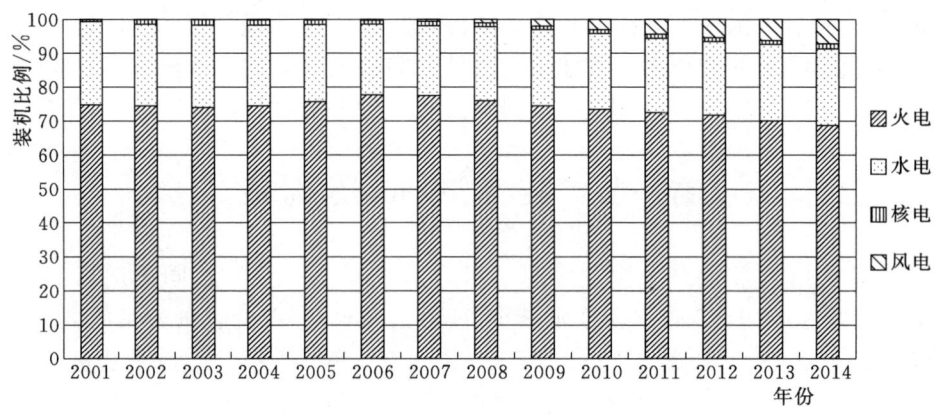

图1-3　2001—2014年全国不同发电类型装机比例变化

第二节　发电量及其构成

2014年,全国全口径发电量55459亿kWh,比上年增长3.6%。分类型看,水电发电量10661亿kWh,同比增长19.7%,占全国发电总量的19.2%,比上年提高2.6个百分点;火电发电量41731亿kWh,同比下降0.7%,占全国发电总量的75.2%,比上年降低3.3个百分点;核电、并网风电和并网太阳能发电量分别为1262亿kWh、1563亿kWh和231亿kWh,同比分别增长13.2%、12.2%和171%,占全国发电总量的比例分别比上年提高0.2个、0.2个和0.3个百分点。

2001—2014年全国发电总量及其增速变化见图1-4,全国人均发电量及其增速变化见图1-5,全国不同发电类型发电量比例变化见图1-6。

第二节 发电量及其构成

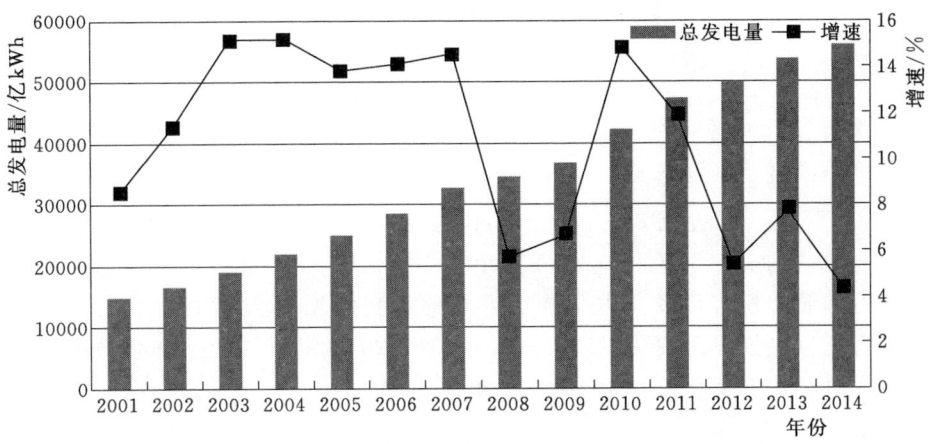

图 1-4　2001—2014 年全国发电总量及其增速变化

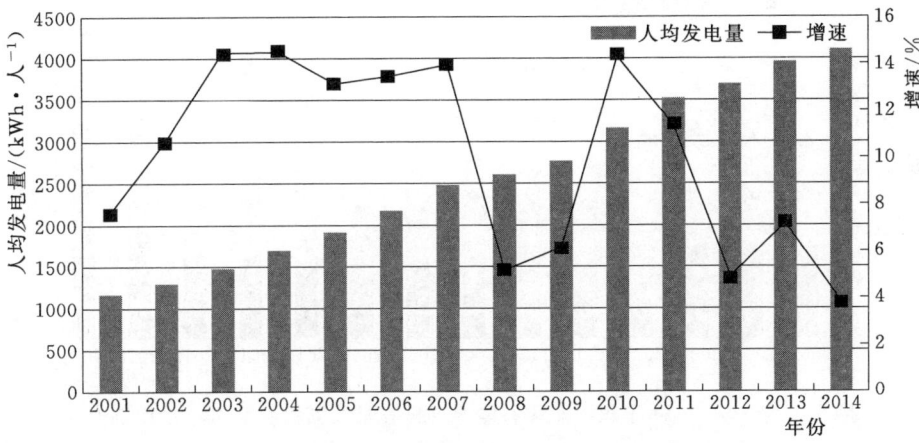

图 1-5　2001—2014 年全国人均发电量及其增速变化

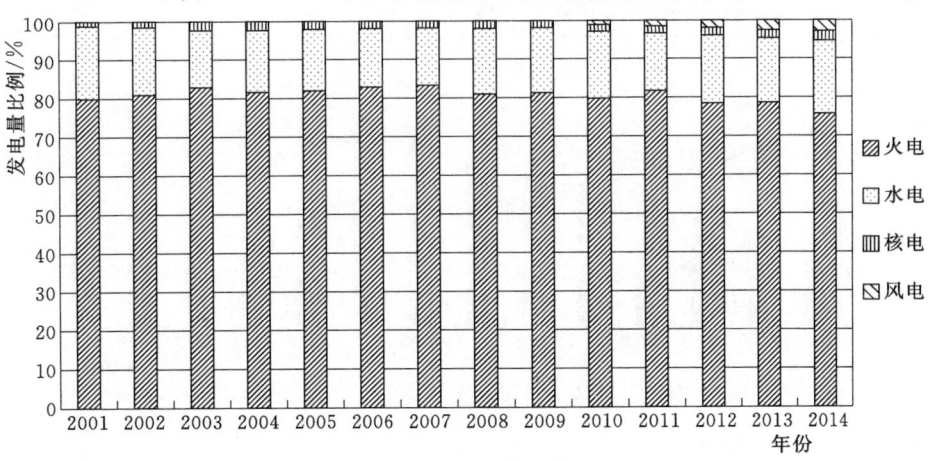

图 1-6　2001—2014 年全国不同发电类型发电量比例变化

第三节 发电结构及布局

1. 非化石能源发电❶

根据中国电力企业联合会统计，截至 2014 年年底，我国非化石能源装机容量达到 44655 万 kW 左右，占我国总装机容量的 32.59%。2014 年，我国非化石能源发电量达到 13771 亿 kWh 左右，占总发电量的 24.57%。2001—2014 年我国非化石能源装机容量及其占总装机容量比例变化见图 1-7，非化石能源发电量及其占总发电量比例变化见图 1-8；2001—2014 年不同类型非化石能源装机容量和发电量比例变化分别见图 1-9 和图 1-10。

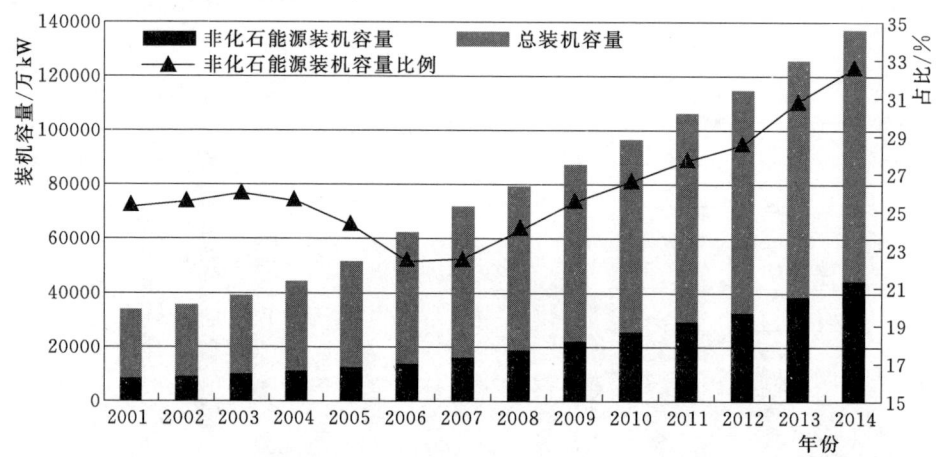

图 1-7 2001—2014 年我国非化石能源装机容量及其占总装机容量比例变化

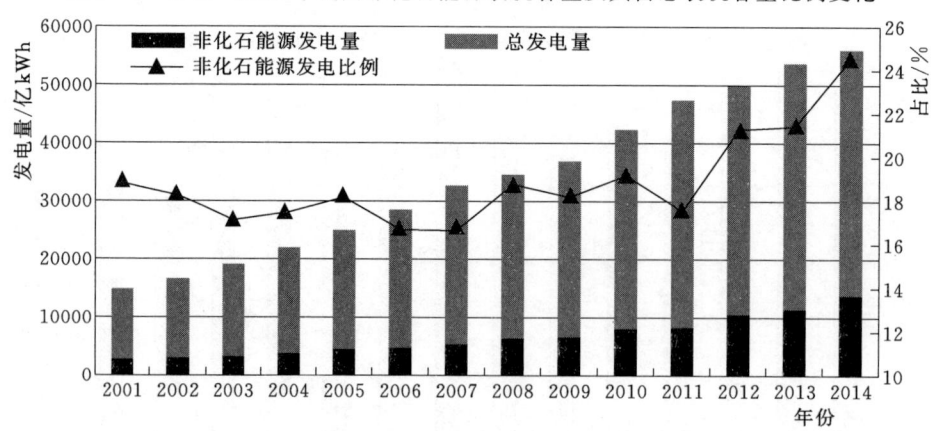

图 1-8 2001—2014 年我国非化石能源发电量及其占总发电量比例变化

---

❶ 本研究中非化石能源发电包括水电、核电、风电、太阳能等发电类型等。

第三节 发电结构及布局

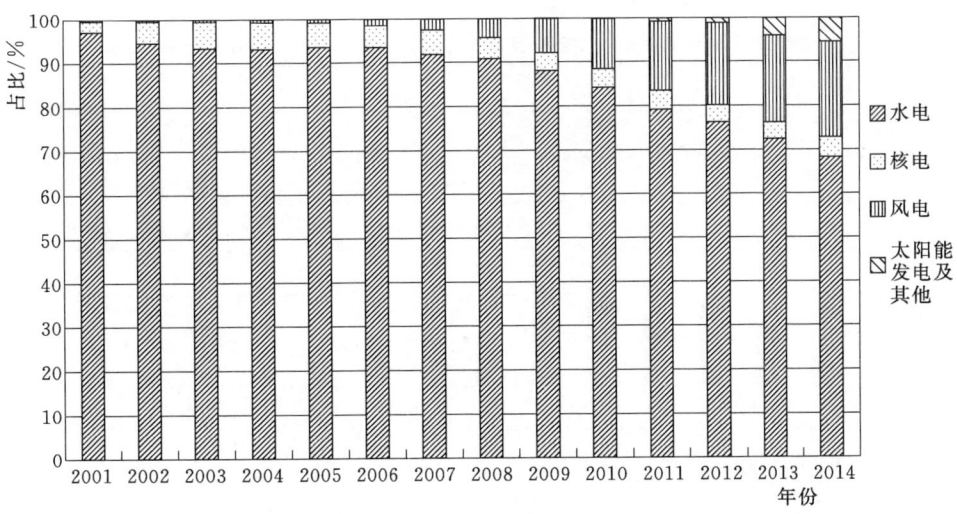

图 1-9 2001—2014 年我国不同类型非化石能源装机容量比例变化

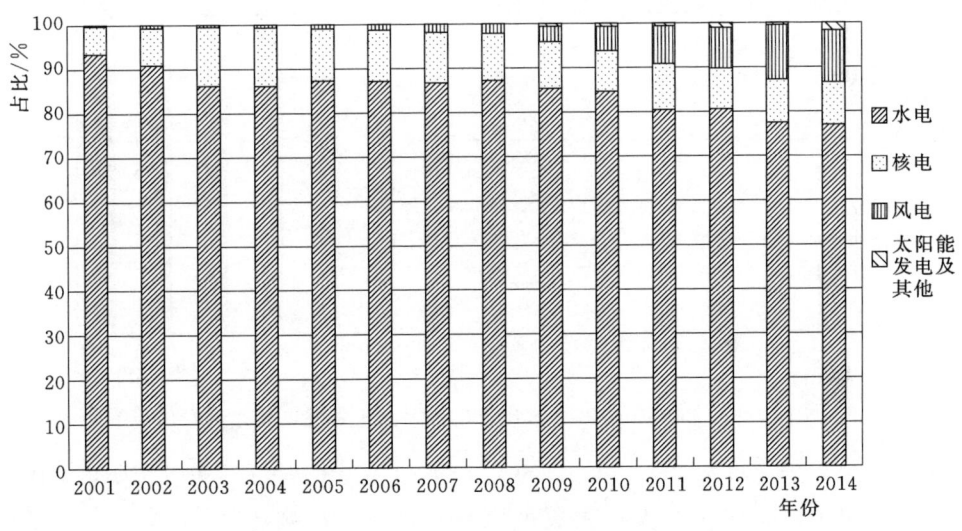

图 1-10 2001—2014 年我国不同类型非化石能源发电量比例变化

2. 火力发电

截至 2014 年年底，全国火电装机容量 92363 万 kW，占我国总装机容量的 67.41%。2014 年，全国火电发电量 42274 亿 kWh，占总发电量的 75.43%。2001—2014 年我国火电装机容量及其占总装机容量比例变化见图 1-11，火电发电量及其占总发电量比例变化见图 1-12。

截至 2014 年年底，纳入行业 6000kW 及以上机组统计调查范围的火电机组容量 89723 万 kW，占全国 6000kW 及以上火电机组容量的 97.67%。调查范围

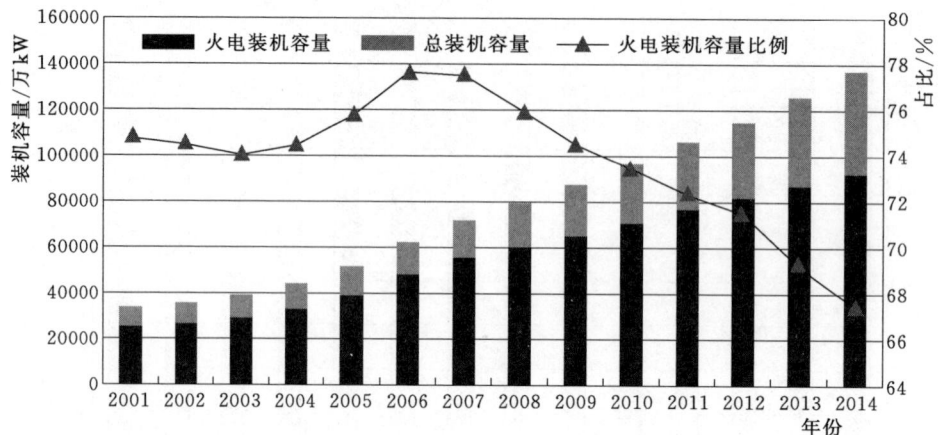

图 1-11　2001—2014 年我国火电装机容量及其占总装机容量比例变化

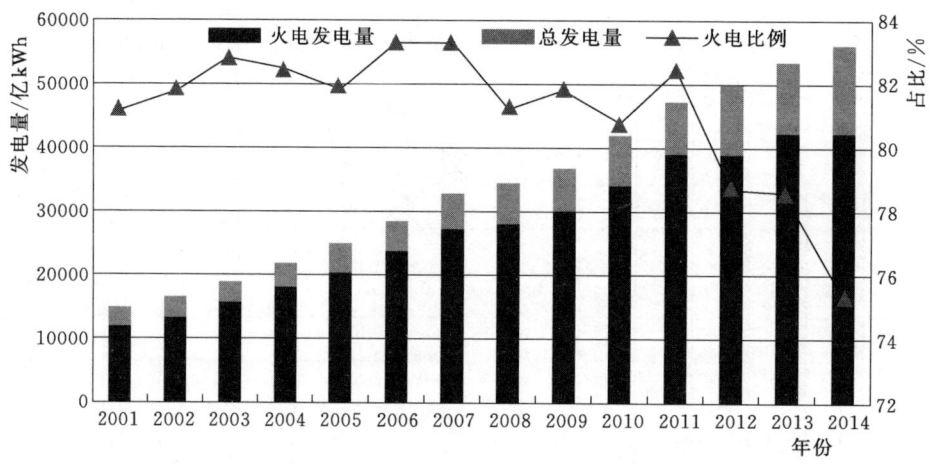

图 1-12　2001—2014 年火电发电量及其占总发电量比例变化

内火电机组平均单机容量 12.53 万 kW，比上年增加 0.72 万 kW。在调查范围内的火电机组中，60 万 kW 及以上火电机组容量所占比例达到 41.58%，比上年提高 0.44 个百分点，比 2005 年提高 29.90 个百分点，反映大容量、高参数的火电机组自"十一五"以来得到迅速发展。单机 30 万～60 万 kW（不含 60 万 kW）、20 万～30 万 kW（不含 30 万 kW）、10 万～20 万 kW（不含 20 万 kW）火电机组比例分别为 35.75%、6.21%、7.08%。2014 年年底全国统计调查范围内火电机组容量等级结构见表 1-1，2006—2014 年全国纳入统计范围❶的火电机组装机容量比例变化情况见图 1-13。

---

❶ 指 2006—2014 年纳入全行业 6000kW 以上机组统计调查范围的机组。

表 1-1　　2014 年全国统计调查范围内火电机组容量等级结构

指标分类		火电机组合计/万 kW	占统计调查范围内火电装机容量比例/%
6000kW 及以上机组		89723	100
其中	60 万 kW 及以上机组	37305	41.58
	30 万~60 万 kW 机组（不含 60 万 kW）	32080	35.75
	20 万~30 万 kW 机组（不含 30 万 kW）	5568	6.21
	10 万~20 万 kW 机组（不含 20 万 kW）	6348	7.08
	不足 10 万 kW 机组	8422	9.38

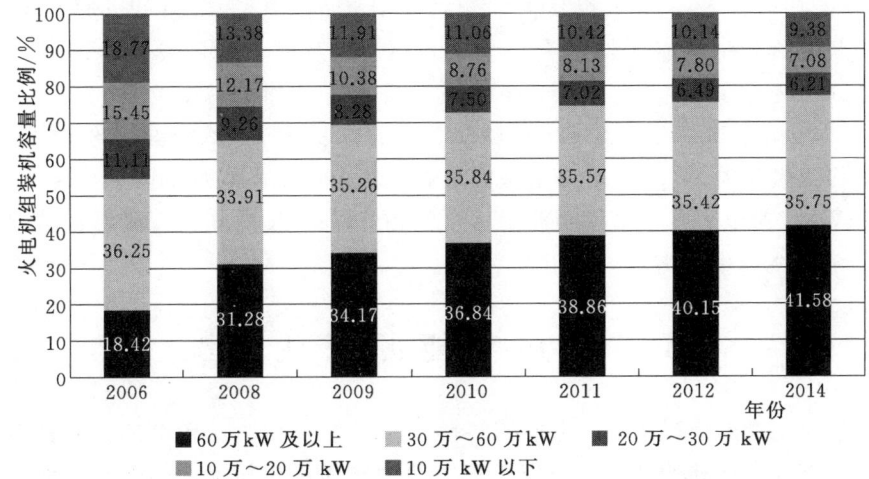

图 1-13　2006—2014 年全国纳入统计范围的火电机组装机容量比例变化

第二章 电力行业节能减排现状及形势

我国能源以煤为主,根据《中国统计摘要 2013》,2012 年我国能源消费总量 36.2 亿 t 标准煤,其中煤炭占能源消费总量的 67.1%。在煤炭的消费结构中,电煤占煤炭消耗量比例最大,全年 6000kW 及以上电厂发电生产及供热消耗原煤 19.74 亿 t,比上年减少 1.61%,占全国原煤供应总量的 50.23%。

以 2005 年为基准年,2006—2012 年,电力行业累计节约标准煤约 12.82 亿 t,累计减排二氧化碳 35.6 亿 t,节能成效显著。其中,供电煤耗的降低至 2013 年的 321g/kWh,对电力行业节能贡献最大,约占 52%;发展非化石能源贡献率约占 46%;降低线损率约占 2%。

第一节 电力能源消耗情况

在整个能源转换过程中,电能的转换是转换效率相对比较高的,而且电能具有清洁、高效、便利的特点,可以较为方便地转换为机械能、热能等其他形式的能源并实现精密控制。对全社会而言,提高电能在终端能源消费中的比例,本身就提高了能源利用效率,起到了节能降耗的作用,但电力在我国的一次能源、终端能源消费中比例都不高。电力在一次能源和终端消费中的比例见图 2-1。

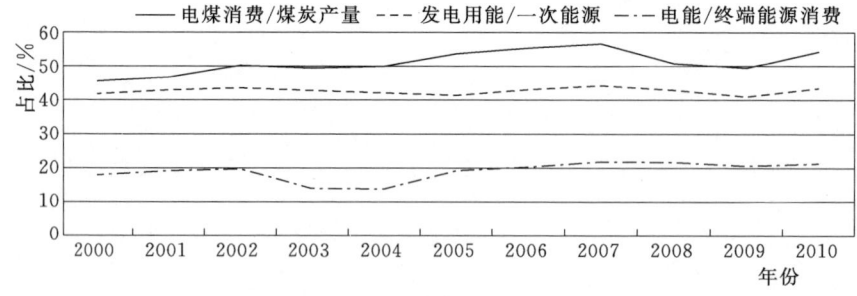

图 2-1 电力在一次能源和终端消费中的比例
(资料来源:《国家能源与电力统计手册》)

我国能源以煤为主，根据《中国统计摘要 2013》，2012 年我国能源消费总量为 36.2 亿 t 标准煤，其中煤炭占能源消费总量的 67.1%，石油占 18.5%，天然气占 5.2%，水电、核电及其他能源发电占 9.2%。在煤炭的消费结构中，电煤占煤炭消耗量比例最大，2012 年，受电力消费需求放缓以及水电多发影响，全国 6000kW 及以上电厂发电消耗原煤 17.90 亿 t，比上年减少 1.87%；6000kW 及以上电厂供热消耗原煤 1.84 亿 t，比上年增长 1.01%。全年 6000kW 及以上电厂发电生产及供热消耗原煤 19.74 亿 t，比上年减少 1.61%，占全国原煤供应总量的 50.23%。2012 年分行业煤炭消费情况见图 2-2。

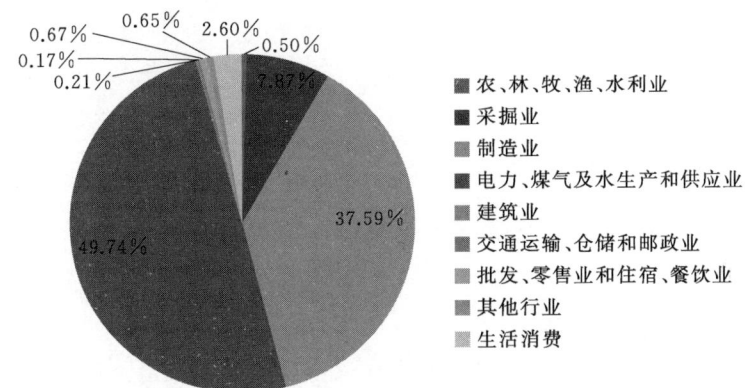

图 2-2 2012 年分行业煤炭消费情况

（资料来源：《中国能源统计年鉴 2012》，电力、热力的生产供应业所占比例为 49.4%）

第二节 电力行业节能降耗现状

1. 供电标准煤耗

截至 2012 年年底，全国 6000kW 及以上火电机组供电标准煤耗 325g/kWh（注：以下描述供电煤耗都为供电标准煤耗），比上年降低 4g/kWh，提前 3 年实现"节能减排'十二五'规划"确定的 325g/kWh 的目标，煤电机组供电煤耗继续居世界先进水平。从各地区看，全国有 13 个省（自治区、直辖市）火电机组供电煤耗低于全国平均值，其中，北京由于燃气和供热机组较多，供电标准煤耗比全国平均值低 65g/kWh；上海、浙江和福建低于全国平均值超过 20g/kWh。除吉林和青海外，全国各省（自治区、直辖市）火电机组供电煤耗均较上年有所降低。其中，新疆、四川、北京、山东、西藏和宁夏降低幅度较大，超过 10g/kWh。到 2014 年，我国火电机组平均供电煤耗降至 319g/kWh，1980 年以来我国火电机组平均供电煤耗变化情况见图 2-3。

第二章 电力行业节能减排现状及形势

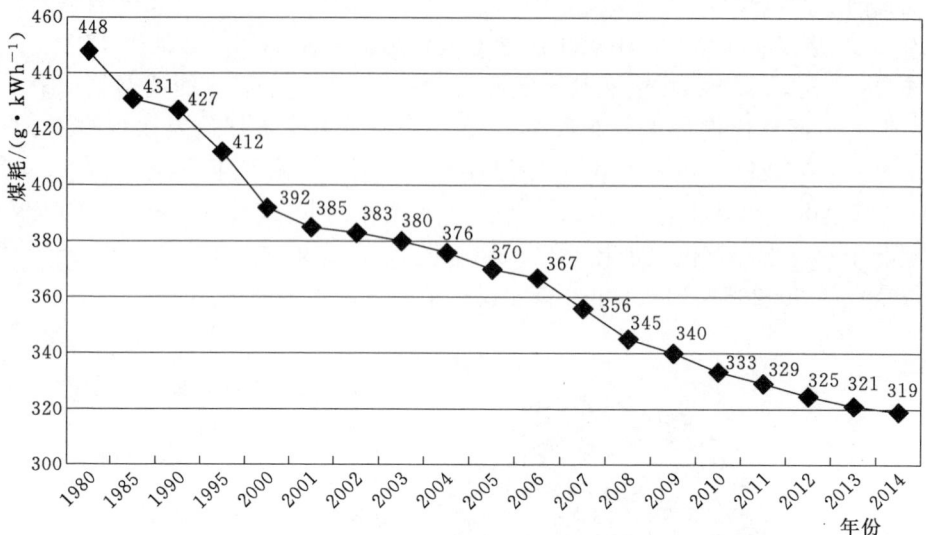

图 2-3 1980—2014 年我国火电机组平均供电标准煤耗变化情况

2. 发电厂用电率

2014 年，全国发电厂用电率为 4.83%，比上年下降 0.23 个百分点。其中，水电 0.5%，比上年上升 0.17 个百分点；火电 5.84%，比上年下降 0.18 个百分点。2000—2014 年全国厂用电率变化情况见图 2-4。

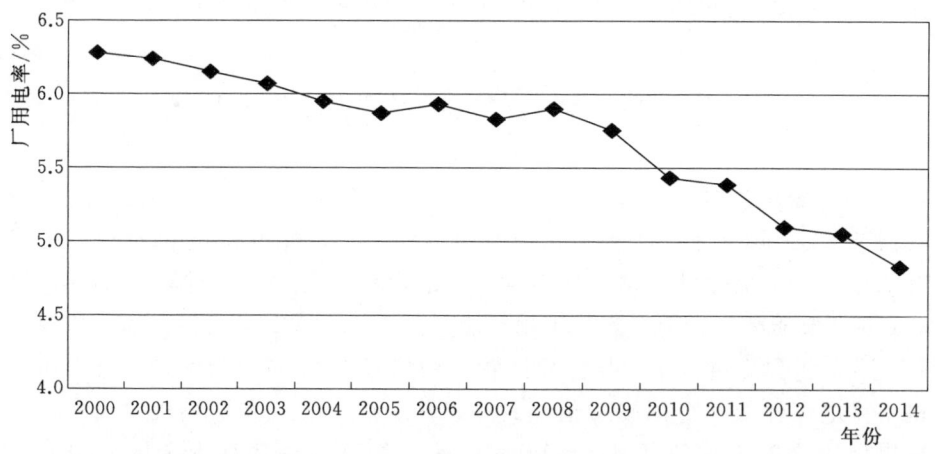

图 2-4 2000—2014 年全国厂用电率变化情况

3. 线路损失率

2014 年，全国线路损失率为 6.64%，比上年下降 0.05 个百分点。2000—2014 年全国电网线损率变化情况见图 2-5。

第三节 火力发电厂的污染物排放与控制

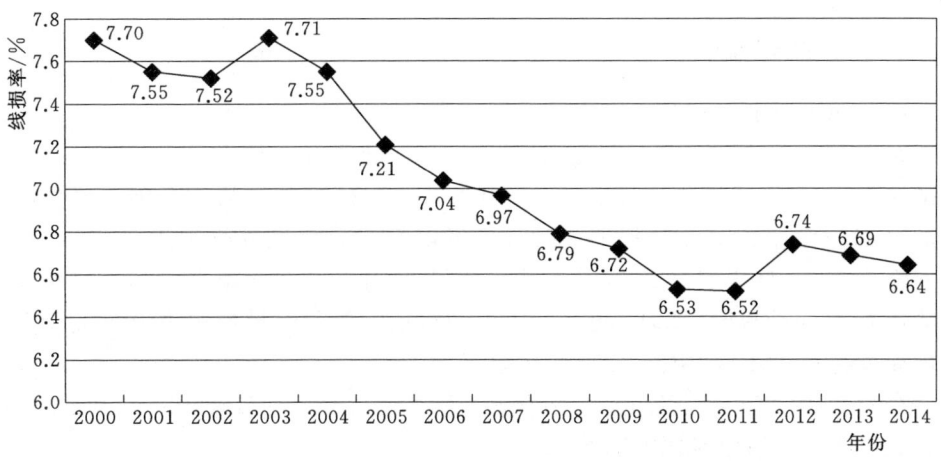

图 2-5 2000—2014 年全国电网线损率变化情况

第三节 火力发电厂的污染物排放与控制

一、烟尘

2012 年，全国电力烟尘年排放量约为 151 万 t，比上年下降 2.6%；每千瓦时火电发电量烟尘排放量为 0.39g，比上年下降 1.7%。截至 2012 年年底，电除尘器的应用比例约为 90%，布袋除尘器（含电袋）比例约为 10%。2014 年，电力行业烟尘排放量显著下降，全年排放量约为 98 万 t，相比 2012 年下降了约 35%。

2001—2012 年全国火力发电厂烟尘排放情况见图 2-6。

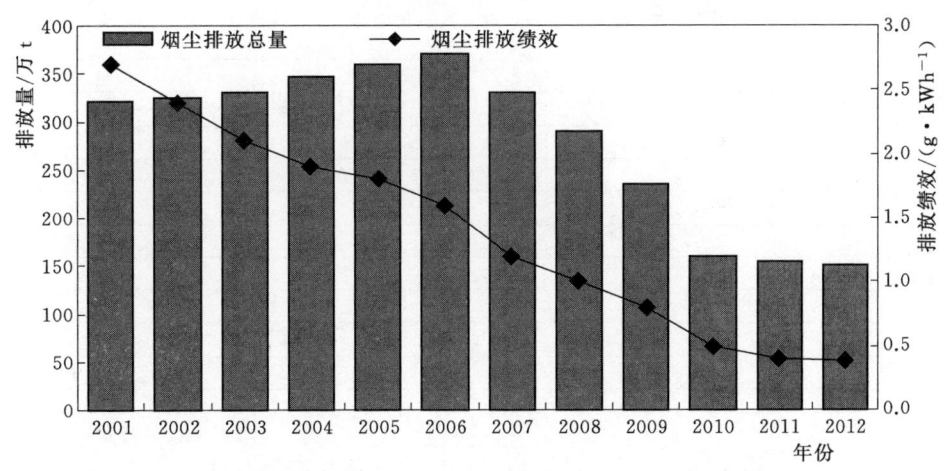

图 2-6 2001—2012 年全国火力发电厂烟尘排放情况
（烟尘排放量来源于电力行业统计分析，统计范围为全国装机容量 6000kW 及以上火电厂）

二、二氧化硫

1. 二氧化硫排放情况

2012年,全国二氧化硫排放2117.6万t,比上年下降4.5%;电力二氧化硫排放883万t,比上年下降3.3%;电力二氧化硫排放量约占全国二氧化硫排放量的41.7%。2012年,每千瓦时火电发电量二氧化硫排放量为2.26g,比上年下降0.08g,好于美国2011年水平(美国2011年单位煤电发电量二氧化硫排放绩效为2.8g/kWh)。2014年,我国电力行业二氧化硫排放量也显著减少,全年排放量约620万t,相比2012年下降了30%。

2001—2012年全国及电力二氧化硫排放情况见图2-7,2005年以来中美电力二氧化硫排放绩效对比见图2-8。

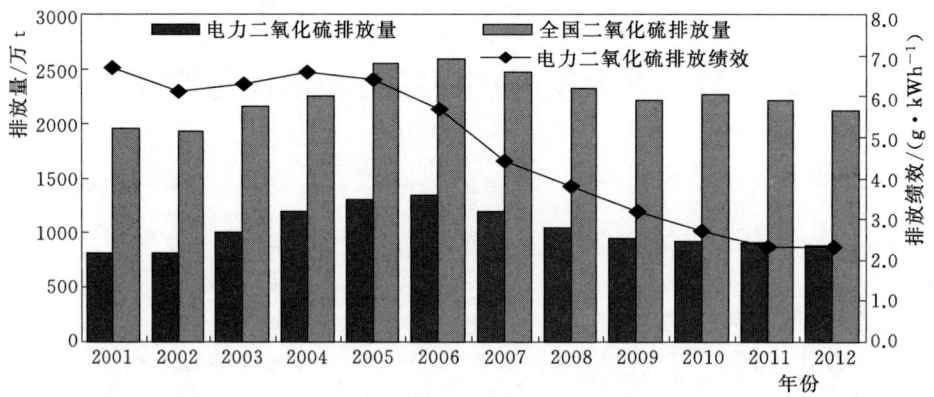

图2-7　2001—2012年全国及电力二氧化硫排放情况
(全国二氧化硫数据来源于全国环境状况公报,电力二氧化硫排放量数据来源于电力行业统计分析)

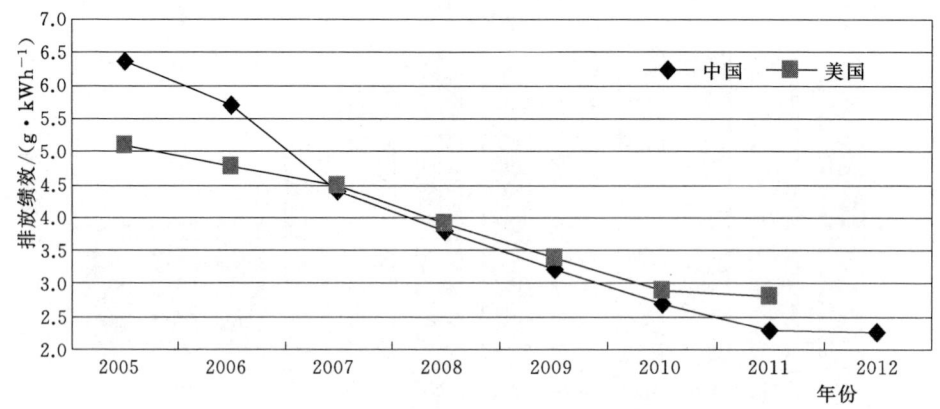

图2-8　2005年以来中美电力二氧化硫排放绩效对比
(中国为单位火电发电量SO_2排放量,美国为单位煤电发电量SO_2排放量)

2. 二氧化硫治理情况

2012年新投运火电厂烟气脱硫机组总容量约4500万kW；截至2012年年底，累计已投运火电厂烟气脱硫机组总容量约6.8亿kW，占全国现役燃煤机组容量的90%（比2011年的美国高30个百分点），比2011年提高1个百分点。如果考虑具有脱硫作用的循环流化床锅炉、减去计划关停机组，全国脱硫机组占煤电机组比例接近100%。

2005—2012年全国烟气脱硫机组投运情况见图2-9；中美烟气脱硫机组建设情况对比见图2-10。

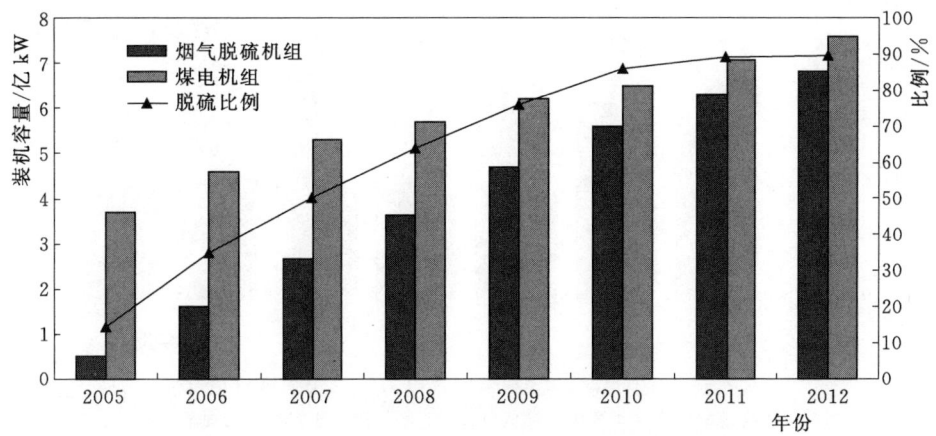

图2-9 2005—2012年全国烟气脱硫机组投运情况

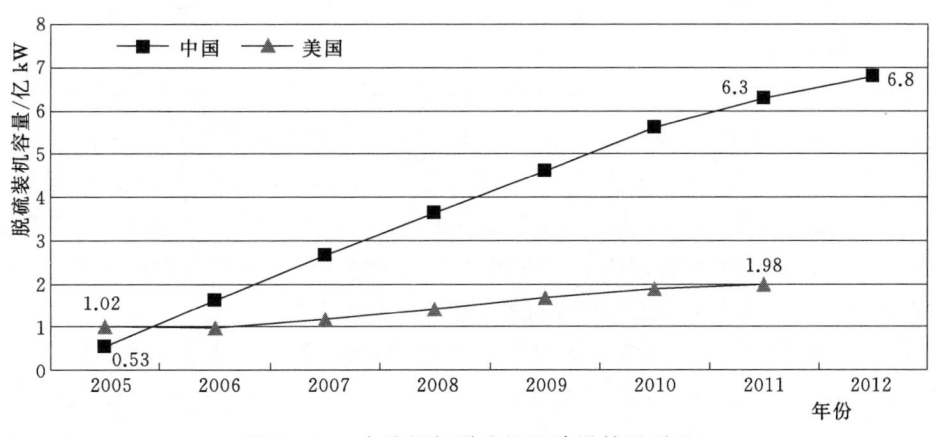

图2-10 中美烟气脱硫机组建设情况对比

三、氮氧化物

1. 氮氧化物排放情况

随着火电等行业氮氧化物治理列入国家"十二五"规划纲要，电力行业氮氧化物的控制力度不断加大。2012年,电力行业扭转了氮氧化物排放量逐年增加的局面,实现了排放量下降,全年电力氮氧化物排放948万t,比2011年下降5.5%;每千瓦时火电发电量氮氧化物排放量为2.4g,比上年下降约0.2g。2014年,全国电力氮氧化物排放总量约为620万t,相比2012年下降了35%。

2005—2012年全国及电力氮氧化物排放情况见图2-11。

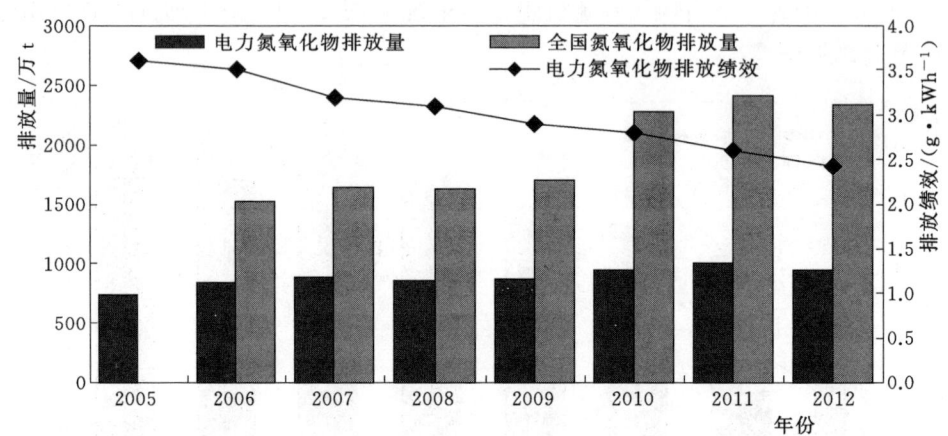

图2-11 2005—2012年全国及电力氮氧化物排放情况
(全国氮氧化物排放量来源于全国环境状况公报、环境统计年报;电力氮氧化物排放量来源于电力行业统计分析,统计范围为全国装机容量6000kW及以上火电厂)

2. 氮氧化物治理情况

2012年,新建燃煤机组全部按要求同步采用了低氮燃烧方式,现役机组结合检修进行低氮燃烧技术改造,烟气脱硝装置开始了大规模建设。2012年新投运火电厂烟气脱硝机组容量约9000万kW,其中,采用选择性催化还原法(SCR)的脱硝机组容量占当年投运脱硝机组总容量的98%。截至2012年年底,全国已投运火电厂烟气脱硝机组总容量超过2.3亿kW,占全国现役火电机组容量的28.1%。规划和在建的烟气脱硝机组超过5亿kW。

截至2012年年底,已签订火电厂烟气脱硝特许经营合同的机组容量750万kW,其中,已投运机组容量570万kW。2005—2012年全国火电厂烟气脱硝机组投运情况见图2-12。

四、电力行业二氧化碳排放情况

以2005年为基准年,2006—2012年,电力行业通过发展非化石能源、降低供电煤耗和降低线损率等措施累计减排二氧化碳35.6亿t,碳减排量逐年提高。

第三节 火力发电厂的污染物排放与控制

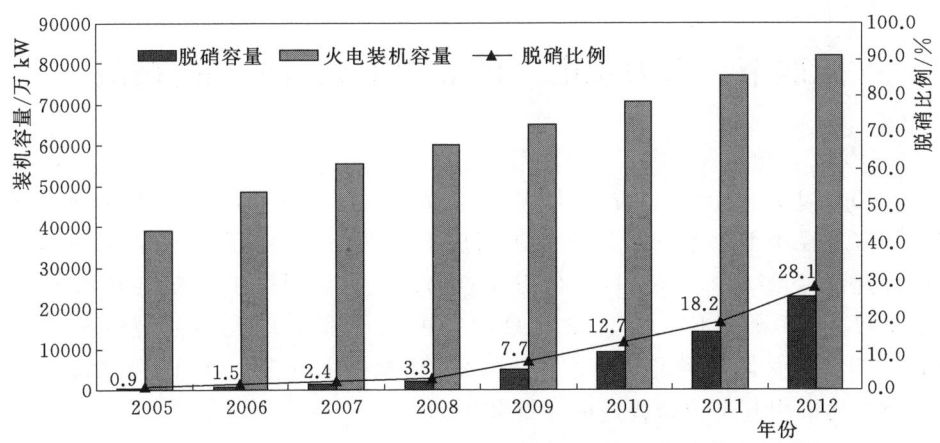

图 2-12　2005—2012 年全国火电厂烟气脱硝机组投运情况

其中，供电煤耗的降低对电力行业减排贡献最大，约 52%；发展非化石能源贡献率约 46%。

以 2005 年为基准年，2006—2012 年各年二氧化碳减排情况见图 2-13，各项措施二氧化碳累计减排贡献见图 2-14。

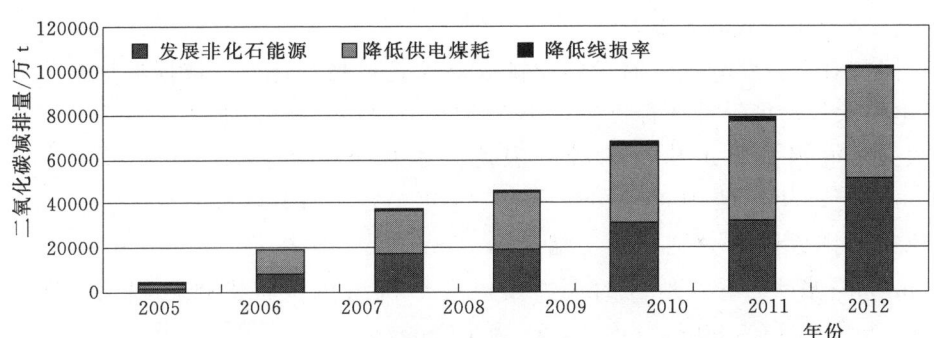

图 2-13　2006—2012 年各年二氧化碳减排情况（以 2005 年为基准年）

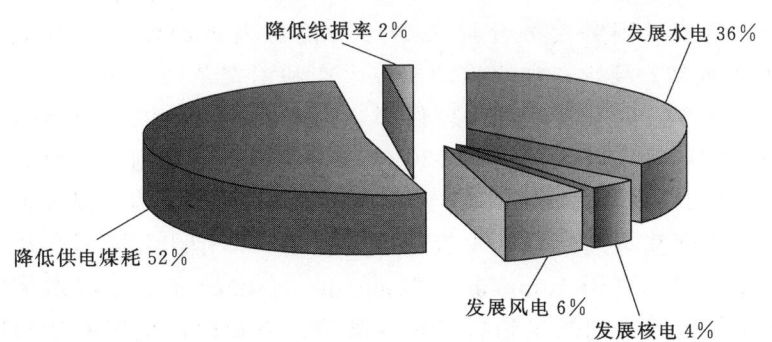

图 2-14　2006—2012 年各项措施二氧化碳累计减排贡献

第四节 火力发电厂污染物排放与控制的挑战

1. PM2.5 的国际比较

2013 年 1 月 13 日，北京的 PM2.5 指数超过了 900，PM2.5 是衡量可吸入颗粒物（直径小于 2.5μm）每立方米密度的空气指标。在此之后，北京市政府向市民建议尽量减少户外活动。值得注意的是，世界卫生组织提出 PM2.5 的安全水平仅为 25 个单位。不仅是北京，中国东部和中部大多数地区都遭受着 PM2.5 升高的风险。河北省石家庄 PM2.5 的指数甚至超过了 1000 个单位。严重的空气污染引起了公众普遍的担忧和不满[1]。

随着中国主要城市空气污染的持续，很多人也开始注意到 PM2.5 的国际比较。Donkelaar 和 Martin 利用 NASA 提供的 2001—2006 年连续 6 年的 PM2.5 指数编制了一张 PM2.5 的国际比较图，该图表明与世界其他国家相比，中国的 PM2.5 指数水平最高，接近 80 个单位，在图中呈黑红色，而北美、拉丁美洲的大部分国家以及澳大利亚和新西兰、俄罗斯等国家的 PM2.5 几乎均低于 15 个单位。

2. 火电升级改造的挑战

国家对火力发电机组的污染物排放要求是越趋严苛的。依据环保部发布的《火电厂大气污染物排放标准》（GB 13233—2011），从 2012 年 1 月 1 日起，新建火力发电锅炉机组执行的排放限值分别如下：烟尘为 30mg/m³；SO_2 为 100mg/m³；NO_x 为 100mg/m³。从 2014 年 7 月 1 日起，现有火力发电锅炉机组执行的排放限值分别如下：烟尘为 30mg/m³；SO_2 为 200mg/m³；NO_x 为 100mg/m³。对于重点地区的火力发电锅炉机组执行特别排放限值，烟尘为 20mg/m³、SO_2 为 50mg/m³、NO_x 为 100mg/m³。

2014 年，为贯彻中央财经领导小组第六次会议和国家能源委员会第一次会议精神，落实《国务院办公厅关于印发能源发展战略行动计划（2014—2020 年）的通知》要求，加快推动能源生产和消费革命，进一步提升煤电高效清洁发展水平，国家发改委、环保部、国家能源局共同制定《煤电节能减排升级与改造行动计划（2014—2020 年）》。在该行动计划中，对火力发电机组的污染物排放有了更严格的标准。东部地区 11 省市新建燃煤发电机组大气污染物排放浓度基本达到燃气轮机组排放限值，即烟尘、二氧化硫、氮氧化物排放浓度分别不高于 10mg/m³、35mg/m³、50mg/m³。中部地区 8 省新建机组原则上接近或达到燃气轮机组排放限值，鼓励西部地区新建机组接近或达到燃气轮机组排放限值。

第四节 火力发电厂污染物排放与控制的挑战

从 2011 年的《火电厂大气污染物排放标准》(GB 13233—2011) 到 2014 年的《煤电节能减排升级与改造行动计划 (2014—2020 年)》，国家对火力发电机组的污染物排放标准越来越严格。从各项污染物指标来看，3 项指标的标准均有大幅度调整：烟尘的排放标准由 30mg/m³ 到特别排放限值中的 20mg/m³，再到最新的 10mg/m³；二氧化硫的排放标准由 100mg/m³ 到特别排放限值中的 50mg/m³，再到最新的 35mg/m³；氮氧化物的排放标准由 100mg/m³ 到最新的 50mg/m³。国家对火电厂的污染物排放制定更加严苛的标准，无疑是对火力发电机组的污染物排放提出的新挑战。

第三章 电力行业低碳转型路线研究

第一节 主要电力技术的发展现状

一、清洁煤发电技术和 CCS 技术

(一) 先进超超临界发电技术 (Ultra Super Critical, USC)

我国自 20 世纪 80 年代开始引进和发展超临界机组。截至 2011 年年底，我国五大发电集团已投产的 60 万 kW 等级超临界机组达到 125 台，60 万 kW 等级超超临界机组 39 台，100 万 kW 等级超超临界机组 22 台[2]，具体见表 3-1。

表 3-1 五大发电集团 60 万 kW 及以上等级超超临界机组装机容量

项目	60 万 kW 等级超临界			60 万 kW 等级超超临界			100 万 kW 等级超超临界		
	台数	装机容量/万 kW	占煤机比例/%	台数	装机容量/万 kW	占煤机比例/%	台数	装机容量/万 kW	占煤机比例/%
华能	30	1841.3	17.70	12	772	7.42	9	916.8	8.81
大唐	24	1496	17.43	12	792	9.23	2	200	2.33
华电	20	1250	17.81	7	452	6.44	2	200	2.85
国电	37	2253	27.03	0	0	0.00	5	500	6.00
中电投	14	874	15.67	8	524	9.40	4	400	7.17
五大集团	125	7714.3	19.32	39	2540	6.36	22	2216.8	5.55

注 赵玉柱,孙科,刘鹏远,何胜,周保中.600MW 超临界火电机组运行现状及性能优化 [J]. 发电与空调, 2012, 01: 1-8。

2010 年 7 月 23 日，中国国家能源局宣布成立"国家 700℃ 超超临界燃煤发电技术创新联盟"[3]，正式启动了中国 700℃ 技术开发计划。据不完全统计，至今中国 100 万 kW 超超临界机组订单已超过 100 台，到 2012 年 7 月底已建成投产 46 台。中国是世界上 100 万 kW 超超临界燃煤机组发展最快、数量最多的国家，已迈入超超临界机组发电时代。2011 年五大发电集团各等级燃煤机组能耗指标见表 3-2。

第一节 主要电力技术的发展现状

表 3-2　　　　2011 年五大发电集团各等级燃煤机组能耗指标

机组等级	统计台数	装机容量 /万 kW	供电煤耗 /(g·kWh^{-1})	厂用电率 /%	供电煤耗最优值 /(g·kWh^{-1})	厂用电率最优值 /%
13.5 万 kW	123	1723.15	345.4	8.38	320.75	6.00
20 万 kW	159	13614.3	344.01	8.32	292.04	6.17
30 万 kW	500	15938.66	327.35	6.17	289.51	4.14
60 万 kW 合计	252	15549.3	313.5	5.26	287.98	3.47
60 万 kW USC 湿冷	39	2540	301.24	4.63	287.98	3.89
60 万 kW SC 湿冷	104	6363	306.5	4.6	295.83	3.47
60 万 kW SC 空冷	21	1351.3	328.24	6.89	320.65	4.74
60 万 kW SBC 湿冷	55	3315	321.01	5.56	305.6	4.64
60 万 kW SBC 空冷	33	1980	336.69	7.75	329.86	5.3
90 万～100 万 kW	24	2428.8	291.93	4.31	283.5	2.96

注　赵玉柱, 孙科, 刘鹏远, 何胜, 周保中. 60 万 kW 超临界火电机组运行现状及性能优化 [J]. 发电与空调, 2012, 01: 1-8。

（二）循环流化床发电技术（Circulating Fluidized Bed Boiler, CFB）

我国煤炭"高硫高灰分"的资源特征, 决定了 CFB 在我国的广泛应用。我国与世界几乎同步于 20 世纪 80 年代初期开始研究和开发循环流化床锅炉技术。与常规尾气脱硫相比, 循环流化床锅炉内加石灰石脱硫技术, 具有"对煤质要求低、脱硫效率更高、成本低、操作简单、无水污染"等优势。目前我国流化床发电机组总容量约为 7300 万 kW, 占燃煤发电容量的 17% 左右, 并正向高参数、大型化、低磨损节能化、深度环保清洁化的方向发展。

从 10 万 kW 等级到 30 万 kW 等级循环流化床锅炉的运行水平大幅提高, 设备可靠性大幅提升; 节能环保性能大幅提升, 资源综合利用水平大幅提高。我国在完成 30 万 kW 亚临界大型循环流化床锅炉技术引进、消化、再创新的同时, 通过引进和吸收也掌握了 60 万～100 万 kW 超临界、超超临界煤粉炉的设计制造和运行经验。目前我国已经具备了自主研发 60 万 kW 超临界循环流化床锅炉的基本条件。世界最大容量和最高参数的 60 万 kW 超临界循环流化床锅炉机组已于 2012 年年底在中国四川省内江白马示范电站投入试运行, 2013 年 4 月顺利满负荷运行[4]。大型电厂普遍采用的煤粉燃烧锅炉即是沿着中压→高压→超高压→亚临界→超临界这一条路发展的[5]。因此, 装机容量向 30 万 kW 以上、参数向超临界转化是循环流化床燃烧技术发展的必然趋势（图 3-1）。

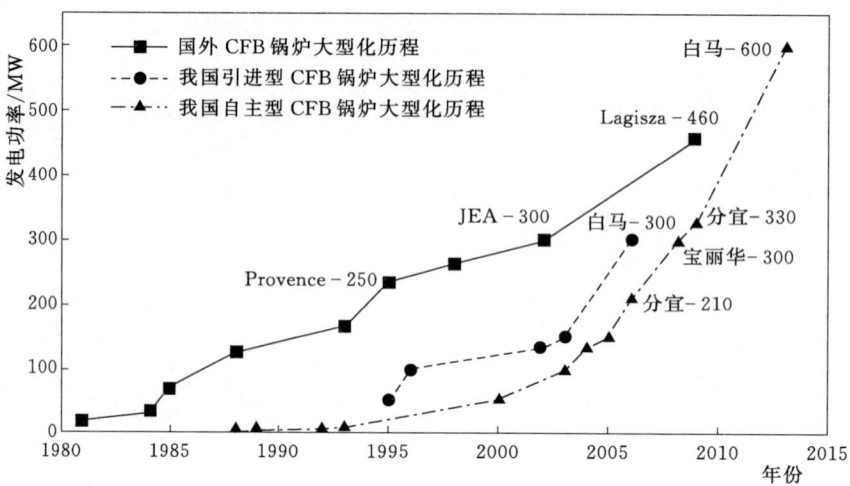

图 3-1　循环流化床锅炉发展演变趋势

(资料来源：周星龙，谢建文，范永胜，王宝良，黄军. 大型循环流化床锅炉的发展现状与研究进展 [C]. 中国电机工程学会：2013 年中国电机工程学会年会论文集，2013：7)

相关资料表明，超临界循环流化床锅炉作为下一代循环流化床锅炉技术，可以得到 42% 左右这一较高的发电效率。总投资约为超临界煤粉炉+石膏湿法烟气脱硫系统（FGD）+选择性催化还原法（SCR）的 78%，运行成本为超临界煤粉炉+烟气脱硫+SCR 的 37%[6]，且不需采取附加措施皆能满足 NO_x 排放低于 200mg/Nm^3 的要求，因此被认为是一种适于在中国大量推广的清洁燃煤发电技术。

（三）整体煤气化联合循环发电技术（Integrated Gasification Combined Cycle，IGCC）

IGCC 是以煤为原料，汽化后生成粗合成气，再经净化后生产合成气，用来实现电力、化工、热能、煤气的多联产，在发电的同时，联产包括液体燃料在内的多种高附加值的化工产品、城市煤气等。它将洁净煤发电和煤化工技术高度耦合。IGCC 发电技术的污染物排放水平很低，并可实现 CO_2 的分离与捕集。

我国从 20 世纪 80 年代开始跟踪 IGCC 技术的发展，2004 年华能集团推出了"绿色煤电"发展计划，与七家发电、煤炭、投资公司共同成立绿色煤电公司以具体推进该计划。该项目分 3 个阶段，第一阶段即"十一五"期间，在汕头电厂建立 1.2 万 kW 的煤气化联合循环发电示范电站。第二阶段即"十二五"期间，建成 3 万～4 万 kW 级煤气化联合循环发电系统的示范工程。最终于 2020 年左右，形成以煤气化制氢、氢气轮机联合循环发电和燃料电池发电为主，并进行 CO_2 分离和处理的适合中国国情的煤基绿色能源系统[7]，其中华能天津滨海的 IGCC 电站于 2013 年已经投运。但 IGCC 当前经济性差、发电效率不高。

如果仅作为一种清洁煤技术，IGCC 并没有光明的前景，但相对于粉煤燃烧采用燃烧后捕集技术，IGCC 燃烧前捕集可以减少能源损耗约 3%；考虑到其实现 CCS 的低能源损耗和未来全球气候政策到位，发展 IGCC＋CCS 依然十分必要。IGCC 技术 30 年发展历程见表 3-3。

表 3-3　　　　　　　　　IGCC 技术 30 年发展历程[8]

年　代	20 世纪 80 年代	20 世纪 90 年代	21 世纪初
IGCC 数目、燃料、效率（%）、整体化	美国 2 座、煤、30～35、无	美国和欧洲 16 座、焦油、生物质、38～43、部分整体化	全世界 40～60 座、煤、焦油、生物质、45～52、各种不同的整体化
燃气轮机进口温度/℃	1065	1288	1427
蒸汽循环	低、单压	再热双压	再热三压
煤气化炉	水煤浆供料	水煤浆或干态供料	干态供料
煤气净化	冷煤气净化	干（热）煤气净化/湿净化	热煤气净化
投资/($/kW)	2000～3000	1400～1700	900～1300

资料来源：毛健雄. 中国火电技术的发展方向和世界超超临界技术的最新发展 [J]. 热电技术，2011，4：1-8。

（四）CCS 技术

CCS 技术是将燃煤电厂所排放的 CO_2 收集起来，并用各种形式储存以避免其排放到大气中的一种技术。全世界约 40%、我国约 50% 的 CO_2 排放来自燃煤电厂。

1. 碳捕集技术

CCS 技术由碳捕集和碳封存两个部分组成。碳捕集技术目前大体分为 3 种，即燃烧前捕集、燃烧后捕集和富氧燃烧捕集[9]。三者各有优势，却又各有技术难题尚待解决，目前呈并行发展之势。技术不成熟、缺乏可信的工程验证以及高能损失是 CCS 技术发展的主要障碍。CCS 技术成熟度如图 3-2 所示。

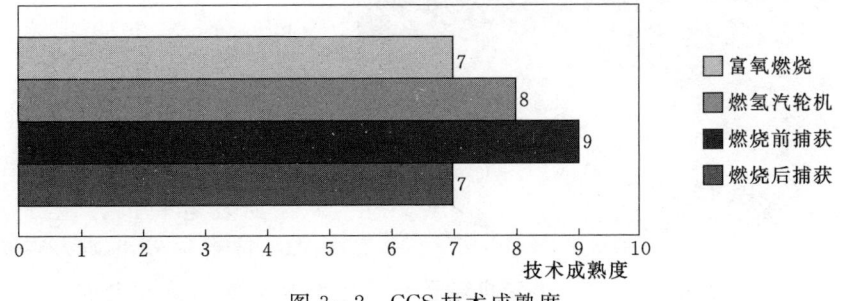

图 3-2　CCS 技术成熟度

（资料来源：Global CCS Institute analysis - THE GLOBAL STATUS OF CCS：2011）

2. 碳封存技术

若把 CCS 作为一个系统来看,碳捕集的成本要占 2/3,碳封存的成本占 1/3。碳封存技术相对于碳捕集技术也更加成熟,主要有 3 种,即咸水层封存、油气层封存和煤气层封存。与碳捕集技术多路线并行发展不同,碳封存技术路线主次分明、方向明确。

3. 运输

运输成本在 CCS 技术系统中所比例相当小。主要有两种方式,即管道运输和灌装运输,技术上问题不大。CCS 系统中所有必要的组成部分目前均已实现了商业化应用。然而,因其各个组成部分目前未能按照大规模减少 CO_2 排放的方式共同发挥作用,所以至今尚未形成 CCS 产业。CCS 实现商业化的挑战主要来自如何整合和扩大 CCS 系统的各组成部分。

二、天然气发电技术

1. 总体装机容量及发电量

据统计,截至 2012 年年底,全国燃气发电企业共有 150 余家,燃气发电机组 600 多台(套),总装机容量 4027.8 万 kW,约占全国发电机组总装机容量的 3.52%;全国 6000kW 以上燃气发电机组发电量为 1092 亿 kWh,同比增长 0.39%,占全国发电量的 2.19%。

2. 集中式天然气发电

截至 2012 年,集中式天然气发电 167 台(套),装机容量 3882.6 万 kW,占全国燃气发电总装机容量的 96.4%,主要分布在广东、江苏、上海、浙江、福建、北京等地区,见图 3-3。

3. 分布式天然气发电

我国分布式天然气发电还处于起步阶段,2010 年装机容量约 200 万 kW。

4. 非常规天然气发电

截至 2012 年年底,全国煤矿瓦斯发电装机容量约 110 万 kW。页岩气发电随着页岩气开采技术的引进和发展已经进入研究阶段。

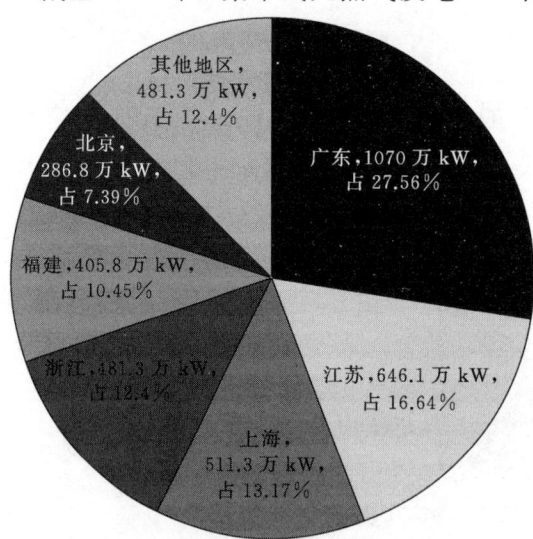

图 3-3 集中式天然气发电装机容量分布情况(截至 2012 年年底)

5. 煤气化联合循环发电

目前,我国规划和建设的煤制气项目约 60 个,总产能接近 2600 亿 m^3。煤气化联合循环发电示范项目已经投入运行。

三、风电技术

1. 风电装机规模

自 2006 年《可再生能源法》颁布以来,风电开发进入快速发展时期,2006—2009 年期间,我国风电累计装机容量连续 4 年翻番。目前我国风电已进入大规模发展阶段,2012 年中国累计装机容量 7532.4 万 kW,同比增长 20.8%,新增风电装机容量 1296 万 kW,继 2011 年开始继续呈下行态势,同比下降 26.5%[10]。

随着风电的大规模建设,并网风电容量近 10 年快速增长,2012 年风电累计并网容量达到 6142 万 kW,与 2005 年相比增长了近 60 倍。从风电并网的发展轨迹来看,2007—2009 年风电并网规模快速扩大,增速最高达 110%。2010 年之后风电发展速度减缓,并网容量虽然一直处于上升趋势,但增速放缓,2012 年风电并网容量增速降至 32.9%。由于风电随机性、间歇性的特点,以及风电与电网发展不协调、电网接入能力不足等问题,使得风电吊装容量与并网容量的差距远高于国际水平,风电并网和消纳问题不断凸显[11],2001—2012 年我国风电装机容量与并网容量见图 3-4。

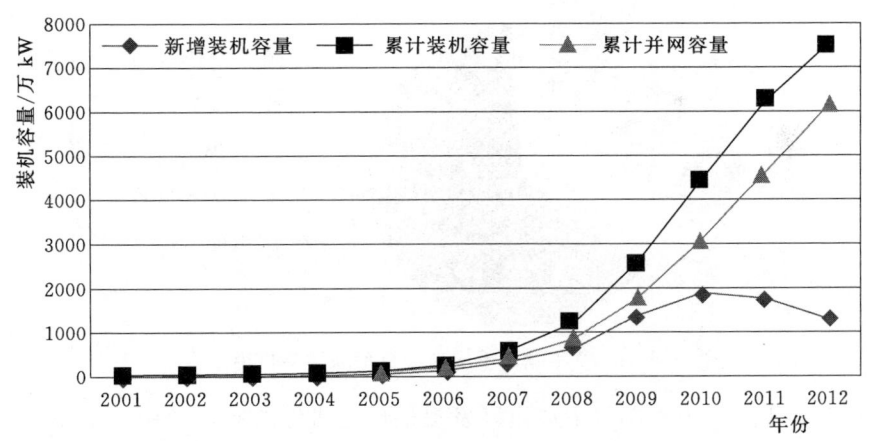

图 3-4 2001—2012 年我国风电装机容量与并网容量
(资料来源:CWEA. 2012 年中国风电装机容量统计;CEC. 2013 中国电力行业年度发展报告)

此外,2012 年我国海上风电新增装机 46 台,容量达到 12.7 万 kW,其中潮间带装机容量为 11.3 万 kW,占海上风电新增装机总量的 89%。截至 2012 年年底，我国已建成的海上风电项目共计38.96万kW，潮间带风电装机容量达到26.15万kW，近海风电装机容量为12.81万kW，其中规模最大的近海风电项目为东海大桥海上项目（10.2万kW），其余主要为各风电机组制造商安装的样机[10]。

2. 风电机组容量

2012年，我国新增风电机组的平均功率达到1646.3kW，与2011年相比，同比增长6.5%；累计风电机组的平均功率为1401kW，同比增长3.1%。2012年，我国新增风电机组中，百千瓦级（单机功率小于1000kW）的风电机组仅占装机总量的1.06%；1500kW的风电机组仍然占据主要市场地位，占全国新增装机总量的63.69%，比2011年下降10%；2000kW的风电机组所占市场份额由2011年的14.7%上升到26.1%，所占比例不断上升，2500kW及以上多兆瓦级风电机组安装比例达到6.6%，主要以2500kW和3000kW的风电机组为主。2012年，我国累计风电装机中，百千瓦级的风电机组所占比例为11.56%；1500kW的风电机组所占比例达到68.42%，依然为市场主流机型；2000kW的风电机组市场份额上升至13.38%，2500kW及以上的风电机组所占比例不断升高，达到2.18%[10]，如图3-5和图3-6所示。

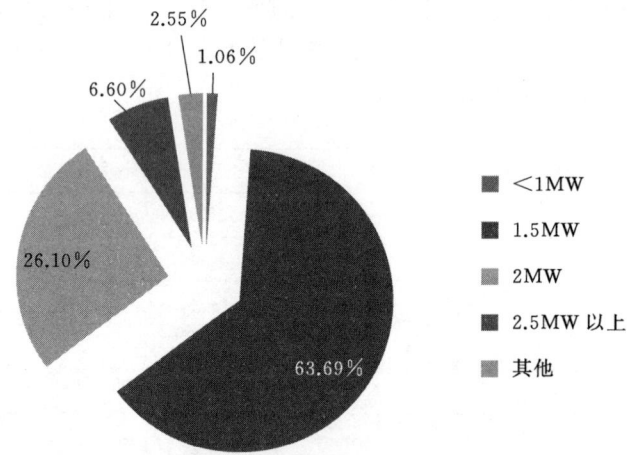

图3-5 2012年我国不同功率机型新增装机容量占比

2012年年底，为我国海上风电开发提供风电机组的制造商中，华锐、金风、Siemens所占份额较大，机型主要以2000kW以上的风电机组为主。其中，华锐和Siemens的风电机组主要安装在近海风电项目中，金风的风电机组主要安装在潮间带风电项目中。此外，通过对中国重点企业正在研制的海上大功率风电机组统计分析，2012年后，单机功率为3600～6000kW的海上风电机组将成为海上风电场的主流机型。

第一节 主要电力技术的发展现状

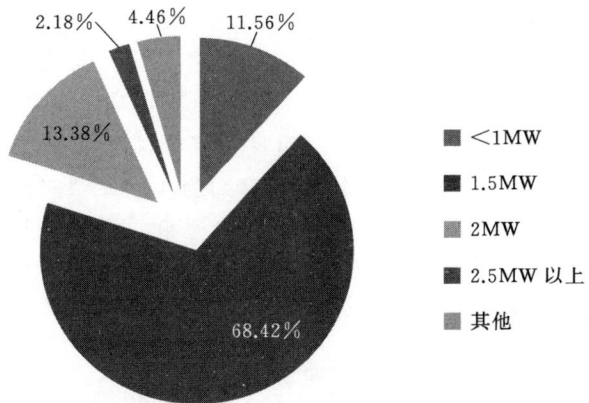

图 3-6 2012 年我国不同功率机型累计装机容量占比
（资料来源：CWEA. 2012 年中国风电装机容量统计）

3. 风力发电量

从风力发电占比分析，随着我国加大开发新能源的力度，风电占全国发电量比例也呈现逐年递增的趋势，2005 年全国全口径发电量 24975 亿 kWh，风力发电仅占到 0.06%，2011 年全国总发电量 47217 亿 kWh，风电发电量达到 732 亿 kWh，占全国发电量的比例达 1.55%，比上年提高 0.38 个百分点。2012 年全国全口径发电量 49865 亿 kWh，其中风电 1030 亿 kWh，比上年增长 39.15%，占总发电量的 2.07%，比上年提高 0.5 个百分点[11]。

4. 风电基地建设

2012 年国家能源局发布的《风电发展"十二五"规划》提出，"十二五"期间我国将有序推进大型风电基地建设，重点是"研究大型风电基地风能资源特点，结合电力市场、区域电网和电力外送条件，积极有序推进河北、吉林、甘肃、山东、江苏、新疆和黑龙江等大型风电基地建设。到 2015 年上述大型风电基地装机容量总计达到 7900 万 kW 以上。"[12]

2012 年，新核准风电基地 3 个，核准容量 640 万 kW，包括内蒙古包头达茂旗基地 140 万 kW、酒泉基地二期工程 300 万 kW、哈密东南部百万基地 200 万 kW；已获前期批复并完成主设备招标的风电基地 1 个，容量 180 万 kW（内蒙古巴彦淖尔乌拉特中旗基地）；已获取批复开展前期工作的风电基地 2 个，容量 300 万 kW，分别为内蒙古通辽科左基地 200 万 kW、甘肃民勤基地 100 万 kW。各风电基地建设情况见表 3-4。

5. 风电并网消纳问题

风电并网和消纳正逐步成为制约风电开发的最主要因素。由于风电开发高度集中于"三北"地区、风电和电网建设不同步、当地负荷水平较低、灵活调节电源少、跨省跨区市场不成熟等原因,"三北"地区的风电并网瓶颈和市场消纳问题已开始凸显,弃风现象比较突出。2012年我国风电场限制发电情况更加严重,"弃风限电"达200亿kWh以上,约占全国风电上网电量的20%。弃风不仅使风电开发商投资收益大打折扣,而且已经影响到投资商向风电领域的进一步投资。据相关统计,全国2012年弃风率约为17%,"三北"地区尽管风能资源丰富,但受消纳能力影响,弃风现象仍然严重,初步估算,"三北"地区2012年平均弃风率约为13%。其中,蒙东和吉林仍然是弃风最严重的地区,弃风率超过30%,蒙西和甘肃"弃风"问题也较为严重[13]。

表3-4　　　　　　　　各风电基地建设情况汇总表

基地名称	规划	核准	并网	在建
酒泉一期	380	380	380	0
酒泉二期	300	300	0	300
通辽开鲁	150	150	90	60
乌拉特中旗	210	30	30	0
包头达茂	160	160	20	140
张北一期	135	135	135	0
张北二期	165	60	50	10
承德	100	85	60	25
哈密东南部	200	200	0	200
合计	1800	1500	765	735

注　李俊峰等. 2013中国风电发展报告。

四、核电技术

1. 核电装机规模

2009年,我国核电技术装备自主化工作捷报频传,如核岛主设备关键铸锻件实现国产化突破、核二级泵全部完成样机研制、蒸发器换热管完成实验室研制后开始批量生产等。2010年,我国核电设备行业继续快速发展,核电关键重要设备自主化脚步不断加快。我国首台完全自主开发的红沿河核电站1号机组核反应堆压力容器完工并成功发送,标志着我国百万千瓦级核岛主设备的制造完全实现国产化。

2011年3月,我国首台国产AP1000核电蒸汽发生器开工制造,投入使用后将使我国核电站的国产化率，由不足一半到完全国产化，代表了我国装备制造的最高水平。这标志着世界最先进的压水堆核电关键设备实现"中国制造"。2012年，国务院召开常务会议决定重启核电建设。我国已投运核电机组15台，装机容量1257万kW，与上年持平[11]。在建机组26台，装机容量2924万kW。发电量为983亿kWh，比上年增长12.75%，占全国总发电量的1.97%。据统计，2013年年底，我国投运核电机组17台，装机容量1474万kW；在建机组共29台[7]，装机容量达3166万kW，于2015年前后投产。

2. 核电站建设

自2012年10月24日国务院召开常务会议决定重启核电建设至2012年年底，4台核电机组陆续开工建设。2013年新开工的机组多采用AP1000（三代核电技术）技术路线。此外，山东荣成石岛湾的CAP1400型项目已拿到"路条"获准开展前期工作。除石岛湾CAP1400型项目，还有6个核电项目在积极筹备开工[14]。

目前，我国在建核电站以"2代加"技术为主，兼有部分第3代技术。我国以改进型压水堆（CPR1000，2代加技术）为主，同时引进第3代EPR和AP1000压水堆核电技术。我国已形成了具有自主品牌的二代改进型压水堆核电技术，目前正在开展AP1000和EPR三代技术引进消化吸收和再创新工作，并组织开发具有完全自主知识产权的ACP1000、ACPR1000和CAP1400的三代核电技术。

3. 核电产业建设

我国核电装备制造业已得到较大发展，在核电设备及其关联产业领域，拥有自主知识产权、替代进口、国产化的核电泵阀产品已占领一定比例的市场。核电技术、核电设备、核电泵阀产品也逐渐与国际接轨。我国拥有世界最大规模的在建核电装机，但是我国核电产业总体仍处于起步阶段，尚未形成规模效益，国产化和批量化生产远没有达到要求。

五、太阳能发电技术

1. 总体装机规模

以2009年国家金太阳工程的出台和国家能源局的特许权招标为标志，我国光伏发电市场进入规模化发展阶段。2011年，国家上网电价政策出台进一步推动了光伏发电市场的快速发展，当年新增装机容量达到270万kW，相较于2010年的新增装机容量52万kW增幅超过400%。截至2011年年末，我国光伏累计装机容量350万kW。2012年，为保障光伏产业健康发展，我国加大了对光伏应用的支持力度，再加上光伏系统投资成本不断下降，我国光伏应用市场一片繁荣,当年新增装机容量达到450万kW,同比增长66.7%,累计装机容量达到802万kW[15],见图3-7。

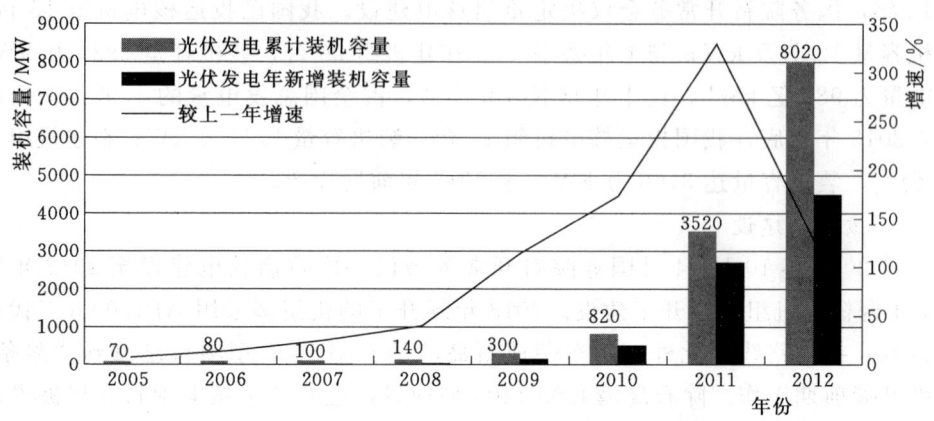

图3-7 2005—2012年中国光伏发电累计装机容量
(资料来源:李俊峰、王斯成、王勃华等,《2013中国光伏发展报告》)

2. 分布式太阳能光伏发电

截止到2012年年底,我国分布式光伏系统占光伏系统市场的份额已经达到36.4%。当年新增光伏装机容量350万kW,其中分布式系统新增150万kW(占比42.8%);累计光伏装机容量700万kW,其中分布式系统累计装机容量250万kW(占比36.4%)[16]。我国分布式光伏系统以工商业设施和公共设施上的并网系统为主,其中有不少1000kW以上的屋顶系统。2011年光伏上网电价出台后,大型光伏电站的市场份额迅速增加,目前是中国光伏发电的主要市场。但随着政策导向和市场的变化,分布式光伏将成为市场的主流。

截至2012年年底,全国32个省(自治区、直辖市)分布式光伏发电项目累计建设容量约377.5万kW,较2011年增长316.65万kW。全国已建成分布式发电项目以金太阳示范项目及光电建筑应用示范项目为主,其中金太阳示范项目累计建设容量约304.4万kW;光电建筑应用示范项目累计建设容量约52.5万kW;其他分布式发电项目容量约20.6万kW。江苏、山东、广东三省为全国分布式光伏发电容量最多的省份,市场占有份额分别为15.65%、7.51%、7.3%[16]。

3. 太阳能光热发电

我国太阳能光热发电正处于起步阶段,"十一五"规划中的"863"计划就有关于太阳能光热发电的项目。槽式太阳能光热发电系统中的核心部件,如兆瓦级槽式太阳能聚光器、高温真空太阳集热管、储热单元等尚处于研发阶段。

随着国家相关新能源法律法规的颁布,一些示范性项目相继上马。2007年,在南京的江宁太阳能光热发电示范(试验)系统成功发电,这是国内首座7万

kW 的太阳能光热发电系统。2010 年,北京中航空港通用设备有限公司槽式太阳能光热发电项目奠基仪式在湖南沅陵县隆重举行,这是我国第一个槽式太阳能光热发电产业项目。2011 年,北京延庆太阳能塔式高温热发电站热加载试验获得成功。同年,鄂尔多斯 5 万 kW 槽式太阳能光热发电电站完成特许权示范招标。

4. 太阳能发电并网

截至 2011 年年底,全国并网新能源发电装机容量达到 5159 万 kW,占总装机容量的 4.89%,并网太阳能光伏装机容量 214.30 万 kW,约占 4.15%。2011 年,我国并网新能源发电量 933.55 亿 kWh,约占总发电量的 2%,其中,并网太阳能发电量 9.14 亿 kWh,约占 0.98%。据原电监会监测,2012 年全国新增太阳能发电 119 万 kW,累积太阳能发电(并网)328 万 kW,并网发电量为 35 亿 kWh[17]。

六、智能电网技术

我国智能电网的研发起步较晚,但在智能电网技术研发与应用方面基本与世界先进水平同步。整个智能电网系统中的诸多技术可以分为三大类,即特高压输电技术、分布式接入与智能配电网技术以及用户响应相关技术,表 3-5 研究了智能电网相关技术及其发展现状。目前,我国地区级以上电网都实现了调度自动化,35kV 以上变电站基本实现了变电站综合自动化,有 200 多个地级市建设了配电自动化。广域相量测量系统、FACTS 等技术的研发与应用有着突破性进展。

表 3-5　　　　　　　　中国智能电网相关技术及发展现状

技术类别		发展状况
基础技术	传感与测量技术	成熟
	电力电子技术	
	超导技术	
	仿真分析及控制决策技术	
	信息与通信技术	
特高压输电相关技术	特高压输电技术	成熟,建成"两交三直"已率先建立完整的技术标准体系
	柔性输电技术	领先,世界上首先掌握多端柔性直流输电全系列核心技术
	智能变电站技术	IEC 61850 第二版的国产化已经完成
	智能电网调度技术	SCADA 系统模块部分已通过了专家的检验,并应用于实际
	输电线路状态监测技术	较成熟

续表

技 术 类 别		发 展 状 况
分布式接入与智能配电网相关技术	大规模储能技术	尚处于起步阶段，还未得到大规模的示范应用
	高级配电运行自动化技术	众多科研机构与技术开发企业、制造商纷纷开发研制配电系统自动化技术，许多供电企业也开始了不同规模的试点
	高级配电管理自动化技术	
	高级配电自动化支撑技术	
	配电网定制电力技术	
	分布式发电与微电网技术	开展了研究，尚未有成熟理论体系
用户响应相关技术	高级量测体系	部分企业针对智能家居系统的试点工作已经展开，并取得了阶段性成果，其中包括高级量测体系通信平台的构建以及用户信息采集系统的应用，仍有巨大发展空间
	用电信息采集	
	智能家居与智能楼宇/小区	
	电动汽车充放电技术	国内尚未形成完整的技术理论体系，有待于探索
	需求响应	已有从定价以及博弈论的角度对需求响应技术的研究
	双向互动服务门户	针对其需求与特点已经有学者展开研究

资料来源：项目组根据相关文献资料整理。

特高压输电线具备输电距离远、输电功率大、线路占地面积小、电能损耗小的优点，能够满足我国电力输送的需要。国家电网最早在2004年提出建设特高压输电网络，2010年初国家电网电力工业"十二五"规划研究报告中公布了特高压建设"十二五"规划。2010年7月向家坝—上海±800kV特高压直流输电示范工程竣工投产；2010年8月晋东南经南阳至荆门特高压交流试验示范工程获得国家验收通过；2012年12月，锦屏—苏南±800kV特高压直流工程全面建成投运，额定输电容量720万kW；2013年9月25日，皖电东送淮南至上海特高压交流工程正式投入运行，这是世界首个商业化运行的同塔双回路特高压交流输电工程；2013年12月19日，新疆首条特高压"疆电外送"工程——哈密南—郑州±800kV特高压直流输电工程正式启动双极高端系统调试，现已完成调试并投入试运行；2013年12月25日，浙江省金华武义500kV双龙—宁德两单回线断开环入浙西（浙江金华）换流站工程首牵成功，这也标志着±800kV溪洛渡—浙江金华直流特高压500kV配套送出工程正式开机架线。该工程计划于2014年3—6月分阶段实现双极投运。

截至2013年年底，我国20余项智能电网综合示范工程相继完成了工程选址、论证和建设方案审查，且各单位均已进入工程实施阶段。与此同时，2013年江西共青城、浙江镜湖新区两地的智能电网综合示范工程已经建成。

第二节 主要电力技术的资源潜力

一、天然气资源开发

1. 加快常规天然气资源开发

我国天然气资源丰富，目前探明率较低，未来应加强勘探开发。根据全国油气资源动态评价结果，截至2009年，我国天然气地质资源量52万亿 m^3，累计探明地质储量7.04万亿 m^3，资源探明程度为18%，明显低于美国等天然气工业发达国家当前的资源探明水平，大体相当于美国天然气储量快速增长阶段的初期，我国未来天然气储量增长潜力较大。

2000年以来，我国天然气储量开始进入快速增长阶段，连续10年天然气新增探明可采储量保持在2600亿 m^3 以上，平均达3006亿 m^3。未来我国天然气产量有望持续快速增长，在2030年左右将进入产量高峰期，届时天然气年产量有望达到2500亿 m^3，并可持续到2050年以后[18]。

2. 加快非常规天然气资源开发

非常规天然气资源是指在现有经济技术条件下，不能完全用常规方法和技术手段进行勘探、开发和利用的天然气资源，主要包括煤层气、页岩气、致密气、可燃冰等。我国煤层气、页岩气等非常规天然气资源非常丰富，具有很好的勘探开发前景。埋深2000m以内的浅层煤层气可采资源量为36.81万亿 m^3，陆域页岩气可采资源潜力为25.08万亿 m^3。如果给予科学合理地引导与开发，非常规天然气有望成为未来我国天然气供应的重要组成部分，缓解我国优质能源资源相对不足的局面。因此，我国应积极开展非常规天然气资源的勘探工作，明确非常规天然气资源潜力及其分布[18]。

二、风能资源开发

1. 陆上风能资源开发

我国具有丰富的风能资源，开发潜力巨大。按照第四次全国风能资源详查和评价工作的部署，中国气象局在全国范围内建立了由400座70m、100m和120m测风塔组成的全国风能专业观测网，开发了由历史观测资料筛选、数值模式和地理信息系统（GIS）空间分析组成的中国气象局风能数值模拟评估系统（WERAS/CMA）在水平分辨率5km×5km的全国风能资源数值模拟结果基础上，采用GIS空间分析方法对风能资源可开发地区进行处理。由此经过GIS空间分析后，得到风能资源等级为2、3、4级和离地面高度为50m、70m、100m的风能资源技术开发量及其分布（表3-6）。如果考虑3级及以上（风功率密度不小于 300W/m²）的风功率密度条件的地区可供开发，则全国陆上（不包括青藏高原海拔高度超过 3500m 以上的区域）可供风能资源技术开发量为 20 亿～34 亿 kW[19]。

表 3-6　　　　　　　中国陆地风能资源技术开发量

离地面高度/m	4级及以上（风功率密度不小于 400W·m⁻²）	3级及以上（风功率密度不小于 300W·m⁻²）	2级及以上（风功率密度不小于 200W·m⁻²）
50	8	20	29
70	10	26	36
100	15	34	40

资料来源：中国气象局风能太阳能资源评估中心，2009 中国风能资源评估。

2. 近海风能资源开发

考虑到近海风能资源的开发受水深条件的影响很大，目前水深 5～25m 范围内的海上风电开发技术（浅水固定式基座）较成熟，水深 25～50m 区域的风能开发技术（较深水固定式基座）还有待发展，而超过 50m 的水域，则未来可能以安装浮动式基座为主，因此对水深 5～50m 的海上风能资源技术开发量进行分析。表 3-7 是中国陆地和近海 100m 高度风能资源技术开发量分析计算结果，其中扣除了航道、渔业等其他用途海域，以及强台风和超强台风经过 3 次及以上的海域。可以看出近海水深 5～50m 范围内，风能资源技术开发量为 5 亿 kW，即在水深不超过 50m 的条件下，中国近海 100m 高度层达到 3 级以上风能资源可满足的风电装机需求约 5 亿 kW[20]。

表 3-7　　　　　　中国陆地和近海风能资源潜在开发量

地　　区	总面积/万 km²	风能资源潜在开发量/亿 kW
陆上（70m 高度）	960	26
海上（水深 5～50m，100m 高度）	39.4	5

资料来源：国家发改委能源研究所，IEA. 中国风电发展路线图 2050。

近海 3 级及以上等级风能资源覆盖面积远小于陆上，近海风能资源潜在开发量也远远小于陆上风电潜在开发量。

3. 大型风电基地风能资源开发

为实现风电规模化开发利用，提高风电在电力结构中的比例，使风电成为对调整能源结构、应对气候变化有重要贡献的新能源，《风电发展"十二五"规划》提出到 2015 年，投入运行的风电装机容量达到 1 亿 kW，年发电量达到 1900 亿 kWh，风电发电量在全部发电量中的比例超过 3%。其中，河北、蒙东、蒙西、吉林、甘肃酒泉、新疆哈密、江苏沿海和山东沿海、黑龙江等大型风电基地所在地区风电装机容量总计达到 7900 万 kW，海上风电装机容量达到 500 万 kW，具体见图 3-8。在"十二五"时期提升风电产业能力和完善风电发展市场环境的基础上，2015 年后继续推动风电以较大规模持续发展。到 2020 年，风电总装机容量超过 2 亿 kW，其中海上风电装机容量达到 3000 万 kW，风电年发电量达到 3900 亿 kWh，力争风电发电量在全国发电量中的比例超过 5%[12]。

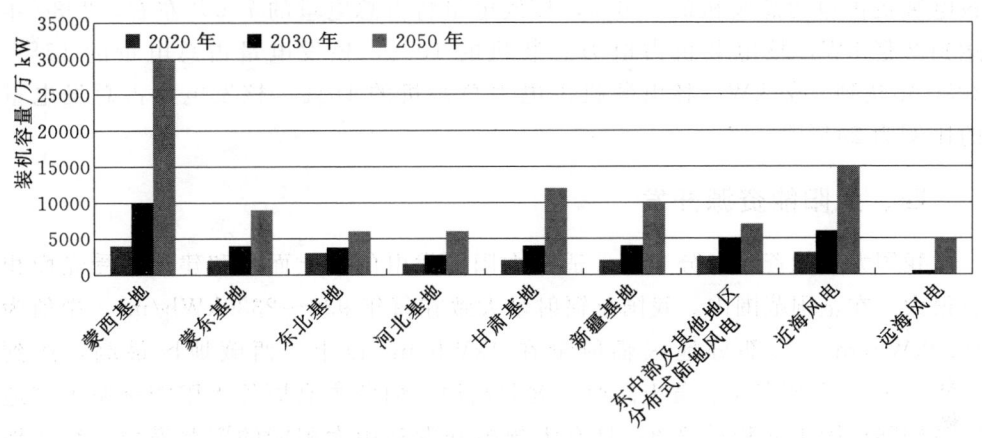

图 3-8 未来风电发展目标和布局
（资料来源：国家能源局.《风电发展"十二五"规划》，2012）

总之，中国风能资源丰富，陆上 3 级及以上风能技术开发量（70m 高度）在 26 亿 kW 以上，现有技术条件下实际可装机容量可以达到 10 亿 kW 以上。此外，在水深不超过 50m 的近海海域，风电实际可装机容量约为 5 亿 kW。从风能资源潜力和可利用土地、海域面积等角度看，在现有风电技术条件下，我国风能资源足够支撑 10 亿 kW 以上风电装机，风电可以成为未来能源和电力结构中的一个重要组成部分。

三、核能资源开发

2012 年，《核电安全规划（2011—2020 年）》和《核电中长期发展规划（2011—2020 年）》获得国务院常务会议通过[21]，这意味着新核电项目的审批即将开闸，但内陆核电暂缓重启，且新建核电机组必须符合三代安全标准。

《核电中长期发展规划（2011—2020 年）》[22]提出，到 2020 年我国在运核电装机容量达到 5800 万 kW，在建 3000 万 kW，"十三五"末我国在运在建核电总装机容量将到达 8800 万 kW。按此发展轨迹预计 2030 年核电装机规模将达到 1.6 亿~2 亿 kW，占一次能源总量的比例提高到 5%~6%。此外，《2014 年能源工作指导意见》提出，今年核电新增装机容量将达 864 万 kW，相当于 2013

年实际新增装机容量的 4 倍[23]。

由中国工程院院士潘自强为主执笔人的核能专题组,经过两年多的论证研究认为,"加速发展核电是必要的,是满足我国能源发展需要的现实途径,也是解决我国能源环境污染、实现温室气体减排目标的重要途径。"专题组提出的核电发展的中长期发展目标是：2020 年核电总装机规模达到 7000 万 kW,核电装机占电力总装机的 4.6%,核发电量将占总电量的 7.0%左右。2030 年达到 2 亿 kW,核电装机占电力总装机的 10%,核发电量占总电量的 15%。2050 年达到 4 亿 kW,核电装机占电力总装机的 16%,核发电量占总发电量的比例为 24%[24]。

四、太阳能资源开发

我国太阳能资源十分丰富,适宜太阳能发电的国土面积和建筑物受光面积也很大。在全国范围内,我国总辐射量大致在每年 930~2330kWh/m^2,中值为 1620kWh/m^2。大部分地区辐射量在 4kWh/m^2 以上,西藏地区最高,达到 7kWh/m^2。青藏高原、黄土高原、冀北高原、内蒙古高原等太阳能资源丰富地区占到陆地国土面积的 2/3,具有大规模开发利用太阳能的资源潜力。东北地区、河南、湖北和江西等中部地区,以及河北、山东、江苏等东部沿海地区,太阳能资源比较丰富,可供太阳能利用的建筑物面积很大。在四川、重庆、贵州、安徽、湖南等太阳能资源总体一般的区域,也有许多局部地区适宜开发利用太阳能。

到 2010 年年底,中国已有建筑面积约 450 亿 m^2,屋顶和南立面至少有 50 亿 m^2,20%的可利用面积可安装大约 1 亿 kW 太阳能光伏系统;我国有约 120 万 km^2 的戈壁和荒漠面积,开发利用 5%的荒漠可安装超过 50 亿 kW 太阳能光伏发电系统,年发电量可以达到 6 万亿 kWh,相当于美国 2010 年发电量总和的 1.5 倍[17]。按照"就近上网、当地消纳、积极稳妥、有序发展"的原则,在太阳能资源丰富、具有荒漠化等闲置土地资源的地区,如在内蒙古鄂尔多斯高地沿黄河平坦荒漠、甘肃河西走廊平坦荒漠、新疆吐哈盆地和塔里木盆地地区、西藏拉萨、青海、宁夏等地选择适宜地点,开展太阳能光热发电示范项目建设,提高高温集热管、聚光镜等关键技术的系统集成和装备制造能力[25]。

截止到 2015 年年底,太阳能发电装机容量达到 2100 万 kW 以上,年发电量达到 250 亿 kWh。重点在中东部地区建设与建筑结合的分布式光伏发电系统,建成分布式光伏发电总装机容量 1000 万 kW。在青海、新疆、甘肃、内蒙古等太阳能资源和未利用土地资源丰富的地区,以增加当地电力供应为目的,建成并网光伏电站总装机容量 1000 万 kW。以经济性与光伏发电基本相当为前提,建成光热发电总装机容量100万kW[26]。

从国家气象局网站上可以查到全国122个基准气象台1957—2011年的辐射数据（不包括台湾、香港和澳门），其中有10年以上数据的台站有96个。1993年以前，全国66个气象台有水平面太阳总辐射和散射辐射的数据，1993年以后，全国只有17个气象台有水平面太阳总辐射和散射辐射的数据。依据96个基准气象台站10年平均水平面总辐射数据进行等效利用小时数的测算，结合太阳能资源分区和地理分布，将全国划分为4个资源区，见表3-8。

表3-8　　　　　　　　我国太阳能资源分区表

资源分区	水平面年总辐射量		年等效利用小时数	测算取值	对应台站数量
	MJ/m²	kWh/m²	h/年	h/年	个
Ⅰ	>6000	>1700	>1600	1600	16
Ⅱ	5400～6000	1500～1700	1400～1600	1400	17
Ⅲ	4500～5400	1240～1500	1200～1400	1200	27
Ⅳ	<4500	<1250	<1200	1000	36

数据来源：CREIA，《中国光伏分类上网电价政策研究》，2013年4月。

第三节　主要电力技术的技术发展路线图

一、清洁煤发电技术和CCS技术

1. 超超临界技术发展路线图

IEA推荐的USC技术路线图见表3-9。

表3-9　　　　　　　　IEA推荐的USC技术路线图

本路线图推荐的行动	时间点
部署更多的SC和USC电厂，继续研发高参数USC技术	2012-20
部署更多的USC电厂。进行高参数USC技术示范，进行高参数USC电厂燃烧后捕集中试，进行高参数USC机组富氧燃烧中试测试	2021-25
部署高参数USC电厂，进行高参数USC机组富氧燃烧示范	2026-30
部署带有CCS高参数USC电厂，部署富氧燃烧高参数USC电厂	2031-50

资料来源：IEA2012，高效低排放燃煤发电技术路线图。

2. 循环流化床发电技术发展路线图

IEA推荐的CFB技术路线图见表3-10。

表 3-10　　　　　　　　IEA 推荐的 CFB 技术路线图

本路线图推荐的行动	时间点
部署更多的 SC 电厂，并进行 USC 技术示范	2012-20
部署 USC+CFB 燃烧技术	2021-25
示范高参数 USC+CFB 燃烧技术，进行高参数富氧燃烧中试测试，开始部署高参数 USC 技术	2026-30
部署带全规模 CCS（燃烧后捕集和富氧燃烧捕集）的高参数 USC+CFB 技术	2031-50
◆ $NO_x<200mg/m^3$ ◆ 颗粒小于 $50mg/m^3$；采用静电除尘和袋式过滤器 ◆ $SO_2<50mg/m^3$	

资料来源：IEA2012，高效低排放燃煤发电技术路线图。

3. 整体煤气化联合循环发电技术发展路线图

IEA 推荐的 IGCC 技术路线图见表 3-11。

表 3-11　　　　　　　　IEA 推荐的 IGCC 技术路线图

本路线图推荐的行动	时间点
部署使用 1400~1500℃ 燃气轮机的电厂，持续研发，提升对低阶煤的适用性及使用劣质煤时的性能，进行干法空气净化及非深冷供养中试试验。进一步开发和示范进口温度超过 1500℃ 的燃气轮机	2012-20
为 1600℃ 级使用高氢燃料的燃气轮机机组配置 CCS 系统，支持干法合成气净化技术的研发，部分应用非深冷供养技术	2021-25
为 1700℃ 级使用高氢燃料的燃气轮机机组配置 CCS 系统，进一步应用非低温供养技术	2026-30
为 1700℃ 级使用高氢燃料的燃气轮机机组配置 CCS 系统，部署非低温供养方案	2031-50
◆ $NO_x<30mg/m^3$，选择性催化还原技术将会实现更低的氮氧化物排放水平 ◆ 颗粒小于 $1mg/m^3$ ◆ 湿洗涤将 SO_2 控制在 $20mg/m^3$ 以下水平；干法技术在开发中	

资料来源：IEA2012，高效低排放燃煤发电技术路线图。

4. CCS 技术发展路线图

全球的 CCS 研究尚处在基础和应用研究以及工程示范阶段，只有少数国家进入商业化运作。目前我国的二氧化碳捕集和封存整体上还处于实验室阶段，而且大都采用燃烧后捕集的方式。工业上的应用也主要是提高采油率。

从政策层面来看，CCS 技术作为前沿技术已被列入国家中长期科技发展规划；在国家科技部 2007 年的《中国应对气候变化科技专项行动》中，CCS 技术作为控制温室气体排放和减缓气候变化的技术重点被列入专项行动的 4 个主要活动领域之一。"十一五"期间，国家"863"计划也对发展 CCS 技术给予很大支持；2007 年 6 月国家发改委公布的《中国应对气候变化国家方案》中强调重点开发二氧化碳的捕获和封存技术，并加强国际间气候变化技术的研发、应用与转让。

为实现 IEA 的 2DS 发展前景，IEA 在 2011 年 CCS 技术路线图（图 3-9）[27]中确定了到 2020 年、2030 年和 2050 年需要部署的具体目标（图 3-9）。到 2020 年，包括燃煤和燃气发电厂、天然气加工、生物乙醇、制氢用于化工和精炼等部门至少要成功示范 30 个二氧化碳捕集项目。到 2030 年，CCS 被用于发电和工业减排，在工业应用方面（包括水泥制造、钢铁、造纸、第二代生物燃料以及炼油和化工厂的加热和裂解）得到成功示范。这样每年封存的二氧化碳量超过 20 亿 t。到 2050 年，CCS 在世界各地的发电和工业行业广泛应用减排，每年封存的二氧化碳量超过 70 亿 t。

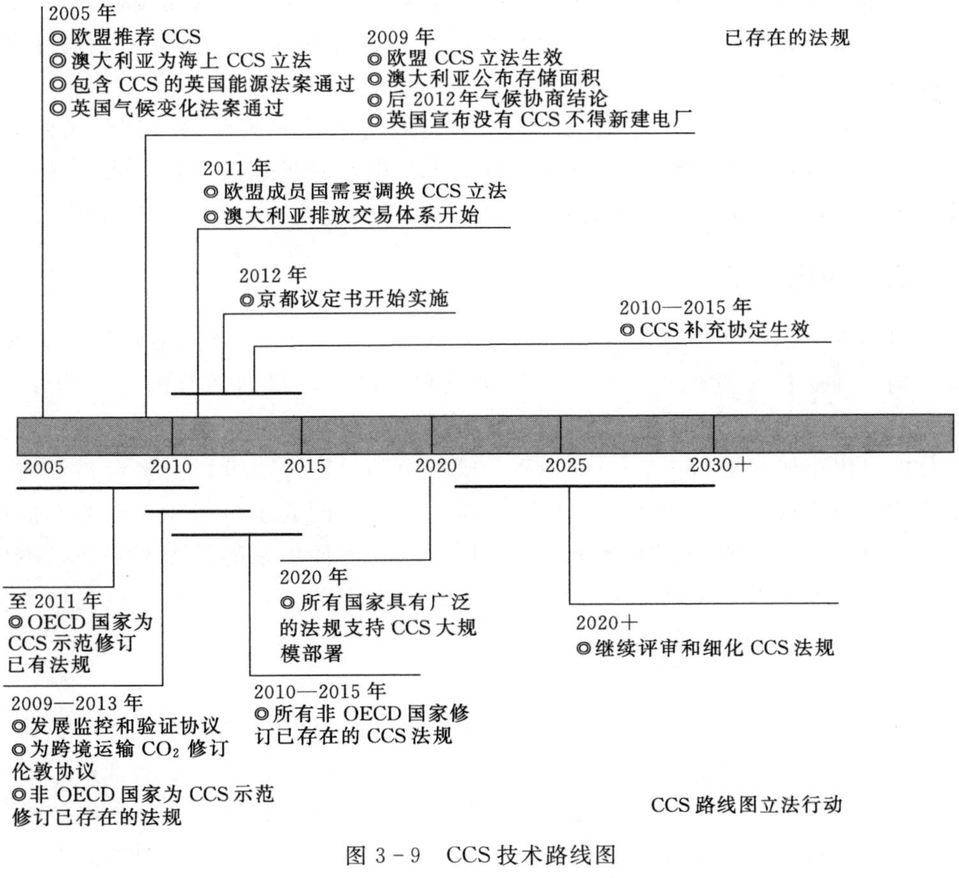

图 3-9 CCS 技术路线图
（资料来源：IEA CCS 技术路线图）

二、天然气发电技术

天然气发电主要分为3种形式：一是单循环燃气机组，其建设成本低、运行灵活、启停速度快，具有良好的调峰性能，热效率一般在40%左右；二是蒸汽—燃气联合循环发电机组，能量利用率高、运行相对灵活，但在稳定供热情况下，调峰能力受到很大制约；三是天然气分布式能源，依托天然气管网，靠近终端用户，通过冷热电多联供方式实现能源的梯级利用，综合能源利用效率高达70%以上。我国天然气发电实行大中小相结合、多种方式共同发展模式。

优先发展天然气分布式能源系统。随着天然气分布式发电和并网技术日益成熟，结合城乡天然气管道布局规划和建设，加快发展分布式冷热电多联供机组，提高能源利用效率。南方地区原则上采用分布式能源系统来解决供热和供冷需求；北方地区鼓励采用分布式能源系统来解决中小热冷用户需求。

因地制宜发展大型单循环燃气发电。在风电等新能源大规模发展、系统调峰容量严重不足地区，适度建设大型单循环燃气轮机组，承担调峰调频任务，提高系统运行灵活性，减少弃风。

适度发展大型联合循环燃气发电。结合西气东输管道和进口液化天然气，在受端地区规划建设大型联合循环发电机组，主要满足地区供热需求，同时支撑电力供应，减缓对燃煤机组建设的需求，改善受端地区大气及生态环境。

三、风电技术

风力发电的利用方式主要有两类：一类是独立运行（离网型）供电系统，即电网未通达的偏远地区，如高山、草原和海岛等，目前系统的容量为10～200kW，解决小社区用电问题；另一类是作为常规电网的电源，并网运行，商业化的机组单机容量为150～1850kW，既可单独并网，也可以由多台甚至成百上千台风机组成风力发电场。目前我国风力发电并网起步虽然相对较晚，但增长却十分显著[28]。此外，为满足市场不同需求，延伸出来的风光互补技术不仅推动了中小型风电技术的发展，还为中小型风电开辟了新的市场。风电技术发展路线图如图3-10所示。

1. 大型风电技术

我国大型风电技术与国际还有一定差距。大型风电技术起源于丹麦、荷兰等一些欧洲国家，由于当地风能资源丰富，风电产业受到政府的助推，大型风电技术和设备的发展在国际上遥遥领先。我国政府也开始助推大型风电技术的发展，并出台一系列政策引导产业发展。大型风电技术都是为大型风力发电机组设计的，而大型风力发电机组应用区域对环境的要求十分严格，都是应用在

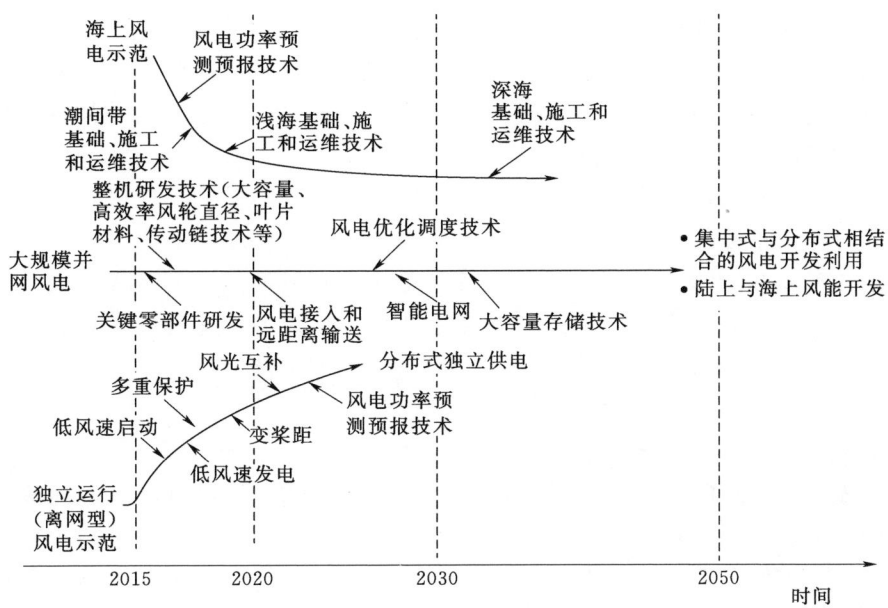

图 3-10 风电技术发展路线图
（资料来源：课题组根据相关文献资料整理）

风能资源丰富而资源有限的风场上，常年接受各种各样恶劣环境考验。环境的复杂多变性，对技术的高度要求就直线上升。国内大型风电技术普遍还不成熟，大型风电的核心技术仍然依靠国外，国家政策的引导使国内的风电项目迅猛在各地上马，但多为配套类型，完全拥有自主知识产权的大型风电系统技术和核心技术少之又少，还需经历几年环境考验才能逐渐成熟。此外，大型风电技术中发电并网的技术还在完善，一系列问题还在制约大型风电技术的发展。

2. 中小型风电技术

中小型风电技术最终是为满足分布式独立供电的终端市场，而不像大型风电技术是满足发电并网的国内垄断性市场，技术的更新速度必须适应广阔而快速发展的市场需求。目前我国中小型风电技术随着技术的更新不断完善与发展，不仅能单独应用还能与光电组合互补，已被广泛应用于分布式独立供电。这些年来随着我国中小型风电出口的稳步提升，在国际上，国内中小型风电技术中"低风速启动、低风速发电、变桨距、多重保护等"一系列技术得到国际市场的瞩目和国际客户的一致认可，已处于国际领先地位。

中小型风电技术成熟受自然资源限制相对较小，作为分布式独立发电效果显著，不仅可以并网，而且还能结合光电形成更稳定可靠的风光互补技术，况且技术完全自主国产化。无论是技术还是价格在国际上都十分具有竞争优势，在国际上已打响了中小型风电的中国品牌。

3. 风光互补技术

风光互补技术整合了中小型风电技术和太阳能技术，综合了各种应用领域的新技术，其涉及的领域之多、应用范围之广、技术差异化之大，是各种单项风电、太阳能技术所无法比拟的。

风能和太阳能是全球在新能源利用方面技术最成熟、最具规模化和产业化发展的行业，单独的风能或太阳能技术都有其开发的弊端，而风力发电和太阳能发电两者互补性的结合实现了两种新能源在自然资源的配置方面、技术方案的整合方面、性能与价格的对比方面都达到了对新能源的综合利用最合理，不但降低了满足同等需求下的单位成本，而且扩大了市场的应用范围，还提高了产品的可靠性。

4. 风电整机研发技术发展

首先，整机趋向大型化方向发展。目前国内1500kW风电机组利润逐年下降，大功率机组作为新的利润增长点，成为整机企业着力开拓的新市场。在政策的引导和市场需求导向影响下，"十二五"期间功率等级大型化发展将成为未来整机技术的发展趋势。另外，从我国低风速市场的需求来看，同功率等级的风电机组风轮直径越来越大。

其次，整机趋向个性化设计。整机设计时需针对中国特定场址条件进行技术改进。针对我国北方风场，在设计时需重点关注抗低温、抗风沙和冰雪，研制低温型风电机组；针对东南沿海风场，设计时重点关注台风和盐雾，研制抗台风型风电机组；针对西南地区的高原风场，设计时重点关注高海拔、太阳辐射、凝露等特点，研制高原型风电机组。针对低风速风场，研发时需要对整机进行降载控制，降低关键零部件的载荷，研制低风速甚至超低风速型风电机组。

再者，大功率等级风电机组将采用新型传动链技术。近年来，高速双馈传动链技术占市场的主导地位。风电机组趋大型化发展，特别是5000kW及以上功率等级的风电机组，采用现有高速双馈技术和低速直驱技术均存在或多或少的技术难点。因此，功率等级为5000kW及以上的风电机组将会应用新的传动链技术。高速双馈和低速直驱技术的折中，将成为更多整机企业的选择，如高速永磁技术、中速永磁传动技术、液力耦合传动技术等[29]。

四、核电技术

1. 核电站技术发展路径

第2代核电机组工作寿命延长，第3代核电机组设计的寿命期增长，同时第4代核电系统开发的难度很大。因此，即使在第4代核电系统成功投入商业应用以后，也必定会有很长一段时间是第 2、第 3、第 4 代核电系统并存的局面[30]。

第 2 代核电技术从 20 世纪 70 年代发展至今，已进入饱和期，接近技术发展的极限，今后只能是局部性能的改进，即 2 代加或 2 代改进型。正在运行的第 2 代核电站都将在今后几十年内陆续退役，被新一代核电站所取代。20 世纪 90 年代开始研发的第 3 代核电技术，目前已进入成长期，还未完全成熟，在技术上还有很大的改进空间，在 2015 年前后，随着首批商用堆的建成使用，将逐步进入成熟期。第 3 代核电技术是在第 2 代基础上研发的先进轻水堆核电站，实际上是第 2 代技术沿着提高安全性和经济性的方向不断改进的结果，而其中的核燃料循环技术没有发生根本性改变，仍然是热中子反应堆。因此，第 2 代与第 3 代核电技术仍是属于同一个技术范式内不同的技术发展阶段，即不同的"代际"技术[31]。

到 2040 年前后，第 3 代将进入技术发展的饱和期，逐渐被第 4 代核电技术所取代。目前正在进行概念设计处于技术萌芽期的第 4 代核电站，可供选择的堆型都是闭式核燃料循环技术，而且至少有 4 种以上的堆型是快中子增殖反应堆，技术原理与第 2 代、第 3 代核电站已有根本性的区别。到 2030 年前后，随着首批商用第 4 代核电站的建成使用，第 4 代核电技术将逐渐走向成熟，成为 21 世纪中叶主要的新建核电堆型和下半世纪在役运行的主要堆型。因此，核裂变能发电技术目前正处于技术生命周期的增长阶段与成熟阶段之间，只有到人类可控核聚变技术的掌握为止它才会逐渐进入衰退期。

核聚变技术是人类和平利用核能的最高级技术形式，也是最终解决人类能源问题的希望所在，世界各发达国家都一直在致力于可控核聚变技术的研究，由于技术难度，目前仍处于基础研究阶段。因此，可控核聚变技术的成长期非常漫长，乐观估计也要到 2050 年前后才有可能进入商用阶段。核聚变技术是核能利用方式的根本性改变，与此前的核裂变能相比，是重大的技术范式变革。

核电站技术发展路径如图 3-11 所示。

2. 核电堆型发展路径

我国核电堆型及机型的种类较多，但按照《核电中长期发展规划（2005—2020）》，我国核电战略将坚持发展百万千瓦级先进压水堆核电技术路线，按照热中子反应堆（热堆）—快中子反应堆（快堆）—受控核聚变堆"三步走"的战略开展工作，以引进消化吸收掌握 3 代技术来统一核电堆型技术路线[32]。

首先，融合压水堆多机型技术，充分消化吸收美国、法国、俄国三国和我国现有的压水堆技术，一方面逐步提升机型性能，另一方面不断自主创新开发

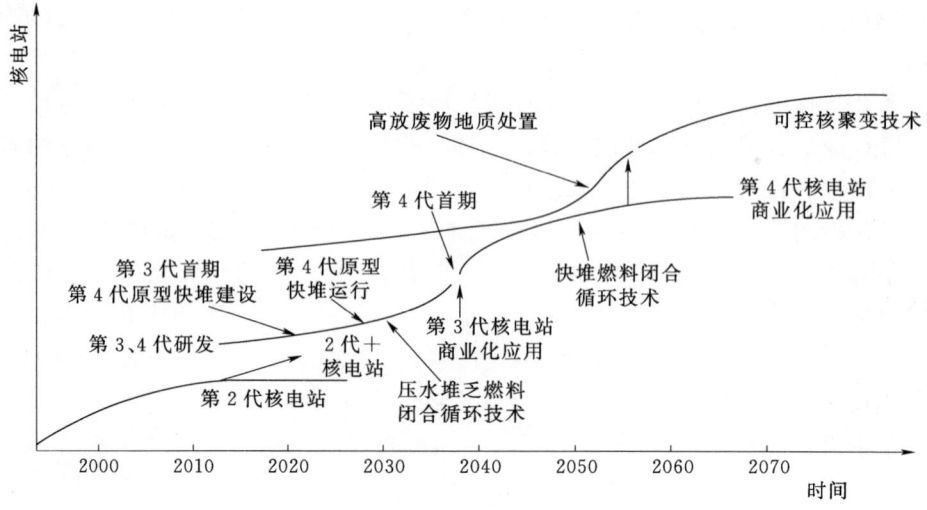

图 3-11　核电站技术发展路径
（资料来源：课题组根据相关文献资料整理）

新机型，最终形成我国自主研发的 1400 万 kW 以上的超大型压水堆和百万千瓦的大型压水堆以及 60 万 kW 的中小型压水堆技术路线，为第 4 代核电站技术方案提供堆型选择，具体堆型技术发展路径见图 3-12。

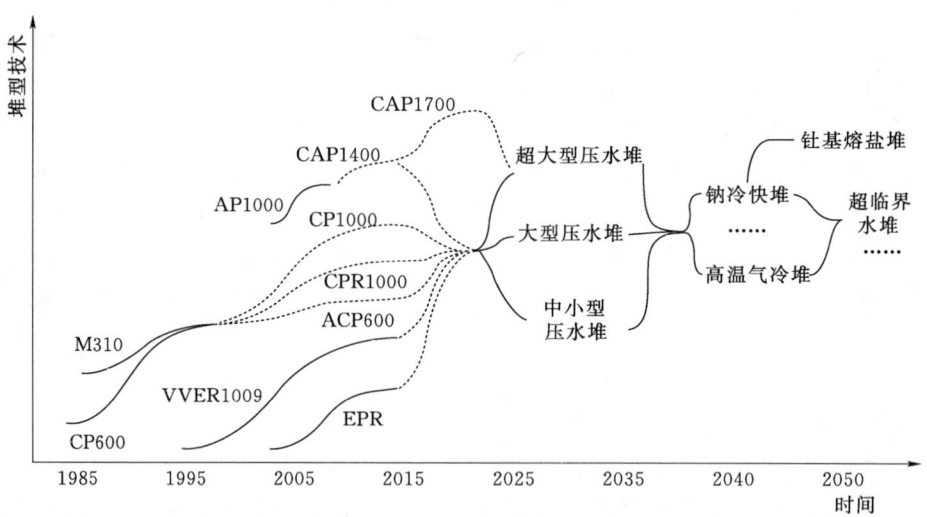

图 3-12　核电堆型技术发展路径
（资料来源：课题组根据相关文献资料整理）

其次，加快第 4 代堆型开发与建设。第 4 代 6 种堆型与压水堆、重水堆相比，在核燃料的充分利用方面具有较强的互补性，技术上也具有较强的连续性。

目前我国在钠冷快堆和高温气冷堆的研究方面已处于世界前列,且这两种堆型是核电技术中长期更新换代的重要堆型,因此应加快这两种堆型的商业化应用,运用新型核电堆型技术实现核电的跨越式发展,提高资源利用效率。

最后,坚持核裂变新堆型的战略研发。目前,科技部开始组织实施第4代堆型之一的钍基熔盐堆系统项目开发,且国家能源局也正筹备建立行波堆办公室,研发行波堆技术,此外上海交通大学也与中广核集团联手成立超临界水堆联合实验室,研发超临界水堆。

五、太阳能发电技术

1. 太阳能光伏发电技术

地面应用的光伏发电技术随材料和工艺的不同,可分为晶硅太阳电池、薄膜太阳电池、聚光太阳电池以及新型太阳电池。其中晶硅太阳电池又可分为单晶硅太阳电池与多晶硅太阳电池。薄膜太阳电池又以材料体系的不同而分为硅基薄膜电池、化合物太阳电池。晶硅太阳电池的优点是转化率比较高,但生产过程有污染,仅适用于强光环境,在弱光下不能发电;而薄膜光伏具有成本低、柔性化、质量轻等优势,可大量应用于光伏建筑一体化,也可以将柔性薄膜组件应用在高附加值的新兴应用领域。目前,在全球光伏市场上,晶硅占85%的市场,薄膜光伏电池仅占15%[20]。新型太阳电池包括有机和染料敏化太阳电池、晶硅薄膜太阳电池、有机薄膜电池、量子阱电池、多叠层全光谱吸收电池等,目前尚处于实验室或实验示范阶段,甚至仅处于概念阶段,距商业化距离甚远。

因此,今后太阳能发电技术将向低成本、高效率方向发展,同时兼顾美观性和实用性。太阳能发电技术的发展继续依靠研制高效能电池,扩大电池功率,优化电池组合。太阳能发电技术则充分结合建筑学原理,遵循建筑物对太阳能的正面和负面作用,以促进绿色电能的快速实现。

太阳能光伏技术路线图如图3-13所示。

2. 太阳能光热发电技术

太阳能光热发电有聚焦式和非聚焦式两种。非聚焦式直接把太阳能转化为热能发电,目前有太阳能真空管发电、太阳能热气流发电和太阳能热池发电等,不过这些技术还在研究阶段,技术还很不成熟。聚焦式太阳能光热发电利用聚光器将太阳能转化为高密度的能量,作为高温热源直接或者间接加热给水,生成高温高压蒸汽推动发电机组发电,可以充分利用传统发电技术,技术相对成熟,特别是技术比较成熟的塔式、槽式和碟式3种聚焦式太阳能光热发电技术。槽式太阳能光热发电技术比较成熟,目前已取得了大规模商业化生产能力。截

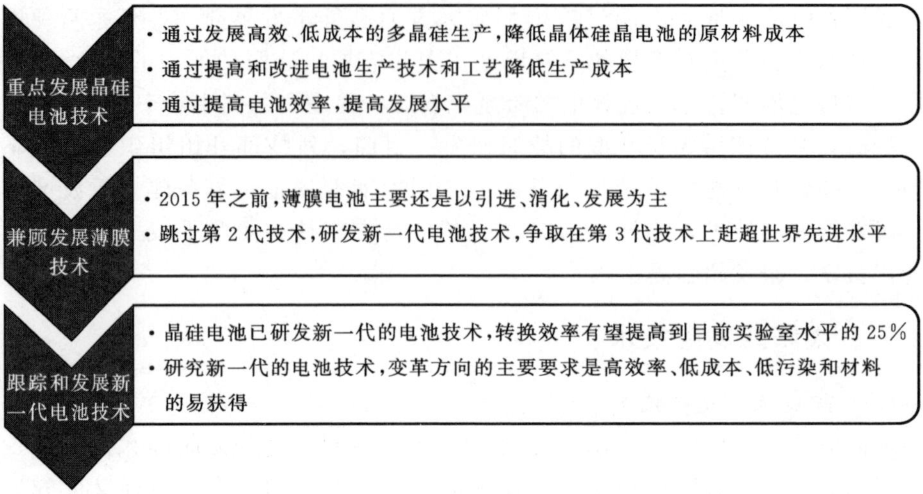

```
重点发展晶硅    • 通过发展高效、低成本的多晶硅生产,降低晶体硅晶电池的原材料成本
电池技术        • 通过提高和改进电池生产技术和工艺降低生产成本
                • 通过提高电池效率,提高发展水平

兼顾发展薄膜    • 2015年之前,薄膜电池主要还是以引进、消化、发展为主
技术            • 跳过第2代技术,研发新一代电池技术,争取在第3代技术上赶超世界先进水平

跟踪和发展新    • 晶硅电池已研发新一代的电池技术,转换效率有望提高到目前实验室水平的25%
一代电池技术    • 研究新一代的电池技术,变革方向的主要要求是高效率、低成本、低污染和材料
                  的易获得
```

图3-13 太阳能光伏技术路线图

至2009年全球在运行的光热发电站中,有88%的项目是槽式光热发电站,在建的光热发电站项目中占了97.5%[33]。

3种聚焦式太阳能光热发电方式各有优点:塔式太阳能发电技术聚光比和运行温度高、系统容量大和热转换效率高,适合大规模发电;槽式太阳能发电系统的结构简单、技术较为成熟,最早进入商业化运行。碟式太阳能发电热效率最高、结构紧凑、安装方便,非常适合分布式小规模发电系统。但是塔式太阳能发电由于建设成本过高,始终无法大规模投入商业化运行。槽式太阳能发电聚光比小、工作温度低,核心部件真空管技术尚未成熟,吸收管表面选择性涂层性能不稳定,阻碍了它的推广。碟式发电系统最适合与斯特林发动机配套使用,但是目前斯特林发动机的技术还不成熟(表3-12)。

表3-12 主要光热发电技术经济性比较

技术种类	发电成本/(元·kWh^{-1})	转换效率/%	聚光倍数	介质温度/℃	建设造价
槽式	1.98	14	10~100	260~550	代价较低,技术最成熟,已达到商业化应用
碟式	2.46	24~30	500~3000	750~1500	集热器分散布置,控制代价相对低,但接收器结构复杂,造价很高
塔式	2.39	17~20	1000以上	100~1500	目前成本较高,未来成本会降低,竞争力很强
菲涅尔式	0.82	8~10	50~100	300~450	工程造价低,工作效率偏低,技术改造潜力大

数据来源:王泽凯. 太阳能光热发电技术应用与发展 [J]. 玻璃,2012 (6)。

与光伏电站相比，光热电站需要更高额初始投资，国际能源署（IEA）估计目前光热电站的建设成本为 4.2~8.4 美元/W，根据技术、设备、人工成本有所不同，按 6 美元/W 计算，50M 的光热电站需要投资 3 亿美元。光热电站的发电成本也较高，需要政府的补贴，内蒙古 50MW 特许权光热发电项目中，大唐新能源中标电价为 0.9399 元/kWh，远高于其他类型电能的上网电价。2011 年 5 月，国家发改委发布《产业结构调整指导目录》（2011 年版）鼓励新能源门类中，太阳能光热发电位于首位，从政策层面对光热发电的重视程度也显著提升。但相关的实质性细节还需要进一步落实，特别是购电和补贴等扶持政策，消除光热发电在发展中的不确定因素[34]。

太阳能光热发电技术在未来的研发和应用中，将朝着"高参数、大容量、连续发电"这 3 个技术方向去攻坚克难。高参数即聚光比高、运行温度高和热电转换效率高，为此必须在高反射率高精度反射镜、高精密度跟踪控制系统、高热流密度下的传热、太阳能热电转换等核心技术和关键设备的研制中，加大研发力度。大容量主要指发电规模大，要形成常规电厂级发电能力，主要是摊薄投资成本和单位发电成本，逐步具备与火力发电成本相当的竞争能力；连续发电主要是提高储热效能。目前蓄热介质有蒸汽、导热油和熔融盐等，以熔融盐蓄能效果最好。

太阳能光热技术路线图如图 3-14 所示。

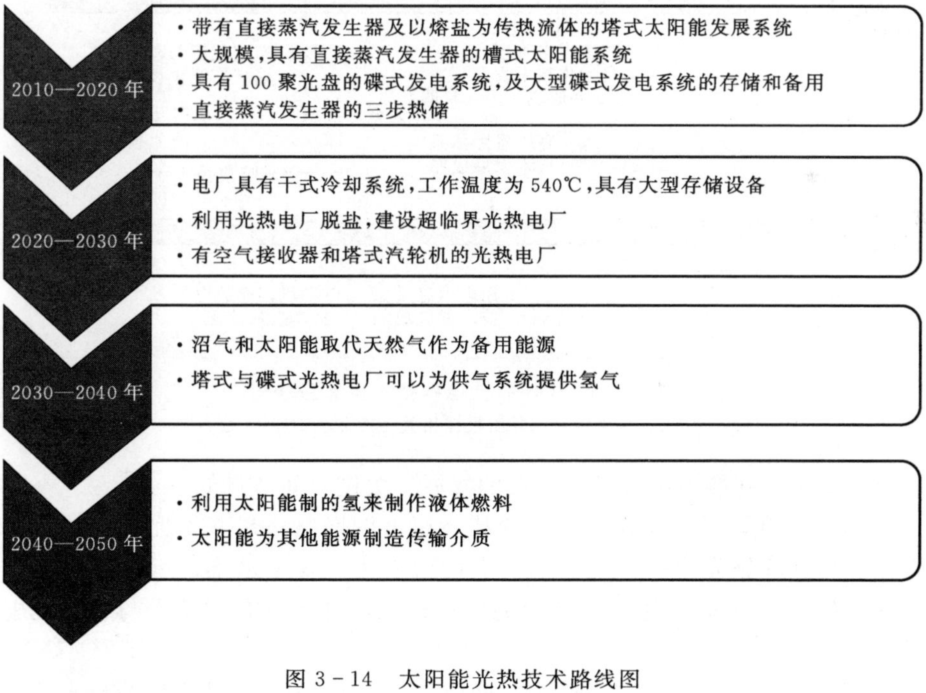

2010—2020 年
- 带有直接蒸汽发生器及以熔盐为传热流体的塔式太阳能发展系统
- 大规模,具有直接蒸汽发生器的槽式太阳能系统
- 具有 100 聚光盘的碟式发电系统,及大型碟式发电系统的存储和备用
- 直接蒸汽发生器的三步热储

2020—2030 年
- 电厂具有干式冷却系统,工作温度为 540℃,具有大型存储设备
- 利用光热电厂脱盐,建设超临界光热电厂
- 有空气接收器和塔式汽轮机的光热电厂

2030—2040 年
- 沼气和太阳能取代天然气作为备用能源
- 塔式与碟式光热电厂可以为供气系统提供氢气

2040—2050 年
- 利用太阳能制的氢来制作液体燃料
- 太阳能为其他能源制造传输介质

图 3-14 太阳能光热技术路线图

六、智能电网技术

我国着力发展的坚强智能电网是以特高压电网为骨干网架、各级电网协调发展的坚强网架为基础,以信息通信平台为支撑,具有信息化、自动化、互动化特征,包含电力系统各个环节,覆盖所有电压等级,实现"电力流、信息流、业务流"的高度一体化融合的现代电网。

根据国家能源局以及电网公司的相关规划,以及前文所述与智能电网相关的各种技术,本研究提出我国智能电网技术发展路线图,如图 3-15 所示。

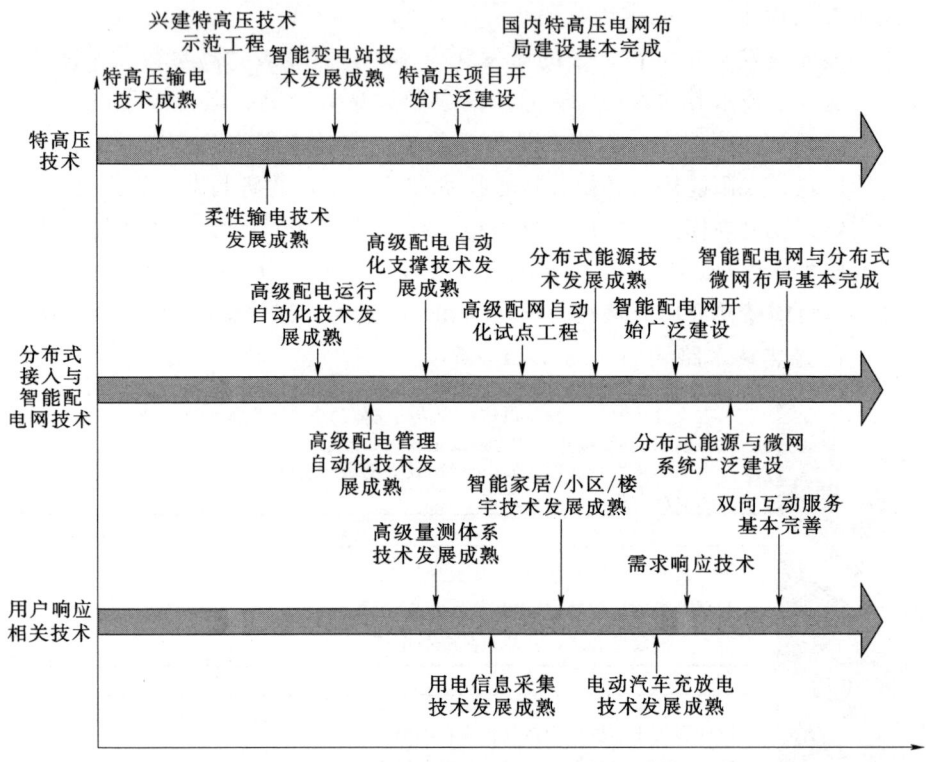

图 3-15 中国智能电网技术发展路线图
(资料来源:课题组根据相关文献资料整理)

具体来说,智能电网技术与建设的发展,关键时间节点如下:

2020 年,我国重点建设与布局的特高压电网网络格局基本完成,技术与装备全面达到国际领先水平,电网的资源配置能力、安全水平、运行效率显著提高。最迟到 2025 年,大电大网建设完成;自此,进入分布式接入与智能配电网的重点发展期。

2030 年,分布式接入与智能配电网成为重点,2035 年以前相关技术基本成熟，大规模广泛建设基本完成，中国智能电网达到世界领先水平。

2050年，用户响应、智能用电、智能城市等技术得到全面应用，智能电网技术整体走向成熟，并在新一代新兴技术的影响下进一步获得长足发展。

第四节 主要电力技术的技术经济评估

一、平准化发电成本模型（LCOE）

LCOE是一种比较不同发电技术成本的有效计算方法。在国际上，LCOE不仅被用于学术分析，也常见于政策讨论等领域。本书拟采用LCOE模型研究不同新能源发电技术的平准化电力成本，以期对不同发电技术进行技术经济评估，进一步通过比较新能源发电与传统煤电的经济成本，明确各类新能源发电技术纳入电力规划的时间。

在不同发电技术的技术经济评估中，LCOE是用电厂总费用的最小现值除以总发电量的现值，从而得到以单位产量成本表示的平准化贴现成本，其表达式为

$$LCOE = \frac{\sum_{n=1}^{N} \frac{(CAPEX_n + OPEX_n + TAX_n)}{(1+r)^n}}{\sum_{n=1}^{N} \frac{[C \times H \times (1-o_u)]_n}{(1+r)^n}}$$

式中：$CAPEX_n$为初始投资成本的年值，包括自有资金、贷款及折旧；$OPEX_n$为运行维护成本的年值，包括保险费用、修理费用、劳动成本等；TAX_n为电厂每年应纳税额；C为装机容量；H为年利用小时数；o_u为厂用电率；n为电厂运营年限；r为贴现率。

二、情景说明

本研究综合考虑不同发电技术的特点，分析影响不同发电技术上网电价的敏感性因素，在此基础上设定不同情景研究不同技术上网电价的变动趋势。

风电技术情景说明如下：

（1）2013年的单位投资成本为当年实际值，2020年的投资成本则是根据技术学习率测算的预测值。

（2）情景S1、S2、S3、S4对应的是机组运行状态良好情况下的各项参数，利用小时数根据不同风能资源区的设计利用小时数确定，机组生命、折旧年限、大修费率的取值相同，而S5与S4相比，对应的是机组运行状态较差情况下的各项参数，除利用小时数一致外，其他参数取值均不同。

除风电技术外,其余发电技术均设定两种情景,S1 为机组运行状态良好情况下的情景参数,S2 为机组运行状态较差情况下的情景参数。

三、清洁煤发电技术和 CCS 技术经济评估

(一) 模型参数

1. 3 种清洁煤发电技术的技术经济性比较

表 3-13 中对几种主要的洁净煤发电技术进行了技术经济比较,从中可得出以下结论:

(1) 效率。超超临界发电技术和 IGCC 的效率相当,均超过 43%;IGCC 的效率高于 CFB。

(2) 容量。超超临界机组的单机容量可达到 100 万 kW 以上,与其他洁净煤发电技术相比,可大大降低机组的单位造价,同时能满足电力工业对大容量机组的要求。

(3) 环保性能。燃煤发电技术中,IGCC 是在燃烧前完成净化,解决了 SO_2 和 NO_x 等的排放问题,目前具有最佳的环保性能。

循环流化床发电技术在可靠性方面还需提高,在容量方面有待大型化[35]。IGCC 和 CFB 进一步降低设备投资,经多年运行业绩的积累才能达到大规模应用的程度。配有污染物排放控制技术的超超临界机组在几种清洁煤发电技术中的发展历史最长、最具有技术继承性、技术成熟,是未来 10~20 年清洁煤发电技术的主流,预计在火电机组市场的份额可达到 70% 以上。清洁煤发电技术部分经济参数见表 3-13。

表 3-13　　　　　　清洁煤发电技术部分经济参数

清洁煤发电技术	效率/%	容量/万 kW	环保性能	可靠性	技术成熟程度	技术继承性	设备投资/电价	业绩
USC+污染物排放控制技术	43~47	100	优	最高	成熟	最好	中等/中等	批量化应用
CFBC	38~40	30	较优	低	尚待成熟	较好	次高/较高	初步批量化
增压硫化床联合循环 PFBC-CC	41~42	36	较优	低	尚待成熟	较好	次高/较高	大容量仅 1 台
IGCC	43~45	30	最优	低	接近商业化	较好	最高/最高	示范阶段,少量商业运行

资料来源:李君,吴少华,李振中. 超超临界燃煤发电技术是我国目前发展洁净煤发电技术的优先选择[J]. 中国电力,2004,09:18-22。

2. 3 种清洁煤发电技术的环保性能比较

IGCC 同超超临界循环相比,能够节约 30%~50% 的水,其 SO_2、NO_x 的

排放都远远低于其他煤炭发电技术，但目前造价偏高（表3-14）。

表3-14　　3种清洁煤发电技术与NGCC技术污染物参数

技术	耗水 gallone/MWh	PM lbs/MBtu	SO_2 lbs/MBtu	NO_x lbs/MBtu	CO lbs/MBtu	VOC lbs/MBtu
USC+FGD/SCR	600～660	0.07	0.18	0.08	0.12	0.003
CFB	570～625	0.07	0.18	0.08	0.12	0.003
IGCC	360～540	0.01	0.06	0.012	0.05	0.003
NGCC	—	0.01	0.1	0.028	0.02	0.003

注　1. Btu英制热量单位，1Btu=1.0551kJ。
　　2. lbs：磅，lbs=0.0454kg。
　　3. FGD：尾气脱硫装置；SCR：选择催化还原装置（用来降低NO_x排放）。
　　4. NGCC：天然气联合循环。
　　5. gallone：加仑，容量单位，1gallone=3.785L。
　　6. 资料来源：徐强，曹江，周一工，王佳祎，何芬. 整体煤气化联合循环（IGCC）特点综述及产业化前景分析[J]. 锅炉技术，2006，06：1-9。

IEA在《高效低排放燃煤发电技术路线图2012》[36]中也给出了各种清洁煤发电技术的排放绩效参数，见表3-15。IGCC表现出了很好的环保性能，且在增加CCS后其能效损失显著小于CFB和USC。

表3-15　　3种清洁煤发电技术的排放与能耗

燃料类型	电厂类型	排放量				最大单机容量	容量因子	CCS能源损耗
		CO_2 /(g·kWh^{-1})	NO_x /(mg·Nm^{-3})	SO_2 /(mg·Nm^{-3})	PM /(mg·Nm^{-3})	万kW	%	%
煤炭	粉煤燃烧（USC）	740	<50～100（采用SCR）	<20～100（采用FGD）	<10	110	80	7～10（燃烧后和富氧燃烧）
	CFB	880～900	<200	<50～100（现场）	<50	46	80	
	粉煤燃烧（高参数USC）	670(700)℃	<50～100（采用SCR）	<20～100（采用FGD）	<10	<100	—	
	IGCC	670～740	<30	<20	<1	33.5	70	
	煤气化燃料电池	500～550	<30	<20	<1	<50	—	7

资料来源：IEA2012，高效低排放燃煤发电技术路线图。

3. CCS技术的热效率

碳捕集以及吸收剂的回收过程会消耗掉大量的能量，可占到电厂能耗的30%左右。《The Global Status of CCS：2011》[37]中表明，CCS技术使燃煤发电成本增加40%～80%，每吨CO_2的减排成本为40～70美元。现有电厂捕获二

氧化碳浓度很低，只有5%～10%，而能耗非常高，使得整体的发电效率大打折扣；IGCC电厂经过煤的汽化后二氧化碳浓度可以达到30%，被认为是较理想的捕获二氧化碳技术。

传统电厂热效率达到38%以上，燃烧后捕集热效率只有27%，若采用先进的超超临界技术，热效率可以提高到34%，但仍低于传统电厂。

以IGCC技术为基础的燃烧前捕集热效率在30%以上，以煤泥浆为燃料热效率接近36%，改进的CCS技术热效率超过38%。

富氧燃烧热效率超过31%，若采用先进的超超临界技术热效率为35%，循环燃烧热效率为41%。

4. CCS投资成本、运维成本

大量的国际研究表明，CCS技术使燃煤发电成本增加40%～80%，每吨CO_2的减排成本为40～70美元。其中，捕集成本处于13～51美元/t之间，运输成本在3～25美元/t，陆地封存成本在0.6～8.3美元/t（《CCS在中国：现状、挑战和机遇》[38]）。但同类型的第一个示范项目的成本远远高于第N个示范项目的成本，说明CCS技术未来的技术学习和成本下降空间有待进一步验证。

根据我国西安热工研究院的研究，中国碳捕集系统的建设费用平均为1500元/kW（实际情况可能为2000元/kW），占煤电单位千瓦投资成本的45%～60%；由于没有电厂级的实际应用，我国CCS的运行成本数据无从获取，我们的判断是应该略低于估算的国际水平[39]。

（二）计算结果

中国的碳税就是把现在的资源税考虑成碳税，征收比例为2%[40]，对清洁煤技术上网电价的影响不大。澳大利亚2012年7月开征碳税[41]，根据测算，澳洲和欧盟碳税标准下每度电的环境成本分别为0.14元和0.05～0.15元。按照每度电0.15元测算清洁煤平准价格见表3-16。

表3-16　火电厂CO_2排放价格对电价的影响　　单位：元/kWh

技　术	SC	CFB	CFB+CCS	USC	USC+CCS	IGCC+CCS
平准电价	0.44	0.47	0.83	0.43	0.67	0.62
CO_2排放价格	0.15	0.15	0	0.15	0	0
总价	0.59	0.62	0.83	0.58	0.67	0.62

碳捕集以及吸收剂的回收过程会消耗掉大量的能量，脱碳装置的厂用电率最高达到30%。表3-17列出了CCS技术使燃煤发电成本增加的情况。

第四节 主要电力技术的技术经济评估

表 3-17　　脱碳装置厂用电率对电价的影响

脱碳厂用电率/%	30	25	20	15
CFB+CCS 电价/(元·kWh^{-1})	0.83	0.81	0.79	0.76
USC+CCS 电价/(元·kWh^{-1})	0.67	0.65	0.63	0.61
IGCC+CCS 电价/(元·kWh^{-1})	0.62	0.60	0.58	0.56

燃煤电厂加装 CCS 装置会导致电厂发电成本增加 40%~80%，表 3-18 中研究 CCS 单位投资成本占燃煤电厂单位投资增加 20%~60% 对上网电价的影响。

表 3-18　　CCS 单位投资成本对清洁煤电平准电价的影响

CCS 单位装机投资占比/%	60	40	20
CFB+CCS 单位装机成本/(元·kWh^{-1})	8160	7140	6120
CFB+CCS 电价/(元·kWh^{-1})	0.83	0.80	0.77
USC+CCS 单位装机成本/(元·kWh^{-1})	7680	6720	5760
USC+CCS 电价/(元·kWh^{-1})	0.67	0.65	0.62
IGCC+CCS 单位装机成本/(元·kWh^{-1})	8400	7350	6300
IGCC+CCS 电价/(元·kWh^{-1})	0.62	0.60	0.57

综合考虑上述各项模型参数，可以发现发电投资成本、煤耗、机组生命、大修率等因素对上网电价影响较大。本报告假设两个情景综合研究各项因素对上网电价的影响（表 3-19）。

表 3-19　　不同情景下清洁煤发电平准电价预测

参数	CFB		CFB+CCS		USC		USC+CCS		IGCC+CCS	
情景	S1	S2	S1	S2	S1	S2	S1	S2	S1	S2
平准电价/(元·kWh^{-1})	0.41	0.47	0.62	0.83	0.37	0.43	0.50	0.67	0.53	0.62
发电投资成本/(元·kWh^{-1})	4900	5100	7140	8160	4600	4800	6720	7680	7350	8400
发电煤耗	270	275	270	275	268	273	268	273	250	255
年利用小时数	5500	5300	5500	5300	5500	5300	5500	5300	5500	5300
机组生命	25	20	25	20	25	20	25	20	25	20
大修率/%	1	2	1	2	1	2	1	2	1	2
燃料价格上升率/%	1	2	1	2	1	2	1	2	1	2
脱碳装置厂用电率/%	—	—	15	30	—	—	15	30	15	30

四、天然气发电技术经济评估

1. 集中式天然气发电经济评估

基于国内在役、在建燃气机组主要类型及对燃机技术近期发展的初步判断，9E、9F（及升级版）仍将是我国集中式天然气发电机组的主流机型，9E、9F主要参数对比如图3-16所示。

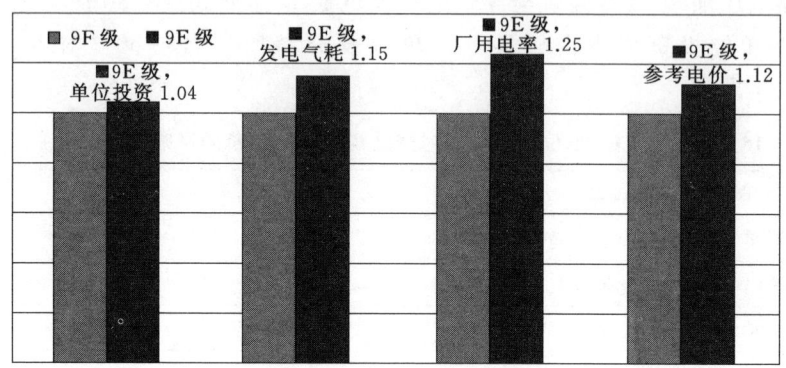

图3-16 天然气9F、9E机组参数对比

两者容量投资差别不大，9F级机组发电气耗低15%，厂用电率低25%，同等条件下，测算电价低12%左右。集中式气电项目的经济性分析选用9F级机组具有较好的代表性。

依据《建设项目经济评价方法与参数（第三版）》，主要参数设定原则如下：

（1）利用小时数。燃气轮机按联合循环方式运行，综合考虑燃气机组在系统中的地位，选取4000h。

（2）项目总投资。综合近几年我国燃气装机造价趋势，选取2011年9F级联合循环电站工程单位造价考虑，根据《中国电力行业年度发展报告》为2874元/kW。

（3）天然气价格。选择当前天然气发电较集中的地区（广东、浙江、江苏、上海和北京），考虑存量气和增量气两种价格进行测算，见表3-20。

2. 分布式天然气发电经济评估

由于分布式天然气电厂其发电、供热、制冷负荷参数各不相同，机组选型因地制宜，机组的经济性也各不相同。本研究以广州大学城三联供项目为例，按资本金内部收益率8%测算其上网电价水平。

按天然气价格3.32元/m³、利用小时4000h测算得含税上网电价水平为0.85元/kWh。与广东大型集中式联合循环发电机组上网电价0.92元/kWh相比，类似分布式发电具有价格优势（上网电价降低0.71元/kWh，如果考虑到大型机组需要更多的降压电网配套投资，电价优势则更加明显）和能效优势。

表3-20　　　各地集中式天然气发电上网电价测算

省（直辖市）	天然气价格/(元·m^{-3})		上网电价/(元·kWh^{-1})	
	存量气	增量气	存量气价下	增量气价下
广东省	2.74	3.32	0.78	0.92
浙江省	2.43	3.31	0.70	0.92
江苏省	2.42	3.30	0.70	0.92
上海市	2.44	3.32	0.70	0.92
北京市	2.26	3.14	0.65	0.88

注　表中价格均为含税价格。

五、风电技术经济评估

1. 陆上风电技术经济评估

国内一些学者通过研究发现，中国风电产业的学习率为12.7％左右[42]，即当风电累计装机容量增加1倍时，风电的单位投资成本因技术创新的下降率为12.7％左右[43]，考虑到近些年来风电已经大体实现规模化经营，假设2009年之后风电不再学习，以此研究不同技术学习情况下风电投资成本的变化趋势，由此计算陆上、海上上网电价的变化情况，测算陆上、海上风电在何时达到与火电相竞争的价格水平，见表3-21。

表3-21　　　不同情景下的陆上风电平准电价预测

性能指标	2013年					2020年				
	S1	S1	S3	S4	S5	S1	S1	S3	S4	S5
单位投资成本/(元·kW^{-1})	8000	8000	8000	8000	8000	7500	7500	7500	7500	7500
利用小时数	2500	2300	2100	1900	1900	2500	2300	2100	1900	1900
机组生命/年	20	20	20	20	15	20	20	20	20	15
折旧年限/年	15	15	15	15	10	15	15	15	15	10
大修费率/％	2	2	2	2	4	2	2	2	2	4
平准电价/(元·kWh^{-1})	0.45	0.49	0.53	0.59	0.73	0.43	0.46	0.50	0.55	0.69

2. 海上风电技术经济评估

海上风电不同于陆上风电，其具有风向稳定、海面较为平坦等特点，其发电小时数明显高于沿海风电场。2012年，中国海上风电新增装机46台，全国已建成海上风电项目总装机38.96万kW，2013年海上风电新增装机3.9万kW，截至2013年年底，中国已建成的海上风电项目共计42.8万kW。专家指出，即使目前国家已批复前期工作的395万kW海上风电项目到2015年全部建成，实现国家550万kW的"十二五"海上风电规划目标也十分困难。因此，本报告将未来海上风电装机容量进行调整测算。2014年6月国家发改委出台的《关于海上风电上网电价政策的通知》对潮间带风电和近海风电分别确定上网电价为0.75元/kWh和0.85元/kWh，鼓励通过特许权招标等市场竞争方式确定海上风电项目开发业主和上网电价，上述标准的确立将有效提升项目内部收益率，促使国内海上风电装机进入快速增长期，加快海上风电产业的发展。

未来各年海上风电平准电价见表3-22。

表3-22　　　　　　　　海上风电平准电价预测

指标	2013	2015	2020	2030	2050
累计装机容量规划值/万kW	42.8	550	3000	6000	15000
累计装机容量预测值/万kW	42.8	54	250	500	1200
单位投资成本/(元·kW^{-1})	16000	15000	12000	10000	8000
平准电价/(元·kWh^{-1})	0.74	0.70	0.57	0.49	0.40

六、核电技术经济评估

1. 模型参数

核电的发电成本由运行费、基建费和燃料费三部分组成。核电站的运行费和火电站差不多。由于核电站系统的复杂和出于安全考虑，因此它的基建费比火电高，10万~20万kW容量的轻水堆比火电约高100％，100万kW容量的轻水堆高60％~70％。重水堆和气冷堆的基建费还要贵一些。核电每千瓦投资为1.2万~1.8万元。我国核电建设周期相对较长，其建设周期一般为5年，但核电设施使用寿命要比火电长30年左右，而且其成本构成使得越往后越有竞争力。在固定资产投资上，成本在50％甚至60％以上，而火电的比例为30％~40％；燃料费用上，核电为20％，而火电为50％多；同样的，在运行费用上，核电占到总成本的15％左右，而火电则为10％多。由于火电的燃料成本比例较大，所以在核电提完折旧费以后，其成本相对而言就会大幅降低[44]。

2. 核电技术学习

经研究,核电技术的学习率为3%～8%[45]。假设2013—2015年第2代+核电技术学习率为4%～6%;2015年之后建设的核电站均为第3代技术,假设2015—2020年第3代技术学习率为20%,2020—2030年学习率为12%,2030—2050年学习率为8%。

3. 计算结果

当前核电标杆电价为0.43元/kWh。未来各年核电的平准电价见表3-23。

表3-23　　　　　　　核电平准电价预测

指　标	2013（第2代+）	2015	2020（第3代）	2030	2050
单位投资成本/(元·kW^{-1})	15000	13000	17000	13000	12000
平准电价/(元·kWh^{-1})	0.38	0.35	0.44	0.39	0.37

七、太阳能光伏发电技术经济评估

1. 技术学习

2012年我国光伏组件产量的增长率为9.5%[46],假设到2030年维持此增长率,并设定学习率为10%、15%、20%这3种情境,电池组件成本的下降趋势如图3-17所示。

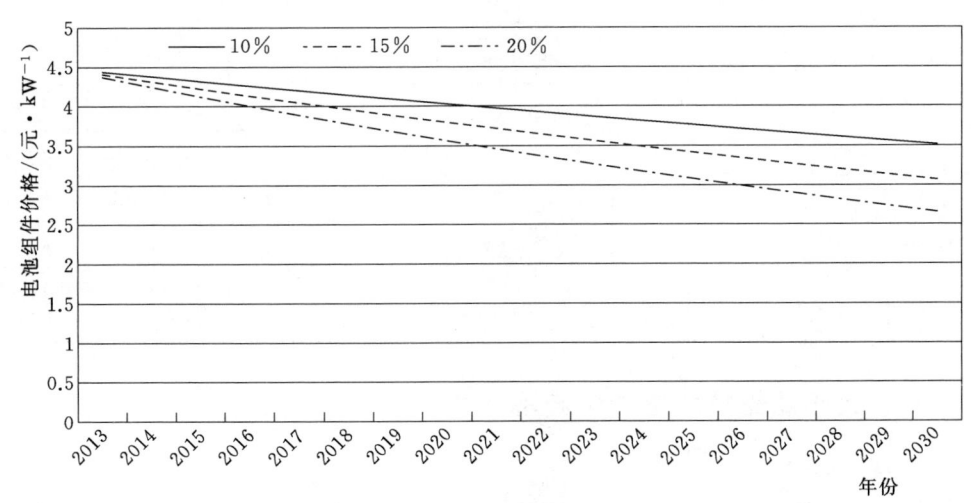

图3-17　电池组件成本下降趋势

由2007—2012年组件与系统价格的关系可拟合公式:$y=1.5655x+3.8241$。y为光伏系统价格;x为光伏组件价格。光伏系统初始投资下降见图3-18。

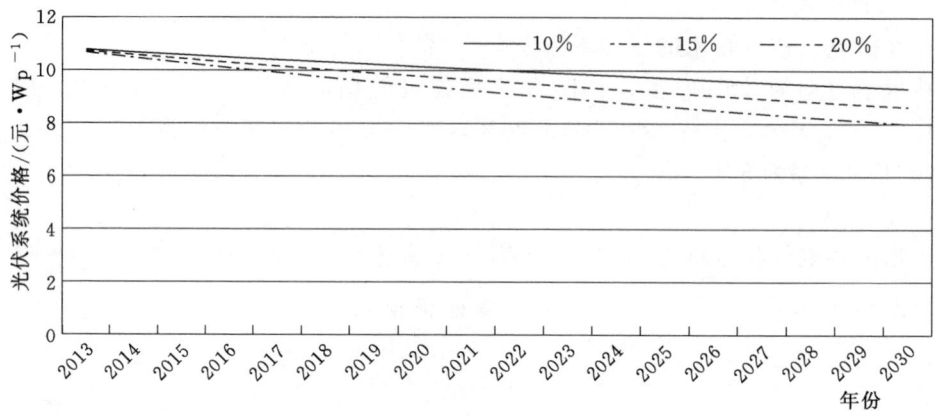

图 3-18 光伏系统初始投资下降

2. 计算结果

太阳能光伏发电平准电价预测见表 3-24。

表 3-24　　　　　　　　　太阳能光伏发电平准电价预测

指标	2009 年		2013 年		2015 年		2020 年		2030 年	
	S1	S2	S1	S2	S1	S2	S1	S2	S1	S2
单位投资成本/(元·kW^{-1})	35000	35000	10666～10772	10666～10772	10278～10583	10278～10583	9401～10133	9401～10133	7988～9320	7988～9320
利用小时数/h	1500	1300	1500	1300	1500	1300	1500	1300	1500	1300
机组生命/年	25	20	25	20	25	20	25	20	25	20
折旧年限/年	15	10	15	10	15	10	15	10	15	10
大修费率/%	1	2	1	2	1	2	1	2	1	2
税后内部收益率/%	8	10	8	10	8	10	8	10	8	10
上网电价/元	2.18	2.99	0.7	0.95～0.96	0.67～0.69	0.91～0.94	0.62～0.66	0.84～0.90	0.53～0.61	0.72～0.83

八、太阳能光热发电技术经济评估

1. 技术学习

随着技术学习和技术进步，太阳能光热发电的投资成本呈下降趋势，根据现有研究结论，太阳能光热发电的投资成本下降趋势如图 3-19 所示[47]。

依据全球太阳能光热发电的一次投资下降趋势，报告假定 2015 年、2020 年、2030 年相对 2013 年的下降率分别为 20%、40%、50%。

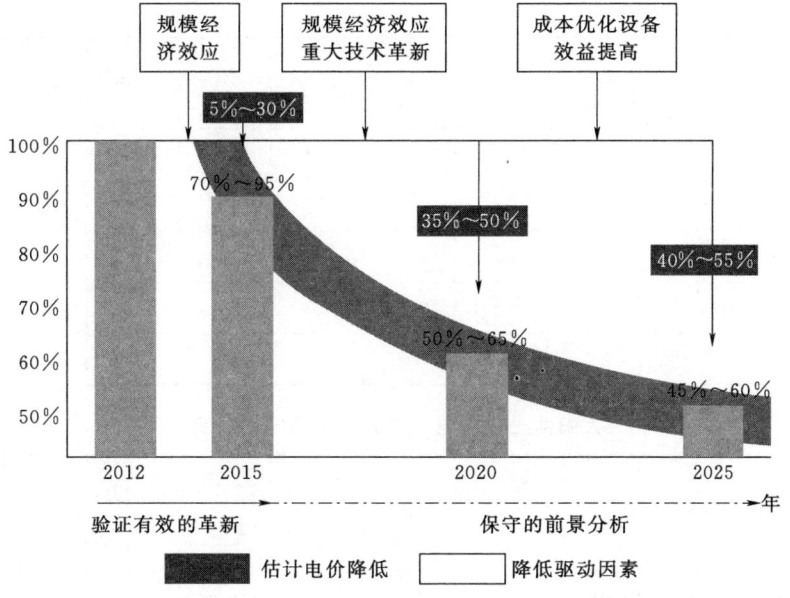

图 3-19　2012—2025 年全球太阳能光热发电一次投资下降趋势
（资料来源：A. T. Kearney 2025 年太阳能热发电情形研究）
（数据来源：《ESTELA 前五年报告》（2012 公布））

2. 计算结果

根据太阳能聚光集热方式的不同，报告从以下 4 种方式分别对平准电价进行预测，即槽式、塔式、碟式及菲涅尔式。太阳能光热发电的投资成本随着技术进步一直在下降，根据资料显示[48]，槽式发电的单位投资成本约为 21000 元/kW，塔式单位投资成本约为 21500 元/kW，碟式单位投资成本约为 43400 元/kW，菲涅尔式单位投资约为 33700 元/kW。另外，由于光热发电涉及储能部分，因此目前学术界关于太阳能光热发电的利用小时数并没有一致的结论。根据 2012 年的研究结论[49]，以内蒙古为例，全年日照时数为 2600～3200h。因此，在情景设定时，报告假定 S1 情景的利用小时数为 3200h，S2 为 2600h。根据现有数据，报告利用 LCOE 模型对 4 种光热发电方式的平准电价进行预测，结果如表 3-25～表 3-28 所示。

表 3-25　太阳能光热发电（槽式）平准电价预测

性能指标	2013 年		2015 年		2020 年		2030 年	
	S1	S2	S1	S2	S1	S2	S1	S2
单位投资成本/(元·kW^{-1})	20904	20904	16723	16723	12542	12542	10452	10452
利用小时数/h	3200	2600	3200	2600	3200	2600	3200	2600

续表

性能指标	2013年 S1	2013年 S2	2015年 S1	2015年 S2	2020年 S1	2020年 S2	2030年 S1	2030年 S2
机组生命/年	25	20	25	20	25	20	25	20
折旧年限/年	15	10	15	10	15	10	15	10
大修费率/%	1	2	1	2	1	2	1	2
税后内部收益率/%	8	10	8	10	8	10	8	10
上网电价/元	0.64	0.92	0.52	0.75	0.4	0.57	0.34	0.48

表 3-26 太阳能光热发电（塔式）平准电价预测

性能指标	2013年 S1	2013年 S2	2015年 S1	2015年 S2	2020年 S1	2020年 S2	2030年 S1	2030年 S2
单位投资成本/(元·kW^{-1})	21528	21528	17222	17222	12917	12917	10764	10764
利用小时数/h	3200	2600	3200	2600	3200	2600	3200	2600
机组生命/年	25	20	25	20	25	20	25	20
折旧年限/年	15	10	15	10	15	10	15	10
大修费率/%	1	2	1	2	1	2	1	2
税后内部收益率/%	8	10	8	10	8	10	8	10
上网电价/元	0.65	0.95	0.53	0.76	0.41	0.58	0.34	0.49

表 3-27 太阳能光热发电（碟式）平准电价预测

性能指标	2013年 S1	2013年 S2	2015年 S1	2015年 S2	2020年 S1	2020年 S2	2030年 S1	2030年 S2
单位投资成本/(元·kW^{-1})	43368	43368	34694	34694	26021	26021	21684	21684
利用小时数/h	3200	2600	3200	2600	3200	2600	3200	2600
机组生命/年	25	20	25	20	25	20	25	20
折旧年限/年	15	10	15	10	15	10	15	10
大修费率/%	1	2	1	2	1	2	1	2
税后内部收益率/%	8	10	8	10	8	10	8	10
上网电价/元	1.68	2.36	1.43	2	1.19	1.64	1.06	1.45

表 3-28　　　　　太阳能光热发电（菲涅尔式）平准电价预测

性能指标	2013年		2015年		2020年		2030年	
	S1	S2	S1	S2	S1	S2	S1	S2
单位投资成本/(元·kW^{-1})	33696	33696	26957	26957	20218	20218	16848	16848
利用小时数/h	3200	2600	3200	2600	3200	2600	3200	2600
机组生命/年	25	20	25	20	25	20	25	20
折旧年限/年	15	10	15	10	15	10	15	10
大修费率/%	1	2	1	2	1	2	1	2
税后内部收益率/%	8	10	8	10	8	10	8	10
上网电价/元	1.02	1.46	0.82	1.18	0.63	0.89	0.53	0.75

第五节　电力行业低碳转型路径

结合以上分析结果，报告还从发电侧与售电侧两个角度对可再生能源的竞争力情况进行比较分析，分析结果如图 3-20 所示。发电侧主要是对集中式可再生能源电源与火力发电上网电价进行对比，售电侧则是针对分布式电源而言。

从图 3-20 中可以看出，发电侧考虑到施加环境税等外部成本以及煤价上涨等因素，2020—2050 年火力发电的上网电价是逐步提高的，而可再生能源正好相反。尽管从目前来看，可再生能源的发电成本仍处于相对较高的水平，但随着技术水平的进步以及火力发电带来环境压力的增大，可再生能源的替代性呈现着增强的趋势。从售电侧来看，2020 年分布式 PV 和分布式光热的竞争力显然还是不足的；2030 年分布式 PV 和分布式光热的竞争力有明显的增强，具体来说，分布式 PV 的上网电价已经低于当时的平均销售电价，而分布式光热的上网电价也更接近平均销售电价；2050 年，随着成本进一步下降，分布式电源体现出更强的竞争力。

根据上述分析，综合技术发展路径和技术经济评估，课题组提出中国电力行业低碳转型路径如下：

（1）2020 年。火电依然占据主体，西部发展大型煤电基地，以 USC、CFB 为主，机型以 USC（SC）+ CHP、天然气调峰电站、分布式天然气热电冷联产（CCHP）为主，煤电装机进入高峰期；清洁能源以水电、核电和陆上风电为主，加大对海上风电和太阳能光伏的扶持力度，鼓励在东部负荷中心发展分布式 PV。

（2）2020—2030 年。煤电高峰期结束，CCS 改造或退役火电厂改建 CCS 成为煤电发展新趋势，700℃ USC 进入商业化前示范阶段；受天然气供应能力提

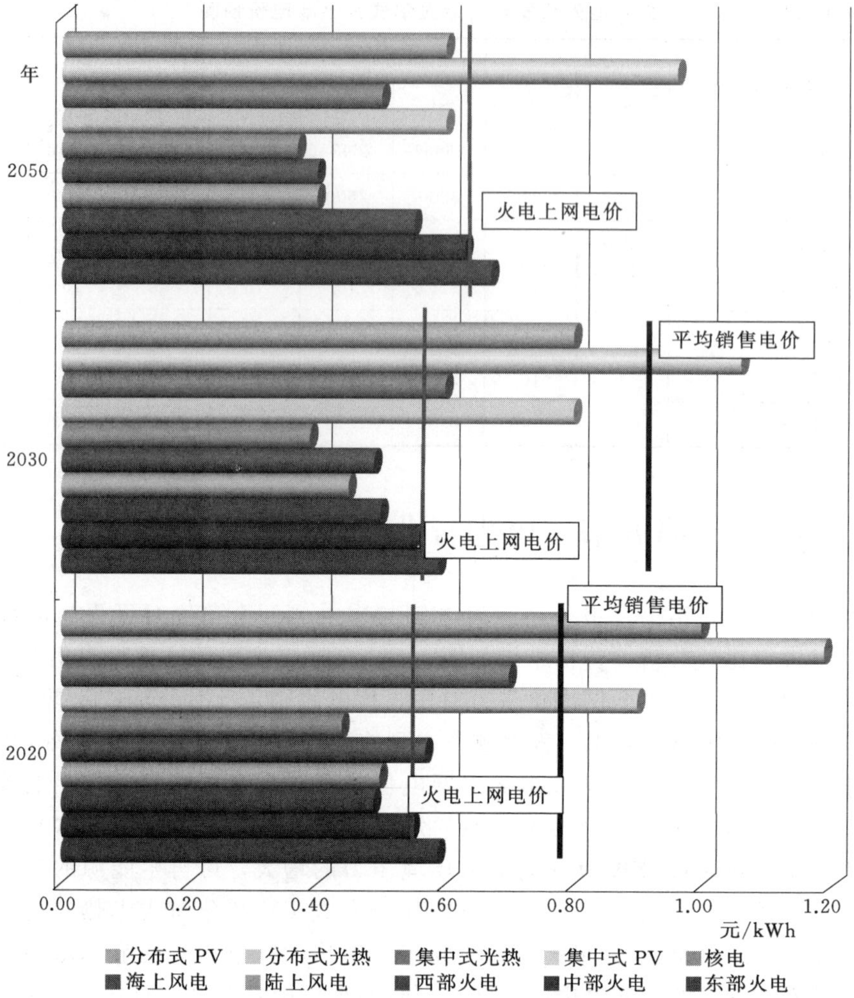

图 3-20　2020—2050 年可再生能源竞争力对比
（煤电的 LCOE 预测的假设是煤的外部成本 260 元/t，发电占总外部成本的 70%计）

升的影响，天然气发电的比例将有进一步的提升；水电基本饱和，风电、太阳能（包括 PV 和光热）成为主力电源；第 3 代核电技术迅速推广；可再生能源比例显著提高，各种能效措施的节能潜力得到充分释放。

(3) 2030—2050 年。700℃ USC 进入商业化运行，将显著提升煤电的发电效率；火电（煤电和气电）开始进行 CCS 改造；第 3 代核电技术全面实现乏燃料闭环运行，第 4 代核电技术开始由商业化示范进入商业化运行；各种储能技术（氢能及其他燃料电池）全面运用，电网格局发生根本性变化，实现"大网＋中网＋微网"协同发展，并与其他能源网络融合。

第四章　中长期低碳电力规划情景方案研究

第一节　电力需求预测分析

一、国际比较

1. 人均用电量

2012 年中国人均用电量为 3667kWh，相当于美国 1959 年、英国 1965 年、日本 1972 年、韩国 1995 年的人均用电水平。2005 年美国、欧盟、日本等人均用电量先后达到峰值，用电量出现饱和之后逐年下降，2012 年日本人均用电量为 7945kWh，OECD 为 8163kWh，韩国为 10236kWh，美国为 13156kWh[50]。

目前，全世界所有发达国家的总用电量基本上都进入饱和水平。参考发达国家用电需求从增长到饱和发展过程的特征，将电力需求趋于饱和的标准定义为：从某年度开始，5 年的年均增速小于 1%，即认为该年度起电力需求进入饱和区。

美国、加拿大等一些人均用电量达到 13000kWh 以上的国家具有很强特殊性，如土地辽阔、人均居住面积大、资源特别丰富等特性，因此不具有普遍意义。

韩国人均用量 10000kWh 左右，经分析，韩国目前工业占 GDP 的比例在 40% 左右，远远超过发达国家通常的 20%～25%，而且其中的重化工业仍占相当高的比例；同时，近年来韩国出口占 GDP 的比例屡创新高，2013 年达到 57%，远高于一般发达国家 10%～20% 的平均水平，也远高于中国的 25% 的水平。

此外，主要发达国家人均用电量在 5500～8000kWh 之间，如图 4-1 所示。

我国是一个人口大国，同时也是土地、资源和环境空间都比较紧缺的国家。从总体上看，一方面，我国不可能学习美国、加拿大等资源丰富国家的生活方式；另一方面，我国未来必须依靠拉动内需、提高第三产业比例等手段，实现经济结构均衡发展以及进出口贸易的均衡发展，因此也不可能照搬韩国的发展

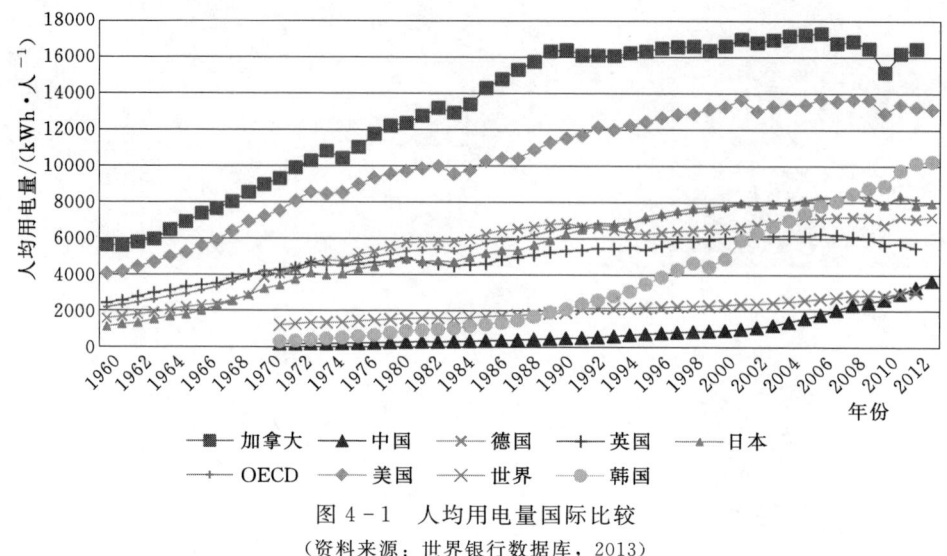

图 4-1 人均用电量国际比较
（资料来源：世界银行数据库，2013）

路径，而应该走一般发达国家综合、均衡、面向内需的发展道路。

我国经济社会仍处在快速发展阶段，用电量饱和期将出现在 20～25 年之后，在这个发展过程中，节能技术发展和新型用电需求两个因素将会对未来的饱和水平产生较大影响，其中，节能技术进步会拉低饱和用电水平，而新型用电需求则会抬高饱和用电水平。

2. 电气化水平

电气化是一次能源需求向电能转换的过程，其间伴随着替代其他形式能源的电力需求不断增长的过程。通常，电气化水平可以用两个指标表示：一是发电能源消费占一次能源消费的比例，它反映电力在能源系统中的地位；二是电能消费占终端能源消费的比例，用来度量各类用户的电力消费水平，说明电力对社会经济发展的作用。本报告选用第二个电气化指标进行国际比较。

长期以来，我国电力消费增长一直保持高于能源消费增长的速度，使得我国电能消费占终端能源消费的比例总体上不断呈上升趋势。根据 IEA 统计，2011 年中国电能占终端用能比例 20.32%，超过世界平均水平，相当于 OECD 国家、美国 2005 年的电气化水平，但与日本、加拿大国家相比，差距仍然巨大，如图 4-2 所示。

二、电力需求预测参照方案

2010 年，全国全社会用电量 4.20 万亿 kWh，"十一五"期间年均增长 11.1%；全口径最大负荷 6.61 亿 kW，"十一五"期间年均增长 11.3%。2011

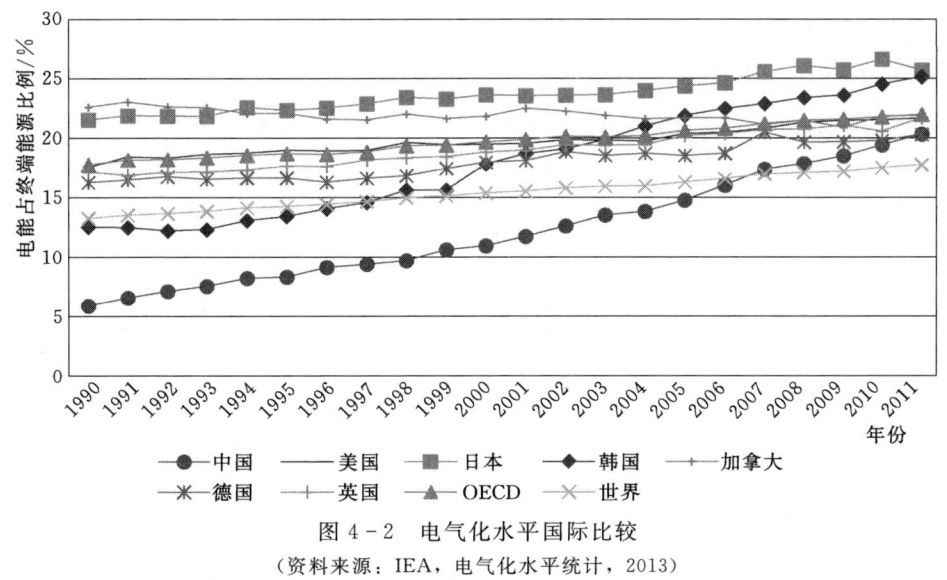

图 4-2 电气化水平国际比较
(资料来源：IEA，电气化水平统计，2013)

年和 2012 年用电量同比增长 11.7% 和 5.6%。

习近平总书记指出，我国发展仍处于重要战略机遇期，我们要增强信心，从当前我国经济发展的阶段性特征出发，适应新常态，保持战略上的平常心态。以新常态来判断当前中国经济的特征，并将之上升到战略高度，表明中央对当前中国经济增长阶段变化规律的认识更加深刻，正在对宏观政策的选择、行业企业的转型升级产生方向性、决定性的重大影响。新常态之"新"，意味着不同以往；新常态之"常"，意味着相对稳定，主要表现为经济增长速度适宜、结构优化、社会和谐；转入新常态，意味着我国经济发展的条件和环境已经或即将发生诸多重大转变，经济增长将与过去 30 多年 10% 左右的高速度基本告别，与传统的不平衡、不协调、不可持续的粗放增长模式基本告别。综合考虑经济社会发展、电气化水平提高等影响因素和电力作为重要基础产业及民生重要保障的地位，对比分析世界发达国家用电需求发展历程，借鉴国内各机构预测成果，采取多方法进行预测，提出未来电力需求增长高、中、低方案预测结果。预计 2020 年全国全社会用电量为 7.0 万亿～7.7 万亿 kWh，推荐方案为 7.32 万亿 kWh，2015—2020 年年均增速 5.5% 左右，人均用电量约为 5108kWh（表 4-1）。

预计 2030 年全国全社会用电量 9.3 万亿～10.3 万亿 kWh，推荐方案为 9.63 万亿 kWh，2020—2030 年年均增速 2.78%；人均用电量 6628kWh，相当于 OECD 国家 1990 年的平均水平。

预计 2050 年全国全社会用电量 10.4 万亿～13.0 万亿 kWh，推荐方案为

第四章 中长期低碳电力规划情景方案研究

11.76万亿kWh，2030—2050年年均增速1.00%，人均用电量8500kWh，相当于韩国2008年的平均水平。

表4-1 经济发展和能源电力需求预测表（参照方案）

项 目	2020年	2015—2020年年均增速	2030年	2020—2030年年均增速	2050年	2030—2050年年均增速
人口/亿人	14.33		14.53		13.85	
GDP/万亿元	83	7.00%	145	5.74%	277	3.29%
人均GDP（2010年美元）	9670		16660		33389	
用电量/亿kWh	73204	5.50%	96298	2.78%	117595	1.00%
人均用电量/kWh	5108		6628		8500	

从经济社会地区布局分析，一方面国内高耗能产业将随西部资源优势而是逐步向西部转移；另一方面随着城镇化深化发展，人口继续向西部转移。另外，随着城镇化深化发展，人口继续向东中部地区特别是大中城市集中。综合两方面因素，未来西部地区用电需求预计将保持较快增长，增速快于中东部地区；但中东部地区受人口增加、电气化水平提高等因素影响，用电量也将平稳增长，中东部地区作为我国人口中心、经济中心和用电负荷中心的地位将长期保持。

三、电力需求预测政策方案

（一）能效电厂及国际经验

能效电厂（Efficiency Power Plant，EPP）不是一种真实的发电厂，而是一种虚拟电厂，即通过实施一揽子节电计划和能效项目，在需求侧节约电力资源。从实施目的来说，能效电厂包括降低电能消耗（节能，相当于减少建设提供基本负荷的发电厂）和降低最大电力负荷、改善电力负荷曲线（移峰填谷，相当于建立调峰电厂）两层含义。

欧美发达国家均把节能作为电力规划和电力发展政策的基石。美国能效项目的运营模式相对灵活多样，主要有以电力公司为主体和以能源服务公司为主体的两种典型运营模式。在美国，25个州都发布了长期（不小于3年）的能源节约目标，或者是能效标准。这25个州占全美销售电量的60%。如果这些州可以做到其设定的目标，2020年的可节约电量2320亿kWh，相当于全国销售电量的6%。图4-3是各州的能效目标的设定汇总，可以看出，能效占比（节能量占全社会用电量的比例）平均在1%~1.5%，且处于上升的状态。

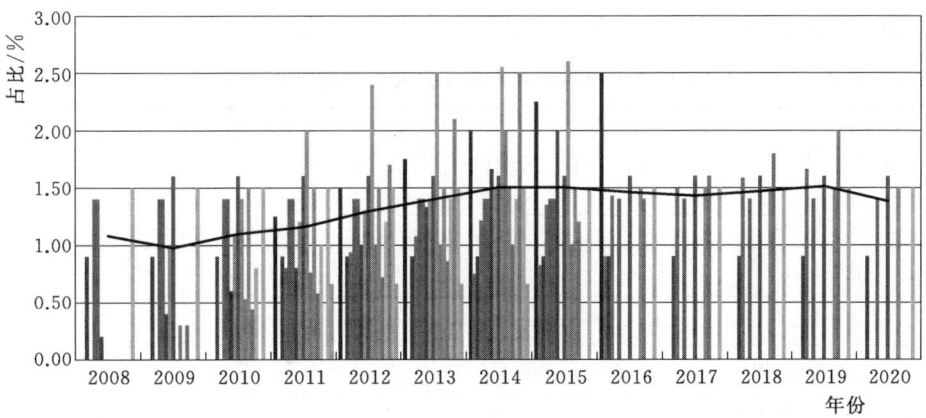

图 4-3 美国典型州能效目标的设定

(资料来源：ACEEE, State Energy Efficiency Resource Standards (EERS), April 2014)

在美国，能效电厂的管理成本占能效项目总预算的 7%～12%，项目成本（管理和奖励成本）为 0.15～0.60 美元/kW。假设设备使用寿命为 10～15 年，平均（项目周期）项目成本为 0.01～0.03 美元/kWh。从总体上讲，能效电厂每节约 1 度电的成本仅相当于发电成本的 1/3。2006—2008 年加利福尼亚州能源效率项目计划收益为 54 亿美元、总成本为 27 亿美元，成本收益比率为 2。显然，能效项目是一项具有巨大收益回报的投资。2004—2013 年加利福尼亚州实施的能效项目预计相当于减少 10 座 50 万 kW 的发电厂；同时加州近 30 年来实现人均能源使用量不变而经济增长 70% 的目标[51]。

（二）电力节能潜力评估

在节能潜力评估方面，工业节能与建筑节能分别由专业的行业课题组进行研究与描述，本报告仅研究通用型节能技术与电力行业自身能效技术的节能效果。此外，地源热泵技术作为一种新兴高效节能技术，在研究中予以考虑与体现。

1. 节能灯

我国照明用电约占全国用电量的 12%，推广使用高效照明产品，提高照明用电效率，节能减排潜力很大。我国从 1996 年启动实施绿色照明工程，2008 年开展财政补贴高效照明产品推广工作，2009 年印发了《半导体照明节能产业发展意见》，2011 年发布了"中国逐步淘汰白炽灯路线图"，推动照明产业结构优化、持续发展。据测算，若将我国全部在用的白炽灯替换成节能灯，每年可节电 480 亿 kWh，相当于减排二氧化碳近 4800 万 t，若进一步更换为 LED 照明产品，将带来更大的节能效果，且 LED 的应用可以带来高峰时段负荷的转移，从而达到削峰填谷的效果，进而提高负荷率。

2010年我国各类用户照明产品在用量及占有率见表4-2。

表4-2 2010年我国各类用户照明产品在用量及占有率

产品	居民/亿只	工业/亿只	商业、公共/亿只	在用量/亿只	占有率/%	相对耗电量
普通照明产品	16.08	1.57	2.03	19.68	27.50	
白炽灯	12.84	0.56	0.53	13.93	19.46	2.5
卤钨灯	1.09	0.09	0.72	1.90	2.66	—
传统高效照明产品	25.73	7.47	18.53	51.73	72.30	
紧凑型荧光灯（节能灯）	19.35	2.23	7.77	29.35	41.02	0.7
直管荧光灯	6.38	4.33	10.62	21.33	29.81	1
高压钠灯		0.09	0.03	0.12	0.17	—
LED照明产品	0.02		0.12	0.14	0.20	0.5
合计	41.81	9.04	20.56	71.55	100	

资料来源：国家发展改革委、科技部、工业和信息化部、财政部、住房城乡建设部、国家质检总局联合编制.半导体照明节能产业规划，2013年1月。

照明节能主要有以下途径。

（1）选用高效光源。细管、环形、U形荧光灯，较标准荧光灯节电10%，不仅光效提高了76%，寿命也提高到8000h；紧凑型荧光灯（CFL灯），光效是普通白炽灯的5倍以上，寿命则在8倍左右，较白炽灯节能80%，较标准荧光灯节能30%左右；三基色荧光灯体积小，发光效率比普通荧光灯高30%[52]；LED节能灯是用高亮度白色发光二极管作光源，光效高，比普通荧光灯节能50%，寿命长达5万~8万h，还具有易控制、低损耗、低能耗、稳定性高等特点[53]。

（2）合理控制照明，充分利用自然光源，采用光控、声控等感应控制方法，根据需要开断电源，根据不同季节、不同时段、不同天气灵活控制，地下车库照明灯实行交叉控制，做到既合理利用，又不影响正常照明。

2013年2月17日，国家发展改革委、科技部、工业和信息化部、财政部、住房城乡建设部、国家质检总局联合编制了《半导体照明节能产业规划》，是近期我国LED照明节能产业发展的指导性文件。该规划要求，到2015年60W以上普通照明用白炽灯全部淘汰，市场占有率将降到10%以下；节能灯等传统高效照明产品市场占有率稳定在70%左右；LED功能性照明产品市场占有率达20%以上。此外，LED液晶背光源、景观照明市场占有率分别达70%和80%以上。与传统照明产品相比，LED 道路照明节电 30%以上，室内照明节电 60%以上，背光应用节电 50%以上，景观照明节电 80%以上，实现年节电 600 亿 kWh，相当于节约标准煤 2100 万 t，减少二氧化碳排放近 6000 万 t。LED 照明节能产业大发展目标是产值年均增长 30%左右，2015 年达到 4500 亿元（其中 LED 照明应用产品 1800 亿元）。产业结构进一步优化，建成一批特色鲜明的半导体照明产业集聚区。形成 10～15 家掌握核心技术、拥有较多自主知识产权和知名品牌、质量竞争力强的龙头企业[54]。

2. 节能电机

电机是风机、泵、压缩机、机床、传输带等各种设备的驱动装置，广泛应用于冶金、石化、化工、煤炭、建材、公用设施等多个行业和领域，是用电量最大的耗电机械。据测算，2011 年，我国电机保有量约 17 亿 kW，总耗电量约 3 万亿 kWh，占全社会总用电量的 64%，其中工业领域电机总用电量为 2.6 万亿 kWh，约占工业用电的 75%。根据数据来看，如果能够解决电机耗能高的问题，对我国实现节能目标是极大利好的[55,56]。

专家分析，在电机的整个生命周期内，其采购价格占电机总成本的 2%，维修费用占其总成本的 0.7%，而耗能成本则占到了 97.3%。因此，采用高效电机不仅可以提高生产率，降低电机生命周期成本，还能减少能源消耗并降低二氧化碳的排放量。相关资料显示，我国工业领域电机年平均运行时间在 3000h 左右，但在石油、化工、造纸、冶金和电力等行业，电机往往需要 24h 运转，年运行时间则超过 6000h。如果在这些运行时间长且负荷较高的场合都采用高效电机，那么能源节约的效果将非常显著。

为贯彻落实"十二五"节能减排规划和工业节能"十二五"规划，推动高效电机开发和推广应用，促进电机产业升级，全面提高电机能效水平，工业和信息化部、质检总局决定组织实施全国电机能效提升计划。在《电机能效提升计划（2013—2015 年）》（以下简称"计划"）中，主要任务和措施的第一项就是加快推广高效电机。其目标是累计推广高效电机 1.7 亿 kW，其中 2013 年推广 2700 万 kW，2014 年推广 5400 万 kW，2015 年推广 8900 万 kW。该计划的总体目标是到 2015 年，实现电机产品升级换代，50%的低压三相笼型异步电动机产品、40%的高压电动机产品达到高效电机能效标准规范；累计推广高效电机 1.7 亿 kW，淘汰在用低效电机 1.6 亿 kW，实施电机系统节能技改 1 亿 kW，实施淘汰电机高效再制造 2000 万 kW。预计 2015 年当年实现节电 800 亿 kWh，相当于节能 2600 万 t 标准煤，减排二氧化碳 6800 万 t[57]。

从电机自身看，我国电机效率平均水平比国外低 3～5 个百分点，目前在用的高效电机仅占 3%左右；从电机系统看，因匹配不合理、调节方式落后等原因，电机系统运行效率比国外先进水平低 10~20 个百分点。工业领域电机能效每提高一个百分点，可年节约用电 260 亿 kWh 左右。通过推广高效电机、淘汰在用低效电机、对低效电机进行高效再制造，以及对电机系统根据其负载特性和运行工况进行匹配节能改造，可从整体上提升电机系统效率 5~8 个百分点，年可实现节电 1300 亿~2300 亿 kWh，相当于 2~3 个三峡电站的发电量[58]。

3. 节能变压器

作为电力输送中的重要设备，提高变压器能效水平是电力节能减排中的重要内容。电力变压器是电力输送的关键电气设备，变压器损耗在电网损耗中占 30%~40%，而我国所有变压器自身损耗占全国发电量的 3% 以上，作为输变电行业的耗能大户，变压器行业的节能潜力十分巨大[59]，具体见表 4-3。

表 4-3　　各种型号的变压器参数及年损耗电量[60]

型号	容量/kVA	空载损耗/kW	负载损耗/kW	短路阻抗/%	价格/万元	年损耗电量/kWh
S7-125	125	0.346	2.438	4	1.65	8878.96
S7-160	160	0.443	2.771	4	1.82	8798.24
S11-M-125	125	0.24	1.8	4	2.04	7950.4
S11-M-160	160	0.28	2.2	4	2.27	7370.36
S13-M-125	125	0.17	1.8	4	2.29	7337.2
S13-M-160	160	0.2	2.2	4	2.5	6669.56
SH11-M-125	125	0.1	2.165	4	3.6	6724
SH11-M-160	160	0.115	2.635	4	3.84	5924.96
SH15-M-125	125	0.085	1.8	4	4	6592.6
SH15-M-160	160	0.1	2.2	4	4.5	5793.56

资料来源：余运俊，康利平，万晓凤，聂晓华. 配电网安装新型节能变压器的 CDM 项目效益研究. 中国电力，2013，46（10）：129-132。

降低配电变压器运行损耗是配电网节能降损的重要内容。非晶合金铁芯变压器，具有运行可靠性高、低噪声、低损耗等优点，其空载损耗是 S7 等高损耗变压器的 20% 左右，且具有全密封免维护结构，运行费用极低。S13 系统是目前配电网进行技术升级更新改造中广泛推广使用的节能性变压器，其空载损耗较 S9 系列变压器要低 80% 左右。因此，在配电网中推广使用 S13 等低损耗节能变压器，其所带来的节能效益十分可观。变压器是用来改变电能的电压，从而其可以大范围输送和为各种设备所利用[61]。

截至 2011 年年底，我国配电变压器运行总数约为 1350 万台，其中 S11 及以上的节能型配电变压器为294万台，占总数的21.8%；公用配电变压器总数约为297.5万台，其中S11及以上的节能型配电变压器为100万台，占总数的33.6%；专用配电变压器总数约1052.5万台，其中S11及以上的节能型配电变压器为194万台，占总数的18.4%；非晶合金配电变压器运行总数约为11万台，占总数的0.8%。其中城市配电网占7万台，农村配电网占4万台[62]。

4. 变频调速器

在火力发电厂中，风机是最主要的耗能设备，其容量大、耗电多。通常在电厂设计中，风机类负载是根据满负荷用量来设计的，然而实际应用中大部分时间并非处于满负荷工作状态，而常常处于低负荷及变负荷运行状态。在火力发电厂锅炉中主要有引风机、一次风机、二次风机等，据统计其用电量占发电量的3%左右。可见，电厂内风机的耗能较大，是电厂自用电的主要设备。变频调速节电特性见表4-4。

表4-4　　　　　变频调速节电特性

方案类型	调速范围	节电率/%	技术特点	投资
变频调速	无级变速，范围宽，可以是0～1.0倍额速	10～55	适于所有交流电机，需大范围调速的工艺设备，较复杂、维修难度较大	较高

资料来源：向立清. 变频调速在电厂中的节能应用. 中国高新技术企业，2009（1）：57-59。

每台锅炉均有两台引风机，即一、二次风机，当带负荷为12万kW以上时，各风机均启动两台才能满足机组运行要求；当带负荷为12万kW以下时，引风机和二次风机只需启动一台就能满足要求。发电设备每年运行5000h，其中15万kW发电时间占857h、14万kW发电时间占179h、13万kW发电时间占714h、12万kW发电时间占643h、11万kW发电时间占179h、10万kW发电时间占643h、9万kW发电时间占357h、8万kW发电时间占1429h[63]。

综合以上分析，变频调速器的节能潜力为占火电发电量的2.03%左右。某典型锅炉机组节能改造分析见表4-5。

表4-5　　　　　某典型锅炉机组节能改造分析

	锅炉机组的风机运行参数			锅炉机组的风机改造后的节能计算				
发电机负荷/万kW	引风机功率/kW	一次风机功率/kW	二次风机功率/kW	改造前功率/kW	改造后功率/kW	节电率/%	年运行小时数	节约电能/万kWh
15	1170和1182	1541和1540	516和496	6445	4834	25	857	138
14	1080和1010	1420和1460	494和488	5952	4166	30	179	320
13	1045和1067	1499和1479	589和442	6121	3979	35	714	153

续表

	锅炉机组的风机运行参数			锅炉机组的风机改造后的节能计算				
12	1466	1469和1482	582	4999	3599	28	643	90
11	1456	1436和1448	483	4823	3521	27	179	23
10	1244	1425和1373	361	4403	2994	32	643	91
9	1202	1465和1465	361	4493	2920	35	357	56
8	1170	1388和1320	240	4118	2347	43	1429	253

资料来源：向立清．变频调速在电厂中的节能应用．中国高新技术企业，2009（1）：57-59。

5. 高效家电

根据国家发改委的权威数据显示，随着我国工业化、城镇化进程加快，我国家用电器拥有量快速增长，但高效节能家电产品的市场占有率仅为5%~15%，节能潜力大。实施"节能产品惠民工程"，将高效节能产品国内市场销售份额提高到30%左右，可实现年节电约750亿kWh，加快产品更新换代，推动节能技术进步[64]。

2012年5月16日，国务院常务会议讨论通过《国家基本公共服务体系"十二五"规划》，将促进节能家电等产品消费，作为拉动内需的重要政策措施。会议决定安排财政补贴265亿元，启动推广符合节能标准的空调、平板电视、电冰箱、洗衣机和热水器，推广期限暂定一年。家电专家罗清启认为，国务院265亿元的家电节能补贴将带来30倍的杠杆效益，也就是拉动将近8000亿元消费。罗清启称，国务院的节能补贴政策不仅将推动中国经济发展，还将拉动亚洲乃至世界经济增长。而节能家电补贴新政对家电企业乃至整个上下游产业来说，也是一味"催化剂"。节能补贴政策的意义不仅在于刺激家电销量本身，更多的意义在于引导企业生产节能产品，引导消费者购买节能产品，带动家电产业结构转型升级[65]。

虽然我国家电的节能工作取得了一定成绩，但在能效标准的制定、修订、执行、监督和节能产品的推广方面仍存在一些问题，影响了标准所应发挥的作用。例如，由于缺乏配套的政府激励政策和公共宣传，能效标准、节能产品和节能认证目前缺乏公众认知度和影响力，在一定程度上影响着家电行业产品能效水平的整体提高；在能效标准的执行及监控中也存在市场监管不力，执法部门对边远地区、农村市场管理薄弱、执法不到位等问题。另外，还存在能效产品管理不严、虚假宣传等现象。

因此，通过家电节能技术的不断突破，以及国家政策引导与扶持，有效地解决当前高效家电发展过程中的一系列问题，未来高效家电产品的市场占有率将不断扩大，高效家电带来的节电效果也进一步显现。

6. 地源热泵技术

随着经济的发展和人民生活水平的提高，公共建筑和住宅的供热和空调已成为普遍的需求。地源热泵是一种利用浅层地热资源（包括地下水、土壤或地表水等）的既可供热又可制冷的高效节能空调设备。地源热泵机组的工作原理是利用水与地能进行冷热交换来作为水源热泵的冷热源，冬季把地能中的热量"取"出来，供给室内采暖，此时地能为"热源"；夏季把室内热量"取"出来，释放到地下水、土壤或地表水中，此时地能为"冷源"。地源热泵比传统空调系统运行效率要高40%～60%。另外，地源温度较恒定的特性，使得热泵机组运行更可靠、稳定，整个系统的维护费用也较锅炉—制冷机系统大大减少，保证了系统的高效性和经济性。

我国是以中低温为主的地热资源大国，全国地热资源潜力接近全球的8%，浅层地热能利用是我国当前地热能开发应用的主要方式。初步估算，287个地级以上城市每年浅层地热能可利用资源量相当于3.56亿t标准煤，扣除开发消耗的电能，净节能量相当于2.48亿t标准煤，减少二氧化碳排放6.13亿t[66]。

据了解，在国外发达国家，地源热泵的市场占有率达30%～60%，国家补贴是拉动其市场占有率的重要因素。但是在我国，地源热泵市场占有率仅8%，发展空间大。从2002年中国地源热泵行业开始启动以来，地源热泵行业受到了国家政策和政府的高度关注和支持，行业发展加速。同时，随着技术的进步和发展，地源热泵的造价也在下降，从最初的400元/m²降低到300元/m²。进一步提高了地源热泵相对于普通中央空调的竞争优势[67]。

目前，我国地源热泵技术的建筑应用面积已超过1.4亿m²，全国地源热泵系统年销售额已超过50亿元，并以30%以上的速度在增长，单体地源热泵系统应用面积高达80万m³[68]。"十二五"期间，我国完成地源热泵供暖（制冷）面积3.5亿m²左右，按200～300元/m²的投资强度，总投资金额可达700亿～1050亿元[69]。

不同空调与采暖技术的能耗比较见表4-6。

表4-6　　　　不同空调与采暖技术的能耗比较　　　　单位：kWh/m²

种类	地下水热泵系统	地埋管热泵系统	集中空调	分体空调
空调	15.2	14.6	23	4～7
采暖	12.2	16.4	25.4	4～8
全年	27.5	31.0	48.4	8～15

资料来源：雷飞. 地源热泵空调系统运行建模研究及能效分析. 华中科技大学，2011，6.

7. 总结

根据上述文献与数据的整理及计算，中国在2020年、2030年、2050年的节能潜力预估见表4-7。

表4-7 节能潜力预估 单位：亿kWh

技 术	2020年	2030年	2050年
节能灯	480.02	3304.54	0.00
高效电机	1300.00	1800.00	2300.00
节能变压器	88.70	91.65	17.74
变频调速器	977.00	935.00	757.00
高效家电	4000	7500	10000
地源热泵技术	171.98	311.18	589.59
总计	7017.69	13942.38	13664.33

（三）负荷曲线优化潜力评估

1. 冰蓄冷

冰蓄冷技术在用电低谷期蓄存冷量，用电高峰期融冰释冷单独供冷或与制冷机共同运行供冷。由于电力负荷与空调负荷特性基本一致，因此冰蓄冷技术具有削峰填谷的作用，可缩小电网峰谷差、平衡电力负荷、减小机组装机容量、改善发电机组效率以及降低环境污染等。冰蓄冷系统的应用可提高电网负荷率，促使电力部门实现减排。从国家能源局统计的数字来看，2010年全社会用电量累计达4.19万亿kWh，比上年增长14.6%。如此庞大的用电量，如果按照冰蓄冷技术至少移峰20%的保守数据来计算，1年可转移高峰用电8380亿kWh[70]。以办公建筑的典型冰蓄冷系统为例，冰蓄冷和常规空调系统设备型号[71]见表4-8。

表4-8 冰蓄冷和常规空调系统设备型号

系统类型	设备名称	规格型号	电功率/kW	数量/台（套）
冰蓄冷系统	制冷主机	制冷量：394RT	260	2
	板式换热器	制冷量：720RT		2
	冷冻水泵	311m³/h，32m	45	2
	冷却水泵	400m³/h，25m	37	2
	乙二醇泵	280m³/h，38m	45	2
	冷却塔	400 m³/h	15	2
	蓄冰装置	4640RTh		

续表

系统类型	设备名称	规格型号	电功率/kW	数量/台（套）
常规系统	制冷主机	制冷量：480RT	312	3
	冷冻水泵	290m³/h，32m	45	3
	冷却水泵	480m³/h，25m	45	3
	冷却塔	500m³/h	22	3

资料来源：樊瑛，龙惟定.冰蓄冷系统的碳减排分析.同济大学学报（自然科学版），2011，39（1）：105-108.

空调系统使用时间为 8：00—18：00，采用部分蓄冷策略，尖峰负荷为 1440RT（$1RT=3.52kW$），制冷机空调工况性能系数为 5.33，制冰工况性能系数为 3.92，白天供冷，夜间不供冷。空调期为 5 个月（5—9 月），共 150d。100%、75%、50%及 25%负荷率下的机组的时间权值分别为 2.3%、41.5%、46.1%及 10.1%。天数等于总天数乘以机组在不同负荷率下的时间权值。此建筑的总削峰量和总填谷量见表 4-9。

表 4-9　　　　　　　总削峰量和总填谷量

负荷率/%	日削峰量/kWh	日填谷量/kWh	天数/d	总削峰量/kWh	总填谷量/kWh
100	2891	5643	3.4	9829.4	19186.2
75	3321	5643	57.9	192285.9	326729.7
50	3703.6	5643	70.8	262214.88	399524.4
25	2173	3762	18	39114	67716
总计				503444.18	813156.3

资料来源：樊瑛，龙惟定.冰蓄冷系统的碳减排分析.同济大学学报（自然科学版），2011，39（1）：105-108.

2. 电动汽车

电动汽车接入网络（Vehicle to Grid，V2G）技术体现了能量双向、实时、可控、高速地在车辆和电网之间流动，为电网调峰带来了新途径。利用电动汽车作为可移动的分布式储能装置，可避免或延缓电网建设的优势受到广泛关注。以每辆电动车平均每年节省成品油 3t、平均耗电率为 0.2kWh/km 来计算，每辆车每年的节能量（节油量折合成标准煤，耗电量折合成标准煤）达 2.421tce[72]。不同规模电动汽车对峰谷差的影响见表 4-10。

3. 需求侧管理

电力需求侧管理是指对用电一方实施的管理。这种管理是国家通过相应政策措施来引导用户高峰时少用电，低谷时多用电，从而减轻用电高峰时段的供电压力,提高供电效率,优化用电方式的一种办法。目前普遍实行的错峰用电、全社会节能以及大客户负荷终端控制,就是需求侧管理的几项措施。

表 4-10　　　　　　　　　不同规模电动汽车对峰谷差影响

电动汽车规模/万辆	峰谷差/万 kW	调峰容量节约/万 kW	调峰投资现值节约/亿元
0	947.74	0	0
10	925.24	22.50	5.63
20	902.74	45.00	11.25
50	835.25	112.49	28.12
100	722.73	225.01	56.25

资料来源:张秉良,孙玉田,李建祥.电动汽车的电网高峰模型及效益分析.供用电,2012年2月。

需求侧管理在20世纪90年代由国外引入中国,2002年后政府开始全面倡导,在过去的10多年中,需求侧管理成功应用于移峰填谷、节能节电等方面,累积节电1304亿 kWh、节煤5860万 t、移峰380万 kW、削峰3650万 kW、减排二氧化硫133万 t,为节能减排工作做出了巨大的贡献[73]。

虽然电力需求侧管理已在我国广泛应用,但由于应用时间太短,许多问题还未能解决[74],表现为以下几个方面。

(1) 缺乏足够的法律法规支持。我国目前与之相关的法律法规很少,现今颁布实施的法律,只有《节约能源法》和《节约用电管理办法》等少数法律与需求侧管理相关,支持力度明显不够。

(2) 缺乏卓有成效的经济刺激政策。电网公司首先要解决好销售效率与对用户供电之间的矛盾,电力的均价销售必然减少了电网公司所获得利益,从而在很大程度上降低了这个电力需求侧管理的实际实施者的积极性。

(3) 电价结构不合理。我国现今使用的多是两部制电价,其基本电价太低而电度电价太高,这种电价机制不会对用户产生多大的激励。国际上使用比较成熟的两种电价计价方式包括峰谷实时电价和季节性电价,将用电高峰时的电价提升到低谷时电价的8~10倍,能有效地缓解电网负荷和季节性用电矛盾。

(四) 电力需求政策情景

电力需求政策方案主要考虑深度节能政策对电力需求过快的抑制功能,同时也充分考虑了我国电力能源供应的资源禀赋和环境生态承载力约束。基于电力需求情景分析的基础上(见附录C),考虑电力节能以及电能替代的影响后,对2020年、2030年、2050年中国人均用电量做出预测,分别为4955kWh、6303kWh、8000kWh。2030年、2050年的人均用电量相当于OECD国家1988年、2003年的平均水平。与参照情景相比,分别降低325kWh、500kWh(表4-11)。

通过对我国节能灯、高效电机、节能变压器、变频调速器等典型节能技术的潜力进行综合评估，测算不同节能技术最大程度的节能电量或移峰电量。结合我国目前的能效管理现状以及不同节能技术对电量与负荷的影响，并借鉴美国能效占比演变趋势的国际经验，对不同时间段的年均能效电量进行了设定。此外，2015 年 4 月 2 日，国家电网公司召开 2015 年电能替代工作推进会，会上发布了《国家电网公司 2015 年全面深入推进电能替代行动计划》，提出确保全年完成 650 亿 kWh、力争实现 750 亿 kWh 替代电量。因此，综合考虑能效电量与电能替代的影响，得到 2020 年、2030 年和 2050 年全社会政策情景下的电力需求。

表 4-11　　　　　　　电力需求预测参数（政策情景）

性能指标	2020 年	2030 年	2050 年
人口/亿	14.33	14.53	13.85
GDP/万亿元	83	145	277
GDP 增速/%	7.50	5.80	3.30
人均 GDP（2010 年美元）	9670	16660	33389
人均用电/kWh	4955	6303	8000
全社会基本电力需求	69001	92328	111080
累积电能替代量	3000	5250	7000
累积能效电量	1000	6000	7200
全社会实际电力需求	71001	91578	110880
电量增长率/%	4.86	2.58	0.96

第二节　中长期电力规划方案

一、化石能源与非化石能源电力开发规模范围

我国煤炭资源相对丰富，煤电具有较好的供应安全性和经济性，电源结构以煤电为主的格局长期不会改变，必须坚持优化发展煤电，高度重视煤炭绿色发电。天然气是清洁的化石能源，未来主要依靠进口增加供应，而非常规天然气（如页岩气）的国内产量存在较大的不确定性；同时天然气价格较高，发电成本远高于水电、核电和燃煤发电，因此要高效发展天然气发电。

发展核电是主要发达国家调整能源结构的重要选择，也是我国实现能源结构调整目标的有效途径。但我国核电的发展受核电安全、建设周期、设备供应

等因素的制约,2020年可能达到的最大开发规模存在明显的约束。我国水能资源丰富、技术成熟但开发利用程度较低,大力发展水电是我国能源结构调整目标必要而又现实的选择,但水电开发受移民、环保、建设周期等因素的制约,2020年也存在最大开发规模限制。积极发展风能、太阳能等可再生能源发电是当今主要发达国家应对气候变化、保障能源安全、保护生态环境的战略举措,但受自然条件的限制,风能、太阳能等可再生能源发电设备利用小时数远低于常规能源,能量密度很低。同时,风电、太阳能发电出力具有随机性、间歇性的特点,其消纳能力受电力系统结构、布局和规模的约束,2020年前风电、太阳能发电的开发规模、布局以及消纳市场,需要结合电力系统整体开发规划进行优化确定。因此,2020年水电、核电、风电均存在实质性的开发规模上限。2030年在前期工作进展、建设周期有保障的前提下,非化石能源发电的开发规模,主要由资源储量、开发条件、电力系统消纳能力等决定,增长空间较大。

1. 煤电

我国煤炭资源丰富,2000m以上的浅层预测煤炭资源量为5.6万亿t,探明资源量1.2万亿t。在能源剩余可采总储量中原煤占58.8%,我国以煤炭为主的能源格局将长期存在。

我国煤炭资源分布不均衡,在煤炭探明保有储量中,华北和西北地区煤炭储量所占比例高,其中山西、内蒙古、陕西和新疆四省区集中了全国近76%的煤炭储量,开发潜力巨大。东北、华东和中南地区煤炭储量所占比例低,经济最发达的10省(直辖市)即北京、辽宁、天津、河北、山东、江苏、上海、浙江、福建、广东等保有储量仅占全国的5%,且资源探明率较高,煤炭产量极为有限。

截至2012年年底,全国煤电装机容量7.54亿kW,全年发电量3.71万亿kWh,其中东北地区辽吉、华北地区京津冀鲁、华东地区沪苏浙闽、华中地区豫鄂湘赣渝、南方地区两广和海南等主要受端地区的煤电装机容量占全国燃煤机组总量的66%左右。煤电基地跨区跨省送电容量5768万kW,仅占煤电装机总量的8.9%左右,与输煤相比,输电比例偏低,这也是导致我国煤炭运输长期紧张和中东部地区环境污染严重的主要原因之一。

我国西部和北部地区煤炭资源非常丰富,山西、陕北、彬长、宁东、蒙西、锡盟、呼盟、哈密、淮东等煤炭产区,具备建设大型煤电基地的资源条件,在以上基地中,除呼盟外,其余几个煤炭产区都是水资源比较缺乏的地区。通过采用节水型空冷机组,在加大水利工程建设、加强城市中水和矿井排水再利用的基础上,2020年可供煤炭产区发电用水可支撑空冷燃煤发电机组规模达6亿

kW[75],可以满足大型煤电基地建设和大规模煤电外送的需要,各煤电基地电源开发潜力见表4-12。

表 4-12　　　　　　　　煤电基地电源开发潜力

基地名称	煤炭保有储量/亿 t	水资源量/亿 m³	可开发电源装机规模/万 kW
山西	2663	123.8	10000
陕北	1291	48.4	4380
宁东	309	3.2	4880
准格尔	256	3.6	6000
鄂尔多斯	560	25.8	6000
锡盟	484	26.1	5000
呼盟	338	127.4	3700
霍林河	118	2.4	1420
哈密	373	5.7	2500
准东	789	13.9	3500
伊犁	129	170	8700
彬长	88	15.1	1400
陇东	142	12.5	2660
淮南	139	58	2500
合计	7679	635.9	62640

资料来源:张运洲,白建华,程路,等.中国非化石能源发展目标及其发展路径[M].2013。

2. 天然气发电

我国常规天然气预测的可采资源量为 22 万亿 m³,已探明可采储量为 3.9 万亿 m³。煤层气作为一种非常规天然气,已经有成熟的勘探开发生产技术。我国煤层气资源比较丰富,预测可采资源量 10.9 万亿 m³,仅次于俄罗斯和加拿大,居世界第三位,可作为天然气资源和发展产能的重要补充[18]。国内对页岩气的研究和开发还处于早期阶段,如果勘探发现和开采技术得到突破,则天然气的储量与开采规模可望大大增加。近年来,随着我国天然气资源的大规模开发和利用,国家"西气东输"、近海天然气开发和引进国外液化天然气等工作全面展开,燃气发电产业持续发展,燃气发电装机容量不断增加,机组运行总体平稳。2012 年年底,全国天然气发电装机 3717 万 kW,年发电量 1088 亿 kWh。

随着节能减排和能源结构调整的深化以及城镇化率的提高,天然气在我国一次能源消费结构中的比例将不断上升。根据《天然气"十二五"发展规划》,"十二五"期间将加大对天然气资源勘探力度,预计将新增天然气、煤层气和页岩气可采储量共计 3 万亿 m³。同步加快天然气管网建设,"十二五"期间新增 4.4×10^4 km,增加管输能力 3000 亿 m³/年,新增液化天然气接受能力 5270 万 t/年。

按照国务院转发发改委《关于建立保障天然气稳定供应长效机制的若干意见》,到 2020 年天然气供应能力达到 4000 亿 m³,力争达到 4200 亿 m³。综合溶解气和煤层气产量预测情况,预计 2020 年和 2030 年国内天然气(常规天然气、溶解气和煤层气)产量将达 2400 亿 m³ 和 3000 亿 m³,建设形成西北、西南、东北和海域四大天然气供应基地,产量稳步增长。而同期天然气需求中方案分别为 3500 亿 m³ 和 5000 亿 m³,特别是"十二五"及 2020 年以后,国内天然气供给能力增速放缓,而消费需求仍保持高速增长,供需缺口将越来越大,2030 年供应能力缺口将达到 2000 亿 m³ 左右,需进一步加大进口力度,海外资源将成为我国天然气供给的重要补充[81],主要依赖中亚、中缅、中俄天然气管道、海外液化天然气引进等方式满足,规模将稳步扩大(图 4-4)。我国 2020 年、2030 年天然气资源及供应能力见表 4-13。

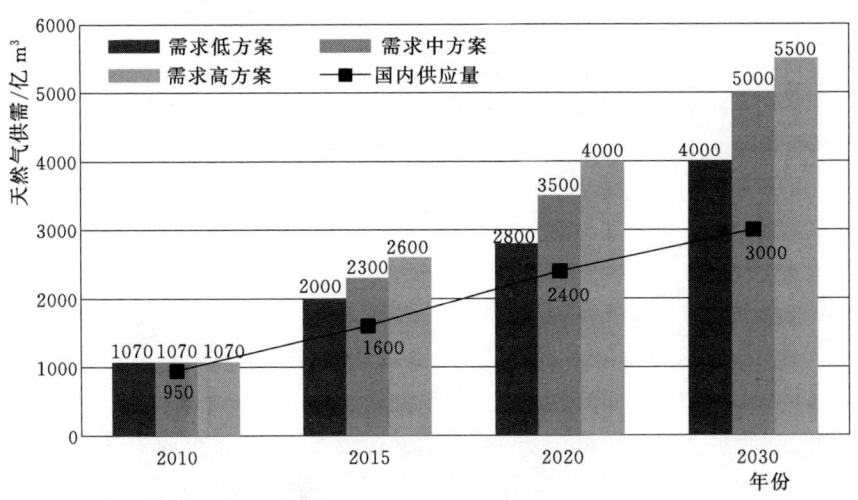

图 4-4 我国天然气需求与供应预测

(资料来源:张运洲,白建华,程路,等.中国非化石能源发展目标及其发展路径[M].2013)

优化天然气消费结构是我国天然气利用方式调整的基本原则,2012 年 10 月,国家发展和改革委员会发布新版《天然气利用政策》,与 2007 版利用政策相比,其最大转变在于加大对燃气发电的支持力度,天然气发电项目受重视程度明显提升。其中,煤层气发电项目被列入优先类用户,非重要用电负荷中心建设利用天然气发电项目从此前的限制类被划入允许类。此外，陕、蒙、晋、皖等 13 个大型煤炭基地所在地区建设基荷燃气发电项目虽然仍处于禁止类范畴，但新版本明确标注煤层气（煤矿瓦斯）发电项目除外，这意味着这些煤炭基地可以充分利用煤层气的资源进行发电。

表 4-13　　　　　　　　　　天然气资源及供应能力

类　别		2020 年	2030 年
常规气	累计新增探明地质储量	65000	130000
	气层气产量	2000	2400
	溶解气产量	100	100
煤层气	累计新增探明地质储量	11000	19000
	产量	300	500
进口气	管道天然气和液化天然气	1600	2500
供应总量		4000	5500

注　张运洲，白建华，程路，等. 中国非化石能源发展目标及其发展路径［M］. 2013。

美国布赖特灵油气公司总裁克里斯·福克纳表示，2025 年之前，美国计划新建发电厂 50% 都是天然气发电，天然气在中长期都会成为发电的燃料。中海油首席能源研究员陈卫东表示，与美国相比，我国环保低碳需求更加迫切，想要改变对煤炭的过分依赖，天然气是最现实的选择，风电和光伏发电在短期内还难以承担重任。2010 年发电用气占天然气消费总量的比例为 17%，预计在"十二五"期末，发电用气占比将超过 20%。2010—2030 年，我国天然气主要利用方向中，发电用气年均增速最快，将达 9.2%，城市燃气、工业染料和化工用气的年均增速则分别为 8.8%、7.2% 和 5.6%。从中长期来看，天然气发电用气比例呈稳步上升趋势。

基于对天然气资源开发规模的展望，考虑到资源条件、发电成本等方面因素，我国天然气发电应主要定位于调峰电源。通过优先发展天然气分布式能源系统，大力推进大型单循环燃气发电与联合循环燃气发电，规划 2020 年气电装机规模达到 1.0 亿 kW，其中分布式气电开发规模 0.5 亿 kW；2030 年气电装机有望达到 2 亿 kW，其中分布式气电 1 亿 kW；2050 年气电装机达到 3 亿～3.5 亿 kW，其中分布式气电 2 亿～2.3 亿 kW。

3. 水电

水电是技术成熟、出力相对稳定的可再生能源，尽管目前水电开发成本已显著上升，但与风能、太阳能等其他形式可再生能源发电相比，在可靠性、经济性和灵活性方面仍具有显著优势，需要放在优先开发的战略位置。

第四章 中长期低碳电力规划情景方案研究

我国水力资源理论蕴藏量年电量 6.8 万亿 kWh，平均功率 6.94 亿 kW；技术可开发装机容量 5.42 亿 kW，年发电量 2.47 万亿 kWh。截至 2012 年年底，我国常规水电装机容量 2.29 亿 kW，水电开发程度为 42%，其中东部地区水电基本开发完毕，中部地区开发程度达到 76%，而西部地区开发程度较低，仅为 27%。

根据西南水电建设相关规划[76]，2010—2020 年期间四川水电规划新增 7320 万 kW，云南水电规划新增 5350 万 kW。一旦实现上述规划目标，2020 年我国水电开发规模将超过 3.2 亿 kW，考虑其他省（自治区）的新增水电建设和小水电建设，2020 年我国水电开发规模有可能达到 3.5 亿 kW，开发程度达到 64%。2030 年，西南地区金沙江上游、雅砻江上游、怒江、雅鲁藏布江水电进一步开发，水电规模有望达到 4.3 亿～4.4 亿 kW，全国水电开发利用率达到 77% 左右，考虑到继续开发的难度和社会总成本的不断提高，水电发展逐步放缓，到 2050 年，通过对水电进一步的开发，有望达到 4.6 亿～4.8 亿 kW。

4. 抽水蓄能电站

抽水蓄能电站是电力系统中具有调峰、填谷、调频、调相和事故备用等多种功能的特殊电源，运行灵活，反应快速。随着我国经济的快速发展，电力负荷持续增长，峰谷差逐步加大。抽水蓄能电站是解决电力系统调峰问题以及确保安全可靠运行的有效手段和经济现实手段。

截至 2012 年年底，我国抽水蓄能装机容量为 2033 万 kW。根据《国家能源局关于印发抽水蓄能电站建设工作座谈会议纪要的通知》的要求，水电水利规划设计总院会同电网公司及地方政府有关部门，结合《"十二五"能源发展规划》[77]，组织开展抽水蓄能电站的选点工作，按照"距负荷中心近、地形地质条件和技术指标优越"的原则，以省或区域（电网）为单位，全面系统地开展了全国 22 个省（市、自治区）抽水蓄能选点规划工作。截至 2013 年年底，国家能源局已批复福建、海南、陕西、辽宁等 22 个省（市、自治区）抽水蓄能选点规划，共批复 2020 年推荐站点 59 个，合计装机容量 7485 万 kW。另外，备选站点 14 个，合计装机容量 1660 万 kW。因此，根据《水电发展"十二五"规划》[78]，"十二五"时期，我国将开工抽水蓄能电站 4000 万 kW，到 2020 年抽水蓄能电站总装机将达到 6000 万～7000 万 kW，2030 年、2050 年装机分别达到 1.5 亿 kW 和 3 亿 kW。

5. 核电

核电作为一种性价比高、碳排量低的发电方式，依靠低廉的成本以及技术授权的利润，在美国、俄罗斯、加拿大这些能源霸主手中已经变得收益可观。核电的地位由此变得更加举足轻重，在接下来的 50 年中，核电将成为世界不可或缺的一部分。

2014年联合国原子能机构基于2012年核电发电量统计了全球范围内最大的17个核能发电国（图4-5）。法国有世界上较成熟和先进的堆型技术，包括第3代核电EPR（欧洲先进压水堆），具有世界上最大的核电公司之一（阿莱瓦集团），同时也是世界上最大的铀矿开采国，产量非常高，在非洲尼日尔、亚洲哈萨克斯坦、澳大利亚等主要产铀地区都拥有铀矿开采权。所有这些为法国开发核电提供了极高的便利，2012年法国核电占总电量的比例达到74.7%。虽然美国核电发电量为7707亿kWh，排名世界第一，但核电占总电量的比例只有19%。乌克兰、比利时、瑞典、瑞士等国家的电力也主要依赖于核电。

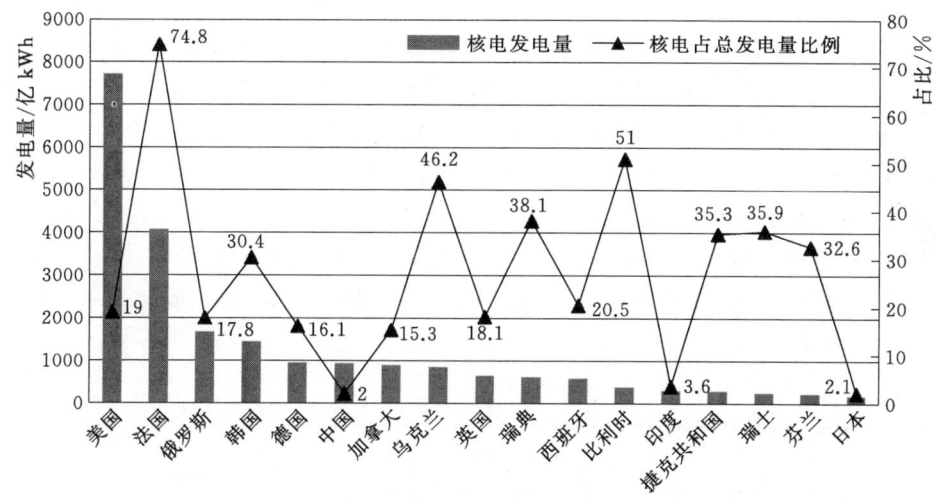

图4-5 2012年世界各国核电发电量及其占比
（资料来源：2014年联合国原子能机构）

在福岛核事故之前，日本是最负盛名的核能体之一，每年核能发电占比30%，计划达到40%。由于公众对核能的强烈反对，许多核电站已经在过去的两年中被关闭，日本正在走向脱离核能发电的道路。日本目前面临对进口能源的严重依赖和间歇的能源短缺，因此很难探明未来的能源发展方向。

我国铀矿资源比较丰富，预测资源量超过200万t，但探明程度较低。国内非常规铀、钍等资源也很丰富，未来可称为核燃料资源。我国正在研发快中子增殖堆技术，有望于2030年前后进入产业化阶段，可以将核燃料的利用效率提高几十倍，核燃料将不会成为进一步大规模增加核电发展的资源型制约。

2011年年底，我国核电在建容量超过3100万kW，居世界首位。其中两台机组采用ERP第3代技术路线，4台机组采用AP1000第3代技术路线，其余采用第2代改进型技术路线。2011—2020年期间，另有规划核电装机2000万～

3000 万 kW，届时全国核电装机容量将达到 6000 万～7000 万 kW。

但受日本核电事故的影响，中国暂停核电项目审批，近两年我国核电核准开工的进度有所放缓，2020 年的核电开发规模可能低于预期目标，很有可能达到 5000 万～6000 万 kW 的在运规模。2012 年 10 月国务院召开常务会议决定重启核电建设，同年《核电安全规划（2011—2020 年）》和《核电中长期发展规划（2011—2020 年）》[21,22] 获得国务院常务会议通过，这意味着新核电项目的审批即将开闸，但内陆核电暂缓重启，且新建核电机组必须符合第 3 代安全标准。《核电中长期发展规划（2011—2020 年）》提出到 2020 年我国在运核电装机达到 5800 万 kW，在建 3000 万 kW，"十三五"末我国在运在建核电总装机容量将达到 8800 万 kW。

国家能源局发布的《2014 年能源工作指导意见》[24] 提出，要适时启动核电重点项目审批，稳步推进沿海地区核电建设，做好内陆核电厂址保护。表 4-14 显示了有望在 2014 年启动的核电项目，将从拥有国家能源局"小路条"的项目中选出。对比清单，考虑到"十二五"期间不开工内陆核电，因此目前开工的核电机组范围可进一步缩小。具体为三门 3-4 号、海阳 3-4 号、陆丰 1-2 号、徐大堡 1-2 号、漳州 1-2 号、荣成 CAP1400 的 1-2 号、田湾 5-6 号、福清 5-6 号以及红沿河 5-6 号。其中，优先度最高的则是荣成的 CAP1400 项目[79]。

表 4-14　　　　　　　　2014 年审查中的核电机组

	厂　　址	机组	型号	控股方
沿海	浙江三门	3-4 号	CAP1000	中核集团
	山东海阳	3-4 号		中电投
	广东陆丰	1-2 号		中广核
	辽宁徐大堡	1-2 号		中核集团
	福建漳州	1-2 号		中核集团
	山东荣成	1-2 号	CAP1400	国家核电
	江苏田湾	5-6 号	初定俄罗斯技术	中核集团
	福建福清	5-6 号	华龙一号	中核集团
	辽宁红沿河	5-6 号	ACPR1000+	中广核
内陆	湖南桃花江	1-2 号	CAP1000	中核集团
	江西彭泽	1-2 号		中电投
	湖北咸宁	1-2 号		中广核

资料来源：北极星电力网新闻中心．http://news.bjx.com.cn/html/20140421/505121.shtml，2014。

因此，目前我国在运、在建、已核准尚未开工和已获路条的核电机组总计装机容量超过 7200 万 kW，其中已运行核电机组 17 台，总装机容量 1500 万 kW，在建核电机组 29 台，装机容量约 3166 万 kW，预计在 2015 年前后投产。近年来我国核电产值呈现增长平稳态势，但是相对发电量占比仍然较低。新一轮的核电发展计划围绕安全高效发展核电的宗旨，并提出到 2017 年国内运行核电机组装机容量达到 5000 万 kW[80]。根据国务院要求，计划"十三五"期间再建 18 台机组，2020 年核电总装机容量有望达到 5800 万 kW 的在运规模。这意味着未来几年国内核电开工建设目标再度被明确，国家对核电政策逐步从放松转向支持，产业有望重回景气之路。预计 2020—2030 年我国核电仍会保持批量、规模化建设的步伐，到 2030 年全国核电装机规模有望达到 1.9 亿～2.6 亿 kW。2050 年全国核电装机有望达到 3 亿～3.6 亿 kW。

6. 风电

国内风能资源储量丰富。我国已规划 8 个千万千瓦级的风电基地。国家已公布的《可再生能源发展"十二五"规划》提出，到 2020 年风电开发规模达到 2.0 亿 kW 的目标[81]。

截至 2012 年年底，我国风电并网装机容量 6142 万 kW，从风能资源开发潜力来看，综合考虑风能资源、风电场选址、工程地质、交通运输、施工安装及工程投资等条件，预计 2020 年全国经济可开发利用的风电规模潜力有望达到 2 亿～3 亿 kW。从 2011 年开始，为把握风电发展节奏，促进产业健康有序发展，国家能源局开始制订风电项目核准计划。前三批风电核准规模分别为 2683 万 kW、1676 万 kW（后又增补 852 万 kW）和 2797 万 kW。至此，"十二五"以来拟核准的风电项目规模累计已超过 1 亿 kW。目前，国家能源局印发"十二五"第四批风电项目计划。通知显示，列入"十二五"第四批风电核准计划的项目总装机容量为 2760 万 kW。这也预示着，未来随着中东部和内陆地区风电开发的加强，以及风电外送通道建设加速、大气治污加快调整能源产业结构，可再生能源特别是风电的利用将进一步加强。

风电的建设周期短，设备制造产能充足，风电场建设能力不会成为未来制约风电发展的因素。在做好风电接入电网和实现市场消纳研究以及规划的基础上，2020 年风电开发规模 2.0 亿 kW 以上是完全可以实现的。中国资源综合利用协会可再生能源专业委员会和绿色和平两家机构发布的《中国风电发展报告 2010》预测[82]，2020 年中国风电累计装机可以达到 2.34 亿 kW，相当于 13 个三峡电站；总发电量可以达到 4649 亿 kWh，相当于取代 200 个火电厂。因此，我们认为 2020 年风电开发规模可以达到 2 亿～2.35 亿 kW，随着技术的逐步成熟以及经济性的进一步提高，开发规模将逐步扩大，2030 年将达到 4.6 亿～4.8

亿 kW，2050 年将达到 8.2 亿～11 亿 kW。

7. 太阳能发电

我国太阳能资源十分丰富。据估算，1971—2000 年我国陆地表面年均接受太阳总辐射量相当于 1.7 万亿 t 标准煤。截至 2012 年年底，全国并网太阳能光伏装机 341 万 kW。国家能源局印发的《2014 年能源工作指导意见》[23]（以下简称《意见》），提出在 2014 年要加快发展太阳能发电，新增光伏发电装机 1000 万 kW 的目标，其中分布式光伏要占到其中的 60%。《意见》指出，要加强光伏发电并网服务、保障性收购等全过程监管，确保补贴资金及时到位，同时力争 2020 年光伏发电实现用户侧平价上网。2013 年 8 月，国家发改委下发了《国家发展改革委关于发挥价格杠杆作用促进光伏产业健康发展的通知》，将全国分为三类太阳能资源区，规定了各资源区光伏电站标杆上网电价及统一的分布式发电价格补贴标准[83]。

国家发改委发布《可再生能源发展"十二五"规划》，提出"十二五"时期太阳能发电装机容量达到 2100 万 kW，到 2020 年，太阳能发电装机容量达到 5000 万 kW[81]。太阳能发电的建设周期短，设备制造产能充足，建设能力不会成为太阳能发展的制约，装机容量主要受到发电经济性和电网消纳能力的约束。因此，在做好并网、输送、消纳等规划安排的基础上，2020 年太阳能发电装机容量 5000 万 kW 的目标是完全可以实现的。

目前光伏发电成本下降趋势明显，预计光伏系统初级投资 1kWh 可由现在的 1.8 万元以上降至 2015 年的 1.5 万元，光电上网电价下降的速度也很快。照此发展，受技术进步、规模化应用、成本降低等因素推动，光电装机容量的增长速度必然很快，推动中国光伏发电总装机容量 2020 年达到 1 亿～1.1 亿 kW，远远超出目前的稳健预期目标。

太阳能光热发电是继光伏发电后的一种新的太阳能发电方式，是一个新型的朝阳产业。2010 年，几大能源企业在我国西部地区开始筹建一些太阳能光热发电电站，规模从 5 万～50 万 kW 不等。同时国家发改委发布的《产业结构调整指导目录（2011 年本）》已于 2011 年 6 月正式实施，其中在新能源门类中，太阳能光热发电处于重点扶持发展的位置[84]。据 IEA（国际能源机构）预测，到 2050 年，全球光热发电装机可实现 98200 万 kW 的在运行规模，年发电量将达到 4.38 万亿 kWh，其中中国市场到 2040 年达到 8800 万 kW 装机，到 2050 年将达到 11800 万 kW 装机容量，成为全球继美国、中东、印度、非洲之后的第四大市场[85]。IEA 认为，光热发电在中东、智利等国将获得显著发展，成本将逐步接近光伏。2050 年光伏发电将为全球贡献 16% 的电力，光热发电占全球电力的比例将达到 11%。我国有丰富的太阳能光热资源，大规模发展光热发电替代燃煤火电,将有助于优化我国能源消费结构。目前,国内光热发电产业链初步形成,关键技术、主要装备已实现自主化,大规模商业化应用时机已然成熟。近年来,国内光热发电行业更是迎来快速发展时期[86]。综合考虑,报告设定2020年太阳能光热发电装机容量500万～1000万 kW,2030年光热发电装机容量3600万～5000万 kW,2050年光热发电装机容量1.8亿～3亿 kW。

随着技术不断成熟以及经济性的提升,风电、太阳能等可再生能源将成为重要的能源供应品种,开发规模进一步扩大,2030年太阳能发电(包括光热发电)装机容量可以达到3.16亿～3.70亿 kW,2050年可以达到8.8亿～12亿 kW。

二、电力发展战略与布局

基于我国发电能源资源禀赋特征和用电负荷分布,统筹经济社会发展、生态文明建设、电力安全保障以及技术经济制约等方面,电力发展要坚持"节约优先、优先开发水电、积极有序发展新能源发电、安全高效发展核电、优化发展煤电、高效发展天然气发电,推进更大范围电力资源优化配置、加快建设坚强智能电网"。

1. 煤电发展战略与布局

(1) 推行煤电一体化开发,加快建设大型煤电基地。贯彻落实国家西部大开发战略,加快山西、陕西、内蒙古、宁夏、新疆等煤炭资源丰富地区的大型煤电基地建设,尤其是褐煤资源丰富地区的煤电基地建设,在满足本地区用电需求基础上,向东中部地区大规模输电。大力推行高效、节水、环保的燃煤发电技术,在煤电基地重点布局建设大容量、空冷、超临界燃煤机组,因地制宜发展煤矸石综合利用项目。

(2) 严格控制东部地区新建纯凝燃煤机组。按照国务院通过的大气污染防治十条措施及相关行动计划要求,严格控制京津冀、长三角、珠三角等重点区域燃煤机组审批建设,原则上不再批准新建纯凝燃煤机组。在负荷中心地区结合供热需求和城市热网建设,统筹燃煤、燃气多种方式,统一规划高参数、环保型、符合国家政策的热电联产项目。

(3) 鼓励发展热电联产。统筹燃煤、燃气多种方式,结合城市热网、工业园区建设、小锅炉替代等,统一规划高参数、环保型机组、符合国家政策的热电联产项目。企业自备电源建设应该与周边区域电源、热源和电网发展统筹规划。

(4) 推进煤电绿色开发。大力推行洁净煤发电技术。西部和北部地区主要布局建设大容量、空冷、超临界燃煤机组,东中部受端地区适量布局建设负荷支撑的大容量超超临界燃煤机组。按国家环保标准,加快现有机组节能减排改造，因地制宜改造、关停淘汰煤耗高、污染重的小火电。

2. 天然气发电发展战略与布局

天然气发电主要分为3种形式：一是单循环燃气机组，其建设成本低、运行灵活、启停速度快，具有良好的调峰性能，热效率一般在40%左右；二是蒸汽—燃气联合循环发电机组，能量利用率高、运行相对灵活，但在稳定供热情况下，调峰能力受到很大制约；三是天然气分布式能源，依托天然气管网，靠近终端用户，通过冷热电多联供方式实现能源的梯级利用，综合能源利用效率高达70%以上。我国天然气发电实行大中小相结合、多种方式共同发展的模式。

（1）优先发展天然气分布式能源系统。随着天然气分布式发电和并网技术日益成熟，结合城乡天然气管道布局规划和建设，加快发展分布式冷热电多联供机组，提高能源利用效率。南方地区原则上采用分布式能源系统来解决供热和供冷需求；北方地区鼓励采用分布式能源系统来解决中小热冷用户需求。

（2）因地制宜发展大型单循环燃气发电。在风电等新能源大规模发展、系统调峰容量严重不足地区，适度建设大型单循环燃气轮机组，承担调峰调频任务，提高系统运行灵活性，减少弃风。

（3）适度发展大型联合循环燃气发电。结合西气东输管道和进口液化天然气，在受端地区规划建设大型联合循环发电机组，主要满足地区供热需求，同时支撑电力供应，减缓对燃煤机组建设的需求，改善受端地区大气及生态环境。

3. 水电发展战略与布局

（1）水电开发以大型基地为重点，大中小相结合，推进流域梯级综合开发。加快水电流域规划和勘测设计，保证水电基地连续滚动开发。继续加快开发四川、云南、青海境内黄河上游、金沙江、雅砻江、澜沧江干流等13个大型水电基地，积极开展西藏境内河流水电流域规划、前期工作，适时开工建设。积极开发中小型水电站，促进能源供应结构优化，促进水电资源在更大范围内优化配置。

（2）促进水电绿色和谐开发。在河流规划、勘探设计、施工建设和投产运行全过程落实和强化生态环境保护，做到同步规划、同步建设和同步运行。结合区域、河流的生态环境和移民实际，进一步优化调整河流开发规划方案，适度控制高坝大库容水电站布局。推广移民先行政策，体现以人为本的发展理念，使地方经济和人民群众真正从水电开发中受益。

（3）重视水电消纳市场研究，扩大水电资源配置范围。在满足本地区电力需求的基础上，合理地将水电输送到市场需求空间大、电价承受能力高的东中部地区消纳。重视西南地区水电季节性电能消纳研究，依靠价格和市场机制，扩大消纳范围，最大限度减少弃水。加强水电输电规划研究，加快输电通道建设,促进电源电网协调发展。加强水电开发管理,合理开放水电投资市场,鼓励市场竞争,促进水电基地加快开发。重视境外水电资源开发利用,重点开发缅甸伊江上游水电基地,送入南方电网消纳。

(4) 加快抽水蓄能电站发展。把抽水蓄能电站纳入电力系统进行统筹优化和规划布局,研究制定促进抽水蓄能电站健康有序发展的投资模式和定价机制,加大抽水蓄能开发力度,提高电力系统运行的经济性和灵活性,促进可再生能源发电的合理消纳。

4. 核电发展战略与布局

(1) 高度重视核电安全、强化核安全文化理念。吸取日本福岛核电事故教训,高度重视核电安全管理,坚持在确保安全的基础上高效发展核电。深入贯彻落实核电安全规划,加快制定颁布核电安全技术标准,明确核电准入门槛,健全核电安全机制。优先采用先进安全的核电技术,在核电站设计、制造、建设、运行、退役的全过程中,建立高标准质保体系和核安全文化体系。

(2) 坚持以我为主、明晰技术发展路线。坚持压水堆—快中子增殖堆/高温气冷堆—核聚变堆技术路线。全面掌握第3代核电工程设计和设备制造技术,加快发展第3代核电后续项目,尽快实现自主设计、自主制造、自主建设和自主运行目标。加快建设高温气冷堆示范工程,开工建设快中子增殖堆示范电站。组织核聚变技术攻关,争取走在世界前列。

(3) 统一技术标准体系、加快实现核电设备制造国产化。加快建立完善与国际接轨的国内核电统一技术标准体系。加快实现第3代核电成套设备设计制造自主化和国产化,提高成套设备生产能力。

(4) 理顺核电发展体制、加快推进市场化和专业化进程。发挥市场机制,推行多业主、专业化,逐步增加核电建设控股业主数量。理顺核电投资、建造和运营机制,大力推行核电设计、工程管理和运行维护的专业化发展。培育广泛参与、公平竞争、健康有序的建设市场。做好核电人力资源规划,加快核电人才队伍建设。加强科技研发平台建设,建立产学研用相结合的技术创新体系。

(5) 建立立足国内、面向国际的核燃料循环体系。成立国家级核燃料公司,加快构筑适应国内外两种资源、两个市场的核燃料循环体系。加大国内铀资源勘探力度,增加资源储备,加强与国外铀资源勘查与开发的合作,完善铀产品贸易体系,建立国内生产、海外开发、国际铀贸易三渠道并举的天然铀资源保障体系。加快乏燃料处理设施建设,尽快形成相适应的能力,完善核燃料循环工业体系。

5. 风电、太阳能发电发展战略与布局

(1) 坚持分散与集中、大中小相结合开发。风电要实行大中小、分散与集中、陆地与海上开发相结合，积极推进内陆分散的风能资源利用，有序开发风电基地，因地制宜稳妥开展海上风电项目。太阳能发电，一要优先鼓励各类电力用户按照"自发自用、余量上网、电网调节"的方式建设分布式光伏发电系统。优先支持在用电价格较高的工商业企业、工业园区建设规模化的分布式光伏发电系统；支持在学校、医院、党政机关、事业单位、居民社区建筑和构筑物等推广小型分布式光伏发电系统；结合建筑节能加强光伏发电应用，推进光伏建筑一体化建设，在新农村建设中支持光伏发电应用；支持偏远地区及海岛利用光伏发电解决无电和缺电问题；鼓励在城市路灯照明、城市景观以及通信基站、交通信号灯等领域推广分布式光伏电源。二要按照"合理布局、就近接入、当地消纳、有序推进"原则，根据当地电力市场发展和能源结构调整需要，在落实市场消纳条件的前提下，有序推进各种类型的光伏电站建设。鼓励利用既有电网设施按多能互补方式建设光伏电站；协调光伏电站与配套电网规划和建设，保证光伏电站发电及时并网和高效利用。三要积极推进太阳能光热发电技术研究和工程示范，技术成熟后加快建设。

（2）加快提高技术和装备水平。风电要着力构建较为完善的产业体系，全面掌握风力资源详查与评估技术、风电整体设计技术、变流器及控制系统、叶片设计制造技术、风电并网技术、风电与其他发电方式互补技术、分布式开发利用技术等，力争到2020年我国风电产业处于世界领先水平。太阳能发电要通过实施新能源集成应用工程，支持高效率晶硅电池及新型薄膜电池、电子级多晶硅、四氯化硅闭环循环装置、高端切割机、全自动丝网印刷机、平板式镀膜工艺、高纯度关键材料等的研发和产业化；提高光伏逆变器、跟踪系统、功率预测、集中监控以及智能电网等技术和装备水平，提高光伏发电的系统集成技术能力；支持企业开发硅材料生产新工艺和光伏新产品、新技术，支持骨干企业建设光伏发电工程技术研发和试验平台；2020年我国太阳能发电产业达到世界先进水平，2030年力争处于世界领先水平。

（3）加快大型基地外送通道建设。甘肃酒泉风电基地除接入西北主网外，还通过酒泉—湖南特高压直流向华中负荷中心送电。新疆哈密风电基地除接入新疆、西北主网外，还通过哈密—河南、哈密—重庆特高压直流向华中负荷中心送电。河北风电基地建设张北—北京西—石家庄—武汉—南昌特高压交流通道。江苏沿海风电基地就近接入3个500kV风电汇流站；吉林风电基地除接入东北主网外，部分电站接入220kV及以下电压等级就地消纳。蒙东风电基地主要通过500kV交流接入东北主网在东北负荷中心消纳。蒙西风电基地建设乌兰察布—北京西特高压交流通道。

（4）合理布局建设调峰调频电源，研究应用储能技术。新能源发电项目建设时,同步规划建设抽水蓄能电站和天然气发电,以解决新能源开发带来的调峰问题。加快储能技术研究应用,有效地解决电力系统的稳定性、电能质量和运行经济性问题。

三、全国及分区电力发展规划情景

(一) 情景设计

情景设计应具有典型性和代表性,应参考国家能源相关发展规模,充分考虑现实发展水平,以及可能存在的各种不确定因素。本书设计两种具有代表性的情景进行分析:一是参照情景,在此情景中可再生能源电力按照国家已有的规划目标设定,电力行业争取于 2020 年完成 13.5% 以上的非化石能源占比目标;二是政策情景,即在政策工具指导下优化电力资源配置,实现经济上可开发利用的最优核电与可再生能源发电规模,积极促进核电与可再生能源的发展,实现煤电替代,控制煤炭消费总量,原则上"十三五"期间不再审批新增煤电项目[87],电力行业于 2020 年争取完成近 15% 的非化石能源占比目标。

(二) 全国及分区电力规划参照情景

1. 全国电力规划及火电耗煤参照情景

参照情景以水电、核电、风电、太阳能发电达到预期开发规模下限为边界条件,研究该情景对应的电力流和电源结构。全国电力需求预测参照方案中,2020 年全社会用电量 7.32 万亿 kWh,水电装机 35 亿 kW,抽蓄 6000 万 kW,气电 1 亿 kW,核电 5800kW,风电 2.0 亿 kW,太阳能发电 1 亿 kW,生物质发电 1400 万 kW,具体见表 4-15。

表 4-15 全国电源装机及发电量表(参照方案)

种类	装机构成/万 kW					发电量/亿 kWh			
年份	2012	2020	2030	2040	2050	2020	2030	2040	2050
水电	24947	35000	44000	45000	46000	12250	15400	15750	16100
抽蓄	2033	6000	15000	21000	30000	480	1500	2310	3300
煤电	75400	100268	90705	85916	75788	48129	42858	40380	35620
燃气	3717	10000	20000	26000	32000	3000	6000	7800	9600
核电	1257	5800	26000	30000	36000	4060	18200	21000	25200
风电	6142	20000	46000	64000	82000	4000	9200	12800	16400
太阳能	341	10000	28000	49000	70000	1600	4480	7840	11200
太阳能光热	—	500	3600	8000	18000	175	1260	2800	6300
生物质能	769	1400	2000	2500	3500	630	900	1125	1575
合计	114606	188968	275305	331416	393288	73204	96298	106415	117595

2020年、2030年、2040年、2050年我国燃煤燃气发电装机容量所占总装机逐步下降，分别为58%、40%、34%、27%；非化石能源发电装机所占比例逐年上升，分别为42%、60%、66%、73%。参照情景中，2020年前后，煤电装机达到峰值10.03亿kW，自2030年后呈现缓慢下降的趋势。

综上，电力规划基准情景中，2020年全国发电耗煤14.10亿t标准煤，折合19.74亿t原煤；2030年电力耗煤量达到峰值12.00亿t标准煤，折合16.80亿t原煤；2040年耗煤11.10亿t标准煤，折合15.55亿t原煤；2050年耗煤9.62亿t标准煤，折合13.46亿t原煤。

2. 分区电力规划参照情景

（1）水电。根据我国水电建设形势及规划安排，预计2020年全国水电装机容量将达到3.5亿kW，2030年、2050年将分别达到4.4亿kW、4.6亿kW。从各电网区域来看，未来新增水电主要分布在西南的川、渝、藏、滇地区和西北电网（主要是青海地区），具体见表4-16。

表4-16　　　　　　　　十三大水电基地装机规划

基地名称	河流范围	装机容量/万kW	年发电量/亿kWh	已建/%	在建/%	前期/%
金沙江干流水电基地	石鼓—宜宾	6225	2920	0	30.0	70.0
长江上游水电基地	宜宾—宜昌、清江干流	2884	1280	84.2	14.6	1.2
雅砻江干流水电基地	两河口—江口	2570	1250	12.8	42.0	45.2
澜沧江干流水电基地	云南省境内	2511	1400	16.0	43.0	41.0
大渡河干流水电基地	下尔呷—铜街子	2492	1136	6.6	28.9	64.5
怒江干流	干流松塔以下至边界	2199	1037	0.0	0.0	100
黄河干流	干流茨哈—青铜峡段	2093	750	45.3	27.5	27.2
南盘江红水河水电基地	黄泥河、天生桥—长洲	1430	635	71.5	15.8	12.7
东北水电基地	黑、吉、辽三省	1326	355	43.0	4.1	52.9
闽、浙、赣水电基地	闽、浙、赣三省诸河	1220	315	68.0	3.0	29.0
乌江水电基地	干流+洪家渡	1122	396	47.0	50.0	3.0
湘西水电	湘、资、沅水及其支流	1081	378	67.3	10.0	22.7
黄河北干流水电基地	干流托克托县—潼关	643	178	25.0	28.0	47.0
合计		27796	12030			

注　张运洲，白建华，程路，等. 中国非化石能源发展目标及其实现路径[M]. 北京：中国电力出版社，2013.

第二节 中长期电力规划方案

(2) 核电。《核电中长期发展规划（2011—2020年）》提出到2020年我国在运核电装机容量达到5800万kW，新增装机主要分布在用电负荷增长快且能源资源较为缺乏的东部沿海地区。2020—2030年开始规模化发展内陆核电，2030年核电装机规模将达到2.6亿kW。

(3) 风电。依托地区风能资源与开发条件，优先发展大型风电基地所在"三北"地区，并充分利用中东部地区电力市场大的优势，因地制宜地开发分散式的风能资源，就近消纳。参考国家《可再生能源发展"十二五"规划》和各地风电规划，预计2020年全国风电装机规模达2亿kW，2030年达4.6亿kW。

(4) 太阳能。参考国家《可再生能源发展"十二五"规划》和各地太阳能发电规划，预计2020年全国太阳能发电装机1亿kW，其中分布式6000万kW，2030年达到3.16亿kW，其中分布式光伏发电达到2亿kW。近期重点在长三角、珠三角、环渤海等经济发达地区推广屋顶光伏系统，并在西北地区建设一定规模的大型并网光伏电站。2030年之后，则是以西北荒漠、戈壁、荒滩等大型并网光伏电站为主。

(5) 煤电。《煤炭工业发展"十二五"规划》提出[88]，"十二五"期间将在蒙、新、晋、陕、甘、宁、黔等省（自治区）建设锡林郭勒、鄂尔多斯、呼伦贝尔、晋北、晋中、晋东、陕北、宁东、哈密、准东等16个大型煤电基地，到2020年逐步形成一批以外送电力为主的现代化千万千瓦级大型煤电基地。2014年，鄂尔多斯、锡盟、晋北、晋中、晋东、陕北、宁东、哈密、准东等9个煤电基地开工和启动前期工作规模7000万kW，占到全国煤电总装机容量的8%。参照情景中煤电装机容量于2020年左右达到峰值。

本节重点介绍分区火电装机容量、发电量（表4-17）。

表4-17 分区火电装机容量、发电量预测（参照方案）

年 份	装机容量/万kW				发电量/亿kWh			
	2020	2030	2040	2050	2020	2030	2040	2050
华北电网	29964	26227	24106	20384	14383	12392	11330	9580
华东电网	21681	19381	18067	16150	10407	9158	8491	7591
华中电网	15081	14081	13880	12462	7239	6653	6524	5857
东北电网	6768	6468	6280	5673	3249	3056	2952	2666
西北电网	14086	13086	12860	11434	6761	6183	6044	5374
南方电网	12688	11462	10723	9685	6090	5416	5040	4552
合计	100268	90705	85916	75788	48129	42858	40381	35620

（三）全国及分区电力规划政策情景

1. 政策工具

（1）促进可再生能源发电规模化发展和高效消纳。受地区电力需求、电网规模等因素的影响，"三北"风电基地和西部太阳能光伏发电基地本地消纳风电的能力有限，为促进风电与太阳能的规模化开发利用，风电和太阳能发电需要输送到区域电网内其他省区甚至区域电网外进行消纳，因此还需加快特高压电网建设，实现风电与太阳能的集中开发和远距离输送。

（2）促进核电安全高效发展。核电具有容量大、运行小时数高、发电波动性小，经济成本低等诸多优点，能满足工业化大规模使用要求，可有效替代煤电，具备产业化发展的条件。因此，未来我国应快速高效地发展核电，加快第3代核电技术商业化示范与应用，扩大核电装机规模，实现核电大容量、集约化发展。此外，在中东部地区核电大规模发展的情况下，由于核电基本不参与调峰，需要加快本地调峰电源建设，或通过特高压电网进行跨区调节。

（3）促进发电技术创新与学习效应。通过政策扶持加快清洁煤发电、核电、太阳能发电、风电等技术创新与学习速度，提高发电技术的经济性，使其尽快实现商业化示范与应用，纳入电力规划参与资源分配。同时加快智能电网建设，探索开发新型发电资源和新型储能，保障可再生能源发电大规模建设、接入和充分利用。

（4）全国与区域性污染物排放控制。全国和地方针对环境污染和雾霾天气，提出了一系列治理方案和计划，如《大气污染防治行动计划》《北京市2013—2017年清洁空气行动计划》《河北省大气污染防治行动计划实施方案》《京津冀及周边地区落实大气污染防治行动计划实施细则》《天津市清新空气行动方案》、环保部发布的《火电厂大气污染物排放标准》以及2014年国家发改委最新发布的《煤电节能减排升级与改造行动计划（2014—2020年）》，部分重点控制区域不再新建燃煤发电项目。因此，政策规划情景把重点地区的污染物控制作为一个关键的政策调控变量。

（5）应对气候变化的政策与行动。《中国应对气候变化国家方案》《"十二五"控制温室气体排放工作方案》《中国应对气候变化的政策与行动》《关于印发2014—2015年节能减排科技专项行动方案的通知》，提出到2020年我国单位国内生产总值二氧化碳排放比2005年下降40%～45%，提出到2015年全国单位国内生产总值二氧化碳排放比2010年下降17%，并在十八大报告中明确提出单位国内生产总值能源消耗和二氧化碳排放大幅下降的目标。因此，政策规划情景把2030年后二氧化碳排放总量作为一个关键的政策调控变量。

（6）发电外部成本内部化。考虑燃煤发电技术的外部成本，即污染物减排与二氧化碳减排造成的外部成本,政策规划情景采用一定规则将火电外部成本内部化,核算发电技术的社会总成本,以优化电力规划。

2. 全国电力规划及火电耗煤政策情景

政策情景以水电、核电、风电、太阳能发电达到预期开发规模上限为边界条件,即大规模发展核电、风电、太阳能发电。全国电力需求预测政策方案中,2020年全社会用电量7.10万亿kWh,水电装机容量3.5亿kW、抽蓄7000万kW、气电1亿kW、核电5800kW、风电2.35亿kW、太阳能发电(包括光热发电)1.2亿kW、生物质发电1400万kW,具体见表4-18。

表4-18 全国电源装机及发电量(政策方案)

年份	装机构成/万kW					发电量/亿kWh				
	2020	2025	2030	2040	2050	2020	2025	2030	2040	2050
水电	35000	39500	44000	46000	48000	12250	13825	15400	16100	16800
抽蓄	7000	11000	15000	21000	30000	560	880	1500	2100	3000
煤电	93767	91133	82450	59380	41766	45008	43744	38958	27909	19630
集中式气电	5000	7500	10000	11000	12000	2000	3000	4500	5000	5400
分布式气电	5000	7500	10000	18000	23000	1250	1875	2500	4500	5750
核电	5800	12500	19000	27000	30000	4060	8750	13300	18900	21000
风电	23500	35500	58000	84000	110000	4700	7100	11600	16800	22000
集中式PV	4500	7500	12000	28000	40000	720	1200	1920	4480	6000
分布式PV	6500	13500	20000	36000	50000	780	1620	2400	4320	6000
太阳能光热	1000	2000	6000	12000	30000	350	700	2100	4200	10500
生物质能	1400	1700	2000	3000	4000	630	765	900	1350	1800
合计	188467	229333	278450	345380	418766	71001	81406	91578	100759	110880

2020年、2025年、2030年、2040年、2050年我国燃煤燃气发电装机容量占总装机容量比重逐步下降,分别为55%、46%、37%、26%、18%;非化石能源发电装机容量所占比例逐年上升,分别为45%、54%、63%、74%、82%。与参照情景相比,政策情景中煤电装机容量同样于2020年达到峰值,此时的煤电装机容量为9.38亿kW,煤电装机容量峰值削减了约0.65亿kW。

从电源的出力特性来看,各种类型的电源中,可用于调度的电源主要包括以下5种,即常规水电、抽水蓄能、煤电、集中式气电以及太阳能光热。书中将上述5种电源定义为可调度电源,这类电源除了常规的发电作业外,还需根据负荷曲线灵活调节发电出力,以满足电力系统的需要。因此,可调度电源对于整个电力系统的安全和稳定是至关重要的。如图 4-6 所示，2020—2050 年，随着新能源的不断发展，其比例不断上升，导致可调度电源的比例逐年下降。从装机容量来看，2020 年可调度电源的比例为 75.22%，到 2030 年下降至 56.55%，2040 年可调度电源的比例为 43.25%，2050 年下降至 38.63%；从发电量来看，2020 年可调度电源的比例为 84.74%，到 2030 年下降至 68.20%，2040 年下降至 54.89%，2050 年下降至 49.90%。

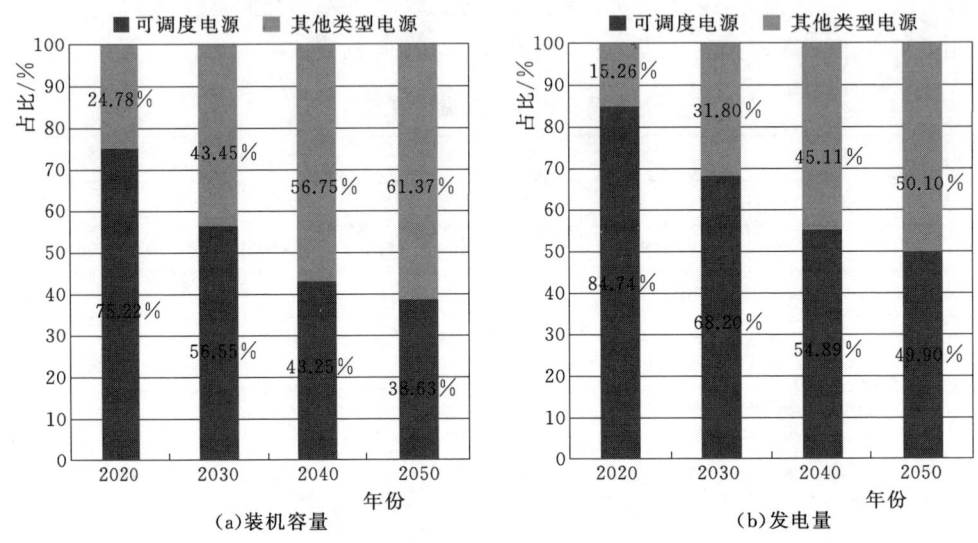

图 4-6　2020—2050 年不同类型电源装机容量及发电量比例

如此低水平的可调度电源能否满足电力系统的需要呢？通过分析比较 IEA 公布的欧洲几大新能源利用大国的发电结构数据，得出一个结论，2020—2050 年政策情景中可调度电源的比例是可以接受的。如图 4-7 所示，书中列举出丹麦、德国、瑞典及芬兰 4 个欧洲国家的不同类型电源所占发电量的比例情况。这里的可调度电源包括四大类，即煤电、水电（包括抽蓄）、气电（未区分集中式和分布式）和光热。从 2012 年的水平来看，除了德国，其余 3 个国家其可调度电源发电量的比例均低于 50%，最低是丹麦的 48.08%。这就说明，根据目前的技术水平，丹麦等其他欧洲国家的电源结构能达到这样的一个水平，说明了本书政策情景中，由于大量新能源接入导致可调度电源比例的下降程度是可以接受。可以通过吸取国外新能源发展的经验，结合我国实际，促进新能源的发展，从而达到低碳控煤的目的。

为了满足大规模可再生能源电源的接入，相应的技术支撑是十分必要的，智能电网的发展就为可再生能源电源的接入提供了一个良好的平台。智能电网（Smart Grid）的目标是利用现代测量、通信、计算机、自动化等先进技术，

第二节 中长期电力规划方案

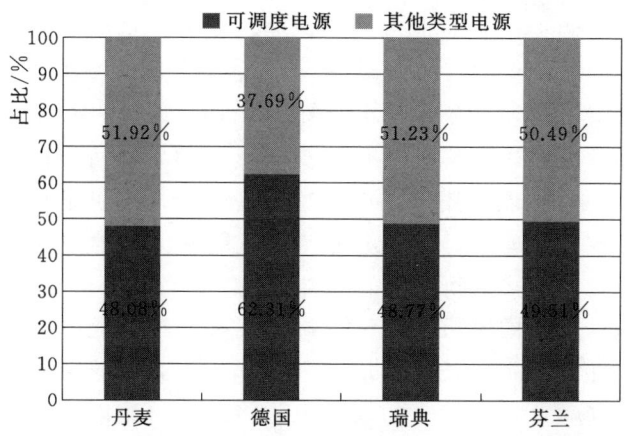

图4-7 2012年部分欧洲国家不同类型电源的发电量比例

允许可再生能源顺利接入电网，提高电力系统的能源转换和传输效率，确保电网运行更可靠、更灵活、更经济，为用户提供更高的供电质量和更优质的服务。

智能电网的发展离不了相关技术的支撑，智能电表就是关键的一部分。美国宾夕法尼亚州通过法案对智能电表的功能界定如下：必须具有双向数据传送功能，远程遥控开关功能，远程编程功能，自带信息存储功能，监控电压并反馈信息功能，断电定位功能；电表必须以 h 为单位读表，当天传递数据，数据信息提取间隔精确到15min或者更短；电表支持自动负荷控制，支持实时定价、分时定价，并可以计算用户自发电量[89]。智能电表在英国试点的应用效果也是十分明显的。据英国政府预计，若全英国2600万家庭安装智能电表，可以为用电客户和能源公司在随后的20多年中节省支出25亿～36亿英镑，减少3%～15%的能源消耗，社会效益和环境效益明显[90]。

除了智能电表外，储能技术的发展对于可再生能源电源的接入也起着至关重要的作用。储能技术的应用可在很大程度上解决新能源发电的随机性和波动性问题，使间歇性的、低密度的可再生清洁能源得以广泛、有效地利用，并且逐步成为经济上有竞争力的能源。储能技术的应用将贯穿于电力系统发电、输电、配电、用电的各个环节，可以缓解高峰负荷供电需求，提高现有电网设备的利用率和电网的运行效率；可以有效应对电网故障的发生，可以提高电能质量和用电效率，满足经济社会发展对优质、安全、可靠供电和高效用电的要求；储能系统的规模化应用还将有效延缓和减少电源和电网建设，提高电网的整体资产利用率，彻底改变现有电力系统的建设模式，促进其从外延扩张型向内涵增效型的转变[91]。

同时，电网的未来发展还需要结合电动汽车的发展来考虑。可以通过对电动汽车控制有序的充放电来起到削峰填谷的作用。电动汽车作为分布式的储能装置，可以通过协调控制其充放电过程，使之在系统负荷高峰时放电、低谷时充电，实现系统的削峰填谷。电动汽车经济价值主要体现在以下方面：①合理的电动汽车充放电管理所起到的填谷和削峰作用，即通过拉平负荷曲线，可以少开机组以节约发电成本和推迟对承担高峰负荷的发电机组的投资；②大量电动汽车电池所储备的电能可用于调频和旋转备用，提高供电可靠性；③大量电动汽车合理的充放电管理与间歇性电源（如风能和太阳能发电）的协调互补作用，可以增强电力系统接纳间歇性电源的能力，进而提高系统运行的经济性。

通过借鉴国外发达国家可再生能源发展经验，在智能电网技术及其配套技术如智能电表、储能技术等技术的协同发展作用下，能够实现可再生能源电源的大规模接入。同时，电动汽车的发展也为将来可再生能源的接入提供一定的保障。

对于 2020 年，本书规划方案存有一定的不确定性，其中需求侧的不确定性在参数设定以及情景分析过程中已有考虑；而对于发电侧的不确定性来说，主要是核电和大型水电能否完成预期目标。其中我国 2020 年核电装机容量可能达不到 5800 万 kW 的目标，国家能源局已经酝酿下调 2020 年核电装机目标至 5300 万 kW[92]。对于水电装机容量，由于开工及移民等因素的影响，可能比规划情景低，估计为 500 万~1000 万 kW。因此，规划方案能否满足因核电和水电的装机缺口带来的电量缺口值得关注。

进一步研究发现，为应对因核电和水电装机规模下降带来的电量缺口，2020 年在 9.37 亿 kW 的煤电装机容量下，将煤电机组的利用小时数由初始规划的 4800h 提高到 4880h 即可。

尽管电量缺口能通过适当加大煤电机组的利用小时数来弥补，但是能否满足局部最大负荷的约束还需要深入研究。可充分利用跨区电力交换、市场化备用以及需求侧管理来应对，同时应优化社会储能资源（如电动汽车、公共热网）的能量管理。

可再生能源电力的实际产出水平也有一定的不确定性。近年来，国家尽管多方政策发力，但弃风、弃光现象并未实质性改善。而本书中对风电 2020 年 2000h、太阳能年 1600h 的假设可能过于乐观。因此，不确定分析中还考虑了风电 1800h、太阳能 1400h 的影响。

另一个不确定性与煤电发电效率改善有关。本书假设煤电清洁改造计划实施到位后，2020 年煤电供电煤耗 300g 标准煤、发电煤耗 285g 标准煤（附录 C）。系统评估认为，尽管技术上有实现空间，但考虑煤电利用小时数降低、更多承担灵活性服务功能，实际运行效率很可能达不到理想目标。因此，以 2020 年发电煤耗 288g 标准煤为假设做进一步的不确定分析。

本着稳健原则，综合考虑上述不确定性，2020年煤电合理装机范围应该在9.4亿～9.6亿kW；发电耗煤量控制目标宜在13.3亿t标准煤，通过强化核电和水电新建项目建设管理和大幅改善弃风、弃光问题，力争控制在13亿t标准煤以内。

综上分析，电力规划政策情景中，2020年发电耗煤13.34亿t标准煤，折合18.68亿t原煤；2025年电力耗煤量达到峰值12.25亿t标准煤，折合17.15亿t原煤；2030年耗煤10.71亿t标准煤，折合15.00亿t原煤；2040年耗煤7.54亿t标准煤，折合10.55亿t原煤；2050年耗煤5.20亿t标准煤，折合7.28亿t原煤。相比基准情景，耗煤量峰值削减了约0.76亿t标准煤。

3. 分区电力规划政策情景（定量模型详见附录A）

（1）水电。与参照情景相比，由于水电的清洁性以及可再生特性，政策情景中加大对水电的开发力度。2020年水电装机规模3.5亿kW。2020—2030年间水电的装机规模处于一个较快的增长期，到2030年，水电的装机规模达到4.4亿kW。随着技术开发的难度逐渐加大，到2050年，水电的开发程度基本已经达到技术经济可开发的最大值，装机容量约4.8亿kW。

（2）抽蓄。截至2013年年底，国家能源局已批复福建、海南、陕西、辽宁等22个省（直辖市、自治区）抽水蓄能选点规划，合计装机容量7485万kW。

（3）核电。考虑国内核电核准进度，核电建设进度存在不确定性。若社会公众对核电的恐惧心理进一步消除，国内加速核电核准进度，加快内陆核电建设，加大大容量核电机组的投运，2020年核电装机规模5800万kW，中国将增建成多座核电站，当前已经从广东、浙江、山东、江苏、辽宁、福建、广西等沿海城市确定了13个优先选择的厂址，2020年之后在电力需求的强力推动下，湖北、湖南、江西、安徽、四川、重庆等内陆省市也竞相成为我国第一批内陆核电站的所在地，2030年核电装机规模将达到1.9亿kW，2050年将达到3.3亿kW。

（4）风电。按照资源丰富地区风能优先利用的原则，加大风电基地的开发力度，积极有序推进河北、蒙东、蒙西、吉林、甘肃、山东、江苏、新疆和黑龙江等大型风电基地建设。预计2020年全国风电装机规模达2.35亿kW，考虑2020年开发规模及进度的加快，2030年风电开发规模将达5.8亿kW。

（5）太阳能。相比参照情景，各区域太阳能发电装机容量快速增长。预计2020年全国太阳能光伏发电装机容量1.1亿kW，其中分布式6500万kW，主要在青海、新疆、甘肃等省区启动太阳能发电基地，在内蒙古、宁夏、山西、西藏等推动重点大型太阳能发电项目，而分布式光伏项目主要以中东部用能集中地区为主。预计太阳能光伏发电2030年达到3.2亿kW，其中分布式达到2

亿 kW。2050 年达到 9 亿 kW，其中分布式达到 5 亿 kW。我国拥有丰富的太阳能光热资源，随着光热发电技术逐步成熟，预计光热发电装机容量 2020 年达到 1000 万 kW，2030 年达到 6000 万 kW，2050 年达到 3 亿 kW。

（6）煤电。通过政策工具优化，大规模高比例发展核电、可再生能源发电，基于电力电量平衡，测算煤电装机规模，与参照情景相比，政策情景中的煤电装机容量大幅下降，并于 2020 年左右达到峰值，实现煤炭消费控制的目标。

本节重点介绍了分区火电装机容量、发电量，见表 4-19。

表 4-19　　　　分区火电装机容量、发电量预测（政策方案）

年 份	装机容量/万 kW				发电量/亿 kWh			
	2020	2030	2040	2050	2020	2030	2040	2050
华北电网	28096	22572	16070	11684	13486	10665	7553	5491
华东电网	20792	18623	12853	8882	9980	8799	6041	4175
华中电网	14337	12915	9588	7022	6882	6102	4506	3300
东北电网	6765	6064	4369	3073	3247	2865	2053	1444
西北电网	11679	11225	8519	6193	5606	5304	4004	2911
南方电网	12098	11051	7982	4912	5807	5222	3751	2309
合计	93767	82450	59381	41766	45008	38958	27909	19630

第三节　电力行业污染物排放预测

一、全国和地方大气污染防治计划

2013 年以来，因雾霾反复出现、应对气候变化等形势变化，国家对电力行业提出了更高要求。

（1）2013 年 9 月，国务院印发《大气污染防治行动计划》（以下简称大气十条），对电力行业节能减排工作提出以下要求：所有燃煤电厂都要安装脱硫设施，除循环流化床锅炉以外的燃煤机组均应安装脱硝设施，燃煤锅炉和工业窑炉现有除尘设施要实施升级改造。京津冀、长三角、珠三角等区域要于 2015 年年底前基本完成燃煤电厂污染治理设施建设与改造。京津冀、长三角、珠三角等区域新建项目禁止配套建设自备燃煤电站；耗煤项目要实行煤炭减量替代。除热电联产外，禁止审批新建燃煤发电项目；现有多台燃煤机组装机容量合计达到 30 万 kW 以上的，可按照煤炭等量替代的原则建设为大容量燃煤机组。京津冀、长三角、珠三角区域等"三区十群"中的 47 个城市，新建火电企业执行大气污染物特别排放限值。各地区可根据环境质量改善的需要，扩大特别排放限值实施的范围。根据脱硝成本，结合调整销售电价，完善脱硝电价政策；现有火电机组采用新技术进行除尘设施改造的，要给予价格政策支持等。

（2）地方政府相继出台大气污染防治行动计划。继国务院正式发布大气十条，部分地方政府、部委按照区域大气污染形势，相继出台了污染防治行动计划。例如，北京发布《北京市 2013—2017 年清洁空气行动计划》，河北省印发《河北省大气污染防治行动计划实施方案》，环境保护部等部委联合印发《京津冀及周边地区落实大气污染防治行动计划实施细则》对大气十条任务进行落实和细化，甚至提出了高于大气十条要求的措施，如北京行动计划要求逐步关停北京现有四座燃煤电厂，采用新建燃气机组替代方式。

（3）实施污染物特别排放限值。依据环保部发布的《火电厂大气污染物排放标准》（GB 13223—2011）和《关于执行大气污染物特别排放限值的公告》（2013 年 14 号），要求重点控制区域（19 个省的 47 个城市）新建燃煤机组自 2013 年 4 月 1 日起全部执行特别排放限值，烟尘、二氧化硫、氮氧化物分别为 20mg/Nm^3、50mg/Nm^3、100mg/Nm^3；对于现役机组，位于重点控制区主城区的自 2014 年 7 月 1 日起执行特别排放限值，非主城区的在"十三五"期间执行特别排放限值。

二、节能减排技术展望

污染控制技术的发展和应用是电力减排的核心要素，是污染物排放标准制定和修订的主要依据，而污染防治最佳可行技术（BAT）是环境管理政策制定和实施的技术依据［《燃煤电厂污染防治最佳可行技术指南（试行）》（HJ-BAT-001）］。污染物排放标准应根据在当时环境质量要求、经济条件要求下根据最佳可行技术情况来制定和修订，且一般情况下，标准修订的是新建机组的污染物排放要求，而不修订现有机组的污染物排放限值，如修订现役机组，则造成大规模的环保设施改造，当然现役机组有很大的污染物减排潜力（不考虑经济因素在内）。

1. 二氧化硫减排技术

2010 年，我国环境保护部颁布了环境保护技术文件——《燃煤电厂污染物防治最佳可行技术指南（试行）》（HJ-BAT-001），其中，脱硫最佳可行技术包括石灰石/石灰-石膏湿法、氨法（回收型）、烟气循环流化床法等。由此可见，我国燃煤电厂大气污染物控制采用的技术都属于 BAT 技术。近年来，为适应新排放标准要求，相关环保企业和发电企业积极进行脱硫提效技术开发，如部分电厂针对石灰石—石膏湿法进行单塔双循环、串联塔、增加喷淋层、增加托盘

等形式的提效改造，脱硫效率都有不同程度的提高。

2. 氮氧化物减排技术

控制燃煤电厂氮氧化物排放的技术措施主要可以分为两类：一类是生成源控制，又称一次措施，主要是低氮燃烧技术；另一类是烟气治理脱硝技术，是指对烟气中已经生成的 NO_x 进行治理，烟气 NO_x 治理技术主要包括选择性催化还原法、选择性非催化还原法。例如，《燃煤电厂污染物防治最佳可行技术指南（试行）》（HJ-BAT-001）中氮氧化物 BAT 控制技术包括低氮燃烧技术、SCR 技术、SNCR 技术。要稳定达到最新标准的要求，无论是现役机组还是新建机组，都必须配套高效低氮燃烧器及 SCR 技术，且部分循环流化床也需配套建设脱硝装置，SNCR 技术无法达到这一要求。

3. 烟尘减排技术

随着标准变化的要求，除尘控制技术也处于不断发展中。以电除尘为例，近年来发展的高效除尘技术有低低温电除尘、机电多复式双区电除尘、SO_3 烟气调质、移动电极电除尘等技术在国内已经成熟，并在多个项目上应用。粉尘凝聚技术在国外已经成熟，国内已有数家公司掌握其核心技术，并在几个项目上应用且情况良好。近年来，我国电除尘供电电源的新技术开发取得很大进展。以高频电源、中频电源和三相电源为代表的多种新型电源开发成功并得到广泛应用，这些新型电源大多具备高效率、高功率因数、节能等特点，具备直流和脉冲两种工作方式。另外，电除尘电源控制新技术如节能闭环控制、断电振打控制、反电晕控制等新技术的开发和应用，也给电除尘提效节能增添了巨大的提升空间。结合燃煤性质、飞灰性质、烟气性质等工况条件，科学、合理地选用电除尘器高压电源是一个非常重要的工作。在实际工作中，应根据各种高压电源的基本原理、主要特点、适用范围及电除尘器项目的具体要求，科学合理地选用电除尘用高压电源或高压电源组合，有针对性地应用电除尘电源控制新技术。

滤袋技术也在不断完善和发展中，如近年来应用的高压水刺无损制毡技术、滤料后整理新技术－表面纳米涂层技术、高温热压覆膜技术等。

三、电力行业污染物排放预测

1. 污染物排放情景说明

目前，全国各省相继开展了降低燃煤机组大气污染物排放的研究，通过采用各项先进技术，力争使污染物排放水平降到燃气电厂水平，实现超低排放，即烟尘、SO_2、NO_x 排放分别小于 $5mg/Nm^3$、$35mg/Nm^3$、$50mg/Nm^3$。但电力行业通过近零排放改造实现污染物大幅控制还存在诸多限制条件，从改造实际情况来看，还存在着排放标准设定不科学、与燃机排放标准不具有可比性、监测数据准确性无法保证、环境效益和经济效益较差等问题，有待进一步解决与完善。因此，假设我国未来污染物控制与监测技术取得进一步突破，污染物控制水平产生质的飞跃，政府对于电力行业污染物控制给予一定的政策补贴，有利支撑电力行业进行污染物治理，推动电力行业不断进行污染物控制技术创新与发展。在上述假设条件下，2020—2030 年我国将执行严格能效环保标准，严控电力行业大气污染物排放。

根据《火电厂大气污染物排放标准》(GB 13233—2011)、《煤电节能减排升级与改造行动计划（2014—2020 年）》以及《全面实施燃煤电厂超低排放和节能改造工作方案》的要求，到 2020 年全国所有具备改造条件的燃煤电厂力争实现超低排放。全国有条件的新建燃煤发电机组达到超低排放水平。加快现役燃煤发电机组超低排放改造步伐，将东部地区原计划 2020 年前完成的超低排放改造任务提前至 2017 年前总体完成；将对东部地区的要求逐步扩展至全国有条件地区，其中，中部地区力争在 2018 年前基本完成，西部地区在 2020 年前完成。

2. 污染物排放量情景预测

通过严格控制全国各地区火电污染物排放，2020 年、2030 年电力行业污染物排放量控制效果显著。在更为严格的污染物排放约束条件下，政策情景与参照情景相比，2020 年烟尘、SO_2、NO_x 的污染物排放量分别比参照情景下降了 2.06 万 t、14.08 万 t、15.55 万 t，2030 年分别下降 1.65 万 t、16.51 万 t、16.51 万 t。如图 4-8 和表 4-20 所示。

表 4-20　　　　分区电力规划两种情景下的污染物排放　　　　单位：万 t

年份	参照情景						政策情景					
	2020 年			2030 年			2020 年			2030 年		
	烟尘	SO_2	NO_x	烟尘	SO_2	NO_x	烟尘	SO_2	NO_x	烟尘	SO_2	NO_x
华北电网	12.11	68.59	80.30	5.25	52.45	52.45	11.52	64.55	75.86	4.51	45.14	45.14
华东电网	8.76	49.63	58.11	3.88	38.76	38.76	8.52	47.77	56.14	3.72	37.25	37.25
华中电网	6.09	34.52	40.42	2.82	28.16	28.16	5.88	32.94	38.71	2.58	25.83	25.83
东北电网	2.73	15.49	18.14	1.29	12.94	12.94	2.77	15.54	18.27	1.21	12.13	12.13
西北电网	5.69	32.24	37.75	2.62	26.17	26.17	4.79	26.83	31.53	2.25	22.45	22.45
南方电网	5.13	29.04	34.00	2.29	22.92	22.92	4.96	27.80	32.66	2.21	22.10	22.10
合计	40.51	229.51	268.72	18.14	181.41	181.41	38.44	215.43	253.17	16.49	164.90	164.90

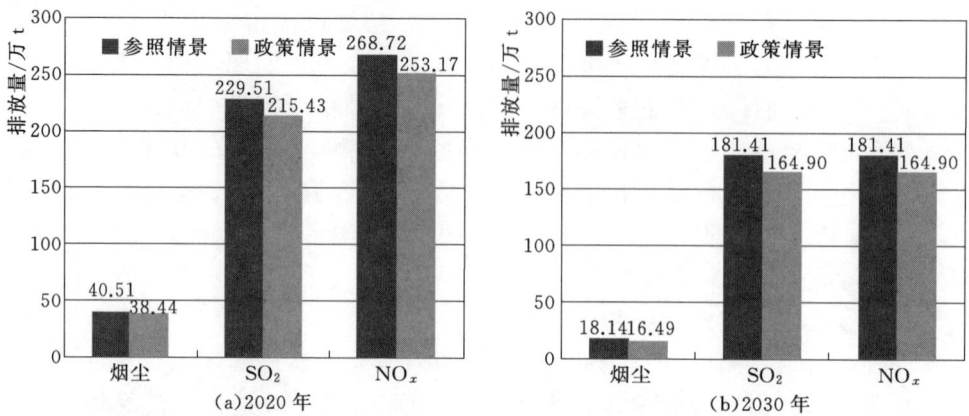

图 4-8 2020 年、2030 年参照情景与政策情景电力行业污染物排放比较

根据报告情景设定及分析预测结果，2020 年、2030 年电力行业污染物排放量相比 2012 年的排放水平呈现较大的下降幅度，具体来说，在政策情景中，相比 2012 年的排放水平，2020 年烟尘排放量下降至 2012 年的 25%，2030 年下降至 11%；SO_2 排放量在 2020 年时下降至 2012 年水平的 24%，2030 年下降至 19%；NO_x 的排放量在 2020 年时下降至 2012 年水平的 27%，2030 年进一步下降至 17%。从整个污染物排放量的下降趋势来看，我国电力行业污染物排放量的下降潜力是巨大的，详见图 4-9。

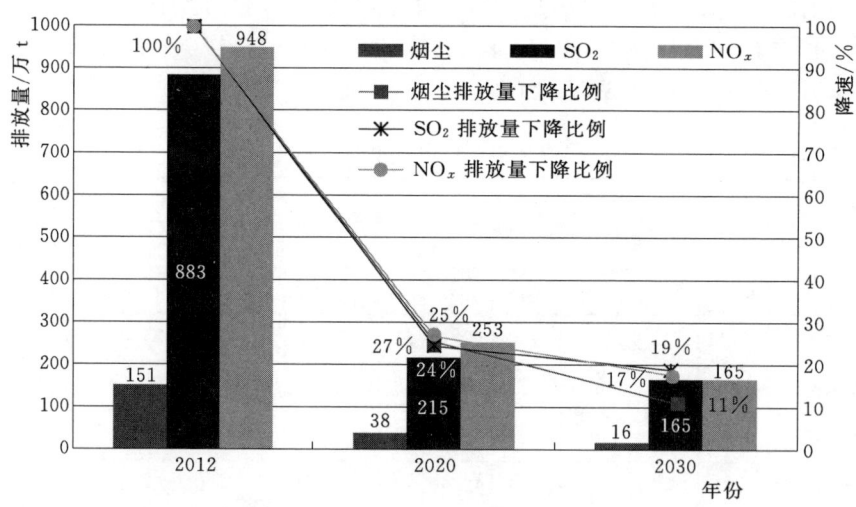

图 4-9 电力行业污染物下降潜力

3. 电力行业减排对空气质量的影响

我国环境保护虽然取得积极进展，但环境形势依然严峻，以煤为主的能源

结构导致大气污染物总量居高不下,城市大气环境形势依然严峻,区域性大气污染问题日趋明显,京津冀、长三角、珠三角地区等城市群大气污染呈现明显的区域性特征。国家多次出台相关政策控制污染物排放,综合改善空气环境质量,统筹规划重点区域的大气污染防治。由此可见,我国对环境保护工作提出了更高的要求,根据总课题组设定的全国PM2.5污染物下降目标以及分区域的PM2.5达标和空气质量改善的阶段性构想,明确全国及重点区域的PM2.5下降速度,具体见图4-10。

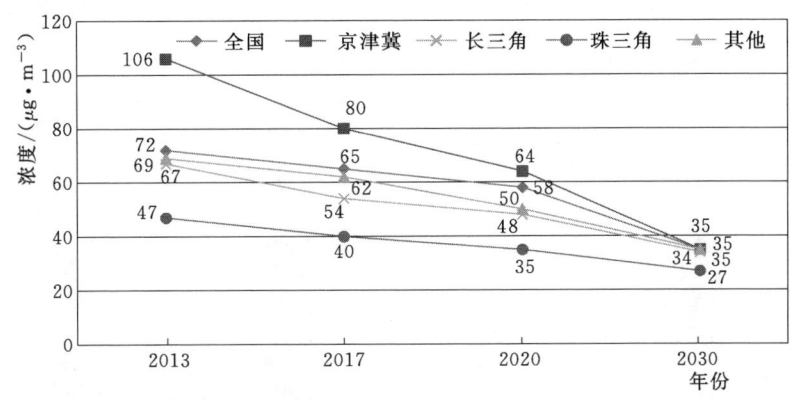

图4-10 空气质量达标对全国及各区域PM2.5浓度下降速度要求

燃煤造成的大气污染有烟尘、SO_2、NO_x和CO_2等,作为空气中转化成PM2.5的主要污染源,随着煤炭消费的不断增长,燃煤排放的各类污染物也不断增加,环境空气质量逐渐下降,不断威胁人类的健康与生存。因此,煤炭消费总量控制迫在眉睫。作为煤炭消费大户,电力行业污染物排放的控制对改善全国空气质量、保护生态环境起着至关重要的作用。2012年,电力行业烟尘、SO_2、NO_x污染物排放分别占全国排放总量的23.27%、44.88%、64.40%,因此国家对火电厂大气污染物排放控制提出了更高的要求,相继实施了《火电厂大气污染物排放标准》(GB 13233—2011)及特别排放限值、《环境空气质量标准》(GB 3095—2012)、《大气污染防治行动计划》等极度严厉的环保法规标准,实现电力行业大气污染物的有效控制,推动技术进步。

电力工业在"十一五"大气污染物控制取得巨大成就,烟尘、二氧化硫控制达世界先进水平,在超额完成国家节能减排任务的基础上,面临世界上最严排放标准《火电厂大气污染物排放标准》(GB 13233—2011),进一步完善脱硝、除尘和脱硫相结合的综合集成技术,实现大气污染物的有效控制,以科技进步促进产业升级,持续深化绿色和谐发展,积极应对生态文明建设的国家需求。基于电力行业排放浓度与排放绩效的预测,受益于污染物末端治理技术的不断升级改进，参照情景中2012—2020年全国、京津冀、长三角地区的电力行业污染物排放下降速度明显快于PM2.5降速，污染物控制效果显著，实现了短时期内的污染物快速控制，但2020—2030年间，全国及京津冀、长三角重点区域的电力行业污染物排放降速明显低于PM2.5降速，尤其是全国、京津冀地区的SO_2、NO_x污染物降速仅达到PM2.5降速的一半左右（图4-11）。由此可见，通过末端治理控制污染物排放仅仅在短期内有效，但长时间来看并不是可持续的，需要从源头进行控制，减少煤炭消费量，大力发展清洁煤发电及可再生能源发电技术，促进节能减排技术升级与创新，实现电力行业绿色低碳发展。

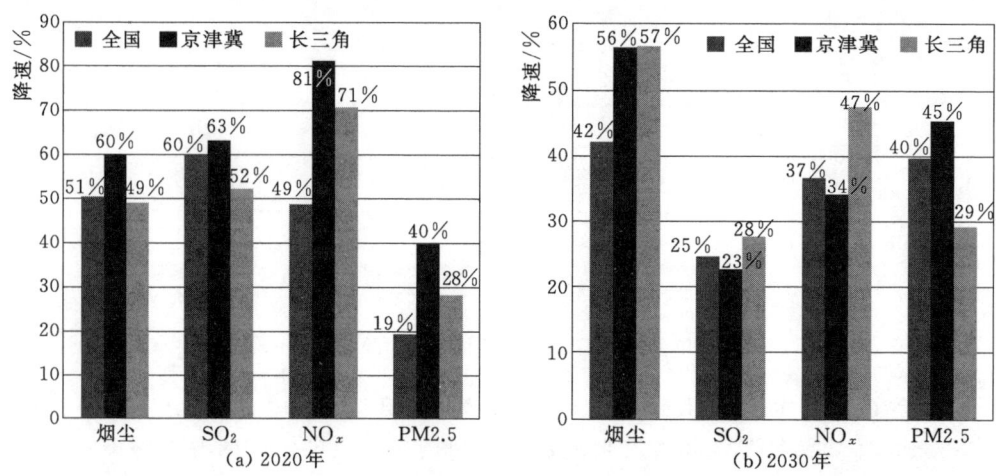

图4-11 2020年、2030年参照情景电力行业分区域污染物排放降速

四、电力行业二氧化碳排放预测

电力行业作为一次能源消费大户，是我国最大的二氧化碳排放者，其排放量占到了我国化石能源消费排放量的40%，电力行业的碳减排对我国2015年和2020年减排目标的实现具有特殊意义。2014年APEC峰会期间，中美双方共同发表了《中美气候变化联合声明》，宣布了各自2020年后的行动目标，美国计划于2025年实现在2005年基础上减排26%～28%的全经济范围减排目标，并将努力减排28%。中国计划2030年左右二氧化碳排放达到峰值且将努力早日达峰，具体见图4-12。

根据IEA统计，2010年我国煤炭生产1kWh电排放二氧化碳967g，天然气生产1kWh电排放二氧化碳518g，结合煤电与天然气发电量，2010年我国电力行业二氧化碳排放量约为31.59亿t，占全国二氧化碳总排放量的43.77%。综

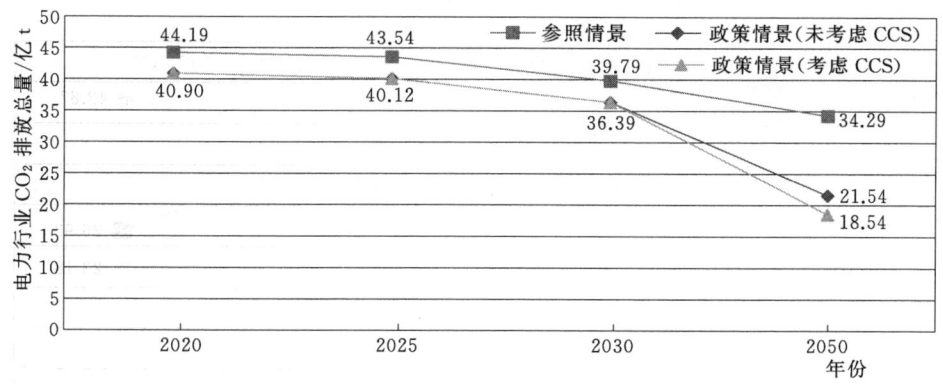

图 4-12 电力行业 CO_2 排放总量预测

合考虑未来节能减排技术以及火电供电煤耗的提高，科学合理预测 2020—2050 年煤炭和天然气生产 1kWh 电排放二氧化碳水平的变化趋势。电力规划参照情景，2020 年电力行业二氧化碳排放量 44.19 亿 t，2025 年排放量约为 43.54 亿 t，2030 年排放二氧化碳 39.79 亿 t，2050 年达 34.29 亿 t。政策情景中，受一系列更加严格的控煤措施的影响，煤电装机将在 2020—2030 年处于一个相对平稳、缓慢下降的平台期，2030—2050 年则会呈现较大幅度的缩减。2020 年电力行业二氧化碳排放量达 40.90 亿 t，2025 年二氧化碳排放量为 40.12 亿 t，2030 年二氧化碳排放量缓慢下降至 36.39 亿 t，2050 年二氧化碳排放量下降至 21.54 亿 t，考虑到 2050 年煤电及天然气发电机组 CCS 改造，大约可捕获与封存 3 亿 t 二氧化碳，因此 2050 年二氧化碳排放量仅为 18.54 亿 t。政策情景中，2020 年左右电力行业二氧化碳排放量达到峰值，与参照情景相比，饱和峰值降低了 3.29 亿 t，电力行业减排效果显著。

根据总课题组提供的煤控目标下 2020—2050 年全国二氧化碳排放总量预测值，参照情景中，2020 年电力行业二氧化碳排放量占全国排放总量的 44.15%，2025 年占比 43.50%，2030 年占比 39.75%，2050 年占比 42.87%，主要是由于 2030—2050 年煤电装机容量降速较慢，电力行业二氧化碳排放下降速度慢于全国二氧化碳排放降速，电力行业减排效果并不是很理想，如图 4-13 所示。

政策情景中，由于电力行业煤电装机有望在 2020 年达到峰值，且峰值下降了将近 7300 万 kW 装机容量，减排效果显著。电力行业碳排放占全国总排放量的比例在 2020 年达到 40.86%，2025 年比例缓慢下降至 40.08%，2030 年、2050 年的碳排放占比呈现持续平稳下降的趋势，2030—2050 年电力行业碳排放总量下降 40%，能够满足全国碳排放总量降低 20% 的要求，电力行业减排为全国二氧化碳减排做出巨大贡献。综合以上分析，电力行业煤炭消费总量控制可对全国空气质量达标以及节能减排工作都有着巨大贡献。

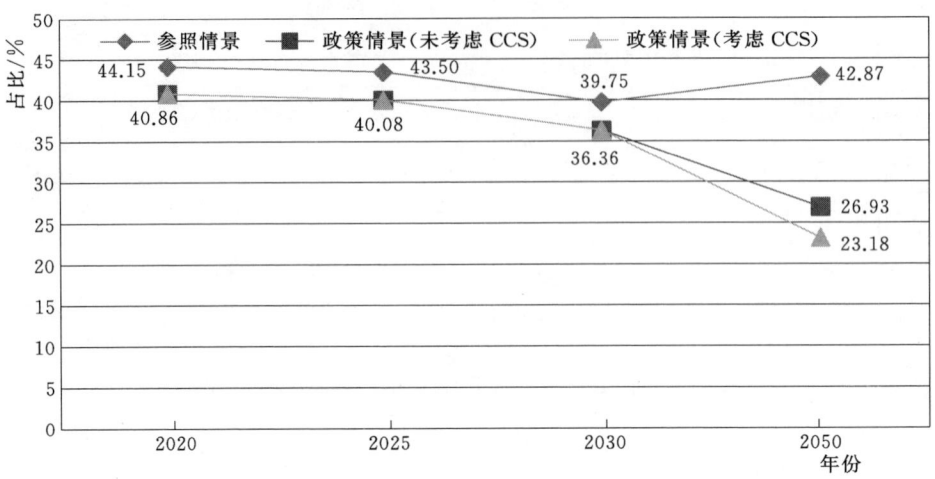

图 4-13 电力行业 CO_2 排放量占全国 CO_2 排放总量的比例

五、国内燃煤电厂节能减排先进经验

作为世界上最清洁、最有效率的燃煤发电厂，上海外高桥第三发电有限责任公司（"外三"）现在的实际运行性能，在全年平均负荷率为 75%～81% 的条件下，其实际全年平均供电煤耗（包括脱硫和脱硝）276gce/kWh。折算到额定负荷下的供电煤耗为 264gce/kWh。全年平均实际供电效率（包括脱硫和脱硝）为 44.5%，如果将全年平均实际供电效率折算至设计工况，则供电效率应为 46.5%。在排放浓度方面，粉尘排放为 11.63mg/m³，二氧化硫为 17.71mg/m³，氮氧化物为 27.25mg/m³。除烟尘排放外，"外三"的排放水平优于燃气电厂排放限值。其中，被认为对 PM2.5 贡献最大的氮氧化物排放水平，更是只有燃气排放标准的 1/3 左右。

第四节 煤电水耗预测

一、煤电基地的基本情况

依托煤炭基地资源优势，"十二五"期间将在蒙、新、晋、陕、甘、宁、黔等省（自治区）建设 16 个大型煤电基地，包括山西（晋东南、晋中、晋北）、陕北、彬长、宁东、准格尔、鄂尔多斯、锡林郭勒、呼伦贝尔、霍林河、宝清、哈密、准东、伊犁、淮南、陇东及贵州。煤电基地及其所在省份见表 4-21。

第四节 煤电水耗预测

表 4-21　　　　　各省（自治区）规划煤电基地

省（自治区）	煤电基地	省（自治区）	煤电基地
内蒙古	准格尔、鄂尔多斯、锡林郭勒、呼伦贝尔、霍林河	甘肃	陇东
黑龙江	宝清	新疆	准东、哈密、伊犁
宁夏	宁东	安徽	淮南
山西	晋东南、晋中、晋北	贵州	贵州
陕西	陕北、彬长		

注　中国科学院地理科学与资源研究所，陆地水循环与地表过程重点实验室. 噬水之煤（煤电基地开发与水资源研究）[M]. 北京：中国环境科学出版社，2012。

由于安徽、黑龙江和贵州3个省份自身的水资源相对而言比较丰富，而内蒙古、宁夏、山西、陕西、甘肃和新疆这6个省（自治区）的水资源矛盾更加激烈，因此本书主要对这6个省（自治区）进行研究。

二、煤电基地参照方案下的需水量预测

根据各大煤电基地的参照规划，对各大煤电基地的需水量进行初步预测。对于未找到2020年规划规模的煤电基地，以2015年的规划规模代替，而对于有2020年规划数字的煤电基地，则以实际规划为准。根据现有资料，水耗指标均取0.72m³/MWh，计算已有资料的各个煤电基地的电力需水量[95]，结果见表4-22。由于表4-22的数据是不完全统计的结果，则表4-22的计算结果可以作为主要煤电基地中期规划年2020年火电产业需水量的保守结果。本书还指出，甘肃全省在未来可能面临严重的用水困难，认为到2015年、2020年和2030年甘肃全省的缺水量分别约达1亿m³、3.8亿m³、7.8亿m³；宁夏煤电基地2020年总需水量达到6.84亿m³。按照供水工程二期供水能力（2.7亿m³）来计算，工业用水仍然缺少3.66亿m³，到2020年总缺水量达到4.14亿m³[95]。以此看来，煤电基地的水资源压力随着大规模火电机组的新建而逐渐增强。

表 4-22　　　　2020年煤电基地煤电规划及需水量预测

地　区	规划总装机/MW	水耗指标/(m³·MWh^{-1})	需水量/(10^6m³·a^{-1})	水资源总量/10^6m³	需水量占水资源总量的百分比/%
新疆哈密	7960	0.72	50.205	1696	2.96
黑龙江宝清	19800	0.72	124.883		
内蒙古准格尔	40560	0.72	255.820	368	69.52

续表

地 区	规划总装机/MW	水耗指标/(m³·MWh⁻¹)	需水量/(10⁶m³·a⁻¹)	水资源总量/10⁶m³	需水量占水资源总量的百分比/%
内蒙古呼伦贝尔	48960	0.72	308.801	31620	0.98
内蒙古霍林河	21730	0.72	137.055		
内蒙古锡林郭勒	75580	0.72	476.698	3177	15.00
宁夏宁东	60410	0.72	381.018	320	119.07
甘肃河西走廊	40380	0.72	254.685		
甘肃陇东	34100	0.72	215.076	1946	11.05
陕西陕北	62370	0.72	393.380	4536	8.67
山西晋北、晋中、晋东	125500	0.72	791.554	9460	8.37
总计	537350	0.72	3389.174		

数据来源：中国科学院地体科学与资源研究所陆地水循环与地表过程重点实验室．噬水之煤——煤电基地开发与水资源研究．

2013年中电联在《关于公示2012年度全国火电600MW级机组能效对标及竞赛数据的通知》中公布了2012年度全国火电60万kW级机组基础信息表以及竞赛得分统计表。通过分析整理所得数据，可以得到2012年度60万kW机组能效水平对标水耗情况，见表4-23。

表4-23　2012年度60万kW级机组能效水平对标水耗情况

分类条件	统计台数	占比/%	综合耗水率/(m³·MWh⁻¹)		
			最优值	前30%平均值	平均值
水冷机组其中闭式循环	128	39.26	0.23	1.27	1.83
开式循环	134	41.10	0.02	0.18	0.29
空冷机组	64	19.63	0.18	0.23	0.31

注　中国电力企业联合会．关于公示2012年度全国火电600MW级机组能效对标及竞赛数据的通知，2013. http://kjfw.cec.org.cn/kejifuwu/2013-04-07/99877.html。

根据中电联公布的数据，纳入2012年度60万kW机组能效对标统计的共有326台机组，其中约40%的机组采用闭式循环冷却水系统，40%的机组采用开式循环冷却水系统，20%的机组采用空冷系统。

同时，根据中电联公布的"2012年度全国火电60万kW级机组竞赛得分统计表"，可以得到不同冷却技术下各机组的供电煤耗情况，见表4-24。

第四节　煤电水耗预测

表4-24　2012年度60万kW机组能效水平对标供电煤耗情况

分类条件		统计台数	供电煤耗/(gce·kWh^{-1})		
			最优值	前30%平均值	平均值
水冷机组其中：闭式循环		128	285.00	296.41	307.80
	开式循环	134	275.85	290.28	303.89
空冷机组		64	306.90	320.86	331.18
合计		326			

资料来源：中国电力企业联合会.关于公示2012年度全国火电600MW级机组能效对标及竞赛数据的通知，2013. http://kjfw.cec.org.cn/kejifuwu/2013-04-07/99877.html。

从表4-24中可以看出，就平均值而言，空冷机组的供电煤耗最高，相比水冷机组要多大约25gce/kWh；而开式循环水冷机组的供电煤耗平均值最低。另外，不管是从最优值还是从先进（前30%）平均值来看，开式循环水冷机组的供电煤耗都是最低的。结合表4-23和表4-24不难看出，开式循环水冷机组不仅综合水耗率低，同时供电煤耗相对其他两类机组而言也处于领先水平。

另外，2012年度全国火电60万kW级机组基础信息表中的统计数据表明，山西、陕西、内蒙古自治区等这几个煤电基地所在行政区的火电机组中，有75%的机组采用空冷方式，近25%的机组采用闭式循环水冷系统，仅有两台开式循环水冷机组。因此，本书认为2020年、2030年、2050年，上述6个行政区的火电机组中维持有75%采用空冷系统，25%采用闭式循环水冷系统。在此基础上计算了上述六大煤电基地2012年的水耗情况，结果见表4-25。

表4-25　2012年主要煤电基地所在行政区的参照火电规划及耗水量情况

地区	火电规模/MW	冷却方式	水耗率/(m^3·MWh^{-1})	对应火电装机规模/MW	耗水量/(10^{6}m^3·a^{-1})	总耗水量/(10^{6}m^3·a^{-1})
新疆	22570	水冷—闭式	1.83	5640	90.414	136.389
		空冷	0.31	16930	45.975	
内蒙古	60190	水冷—闭式	1.83	15050	241.264	363.846
		空冷	0.31	45140	122.582	
宁夏	16400	水冷—闭式	1.83	4100	65.726	99.128
		空冷	0.31	12300	33.402	
甘肃	15510	水冷—闭式	1.83	3870	62.039	93.649
		空冷	0.31	11640	31.610	

续表

地区	火电规模/MW	冷却方式	水耗率/(m³·MWh⁻¹)	对应火电装机规模/MW	耗水量/(10⁶m³·a⁻¹)	总耗水量/(10⁶m³·a⁻¹)
陕西	22270	水冷—闭式	1.83	5570	89.292	134.642
		空冷	0.31	16700	45.351	
山西	50110	水冷—闭式	1.83	12530	200.866	302.918
		空冷	0.31	37580	102.052	
总计	187050			187050	1130.572	1130.572

由于水资源预测的复杂性以及气候的多变性，引入一项指标——火力发电耗水量占该地工业用水的比例，来考察煤电基地的水资源利用情况和水资源约束强度。结合国家统计局2012年的统计数据，得到六大煤电基地火力发电耗水量占该地区工业用水量的比例，如图4-14所示。结果显示，宁夏和山西两省的指数相对较高，几乎达到20%，其次是内蒙古，火电耗水量占15%左右，而六大煤电基地中仅甘肃省该指标是低于10%的。平均来看，2012年六大煤电基地其火电耗水量占工业耗水量这一指标为13.25%。本书认为现有的水耗强度对于煤电基地来说是可以承受的，但如果火力发电的耗水量再有较大增长，对当地水资源来说无疑是个严峻的挑战。

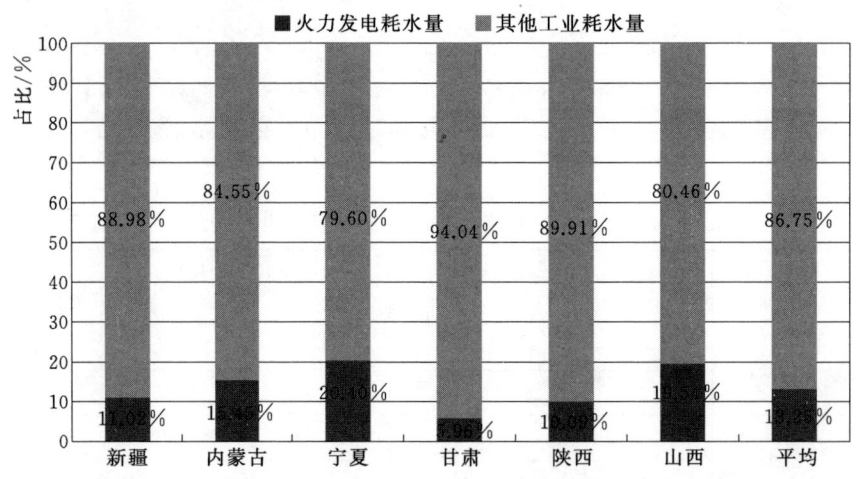

图4-14 六大煤电基地2012年火力发电耗水量占工业用水的比例

根据现有数据以及相应的假设，对2020年和2030年主要煤电基地所在行政区火电规划及耗水量进行了预测。计算耗水量时，2020年的水耗率采用的是表4-25中综合水耗率的平均值；考虑到技术改造和新机组的建设，2030年的综合水耗率采用的是表4-25中的先进（前30%）平均值。2020年、2030年的火电装机规划均采用参照情景的装机规模，2020年、2030年主要煤电基地所在行政区的火电规划及耗水量预测见表4-26和表4-27。

表4-26　2020年主要煤电基地所在行政区的参照火电规划及耗水量预测

地区	火电规模/MW	冷却方式	水耗率/(m³·MWh⁻¹)	对应火电装机规模/MW	耗水量/(10⁶m³·a⁻¹)	总耗水量/(10⁶m³·a⁻¹)
新疆	49600	水冷—闭式	1.83	12400	198.78	299.80
		空冷	0.31	37200	101.02	
内蒙古	92540	水冷—闭式	1.83	25510	408.95	590.97
		空冷	0.31	67030	182.03	
宁夏	23880	水冷—闭式	1.83	5970	95.70	144.34
		空冷	0.31	17910	48.64	
甘肃	25870	水冷—闭式	1.83	6520	104.52	157.07
		空冷	0.31	19350	52.55	
陕西	38800	水冷—闭式	1.83	9800	157.10	235.85
		空冷	0.31	29000	78.75	
山西	78000	水冷—闭式	1.83	19500	312.60	471.46
		空冷	0.31	58500	158.86	
总计	308690			308690	1899.50	1899.50

表4-27　2030年主要煤电基地所在行政区的参照火电规划及耗水量预测

地区	火电规模/MW	冷却方式	水耗率/(m³·MWh⁻¹)	对应火电装机规模/MW	耗水量/(10⁶m³·a⁻¹)	总耗水量/(10⁶m³·a⁻¹)
新疆	47600	水冷—闭式	1.27	18780	208.93	267.00
		空冷	0.23	28820	58.07	
内蒙古	80240	水冷—闭式	1.27	34120	379.59	472.51
		空冷	0.23	46120	92.92	
宁夏	22880	水冷—闭式	1.27	10780	119.93	144.31
		空冷	0.23	12100	24.38	
甘肃	24870	水冷—闭式	1.27	9260	103.02	134.47
		空冷	0.23	15610	31.45	
陕西	32800	水冷—闭式	1.27	15310	170.33	205.57
		空冷	0.23	17490	35.24	
山西	67130	水冷—闭式	1.27	16782.5	186.71	288.15
		空冷	0.23	50347.5	101.44	
总计	275520			275520	1512.01	1512.01

根据参照情景2020年和2030年的耗水量预测结果,倘若其他工业的用水量保持2012年的水平不变,那么参照情景2020年和2030年火力发电耗水量占整个工业用水量的比例如图4-15所示。随着装机容量的增长,2020年和2030年各大煤电基地的火电耗水量都有明显的增长。平均来看,2020年煤电基地火电耗水量占整个工业用水量的比例已经超过20%,具体来看,宁夏、山西两省的指标远超过指标平均值,宁夏、山西地区甚至超过25%;2030年该指标的平均数值约为17%,但宁夏煤电基地的指标甚至达到了27.17%,新疆、内蒙古和山西三大煤电基地的指标数值也均超过平均水平。煤电基地火电装机容量的大幅增加,在一定程度上增加了煤电基地水资源环境的压力。

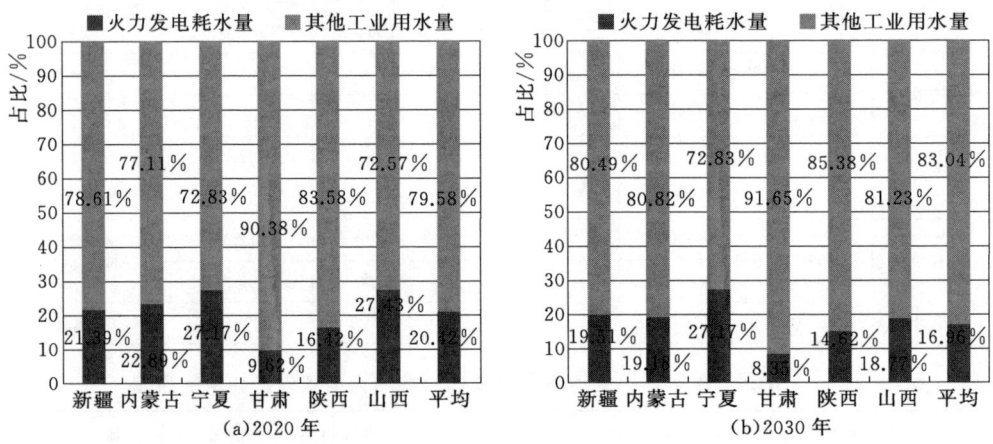

图4-15 参照情景2020年和2030年火力发电耗水量占整个工业用水量的比例

三、煤电基地政策方案下的需水量预测

根据同样的计算思路,对2020年以及2030年煤电基地的需水量进行了预测。倘若按照参照情景那样大规模地扩大各煤电基地火电装机规模,必然造成煤电基地水资源供给的压力,因此通过节能和能效,在满足社会电力需求的前提下,一定程度上控制了煤电基地火电规模大幅度增长。由于装机容量的减少,使得政策情景2020年、2030年六大煤电基地火电耗水量均有不同程度的减少以缓解水资源压力,结果如表4-28与表4-29所示。

针对水耗情景预测分析,参照情景中2020年主要煤电基地所在行政省区的耗水量为19亿t,政策情景对应的耗水量减少了2.07亿t;参照情景2030年耗水量为15.12亿t,政策情景中对应减少了4.84亿t。政策情景在很大程度上缓解了煤电基地的水资源压力。

表 4-28 2020 年主要煤电基地所在行政区火电政策规划及需水量预测

地区	火电规模/MW	冷却方式	水耗率/(m³·MWh⁻¹)	对应火电装机规模/MW	耗水量/(10⁶m³·a⁻¹)	总耗水量/(10⁶m³·a⁻¹)
新疆	40790	水冷—闭式	1.83	10200	163.51	246.58
		空冷	0.31	30590	83.07	
内蒙古	90430	水冷—闭式	1.83	22610	362.46	546.63
		空冷	0.31	67820	184.17	
宁夏	20780	水冷—闭式	1.83	5200	83.36	125.67
		空冷	0.31	15580	42.31	
甘肃	20360	水冷—闭式	1.83	5090	81.60	123.06
		空冷	0.31	15270	41.47	
陕西	32150	水冷—闭式	1.83	8040	128.89	194.36
		空冷	0.31	24110	65.47	
山西	75530	水冷—闭式	1.83	18880	302.66	456.50
		空冷	0.31	56650	153.84	
总计	280040			280040	1692.81	1692.81

表 4-29 2030 年主要煤电基地所在行政区火电政策规划及需水量预测

地区	火电规模/MW	冷却方式	水耗率/(m³·MWh⁻¹)	对应火电装机规模/MW	耗水量/(10⁶m³·a⁻¹)	总耗水量/(10⁶m³·a⁻¹)
新疆	40600	水冷—闭式	1.27	9590	106.69	169.17
		空冷	0.23	31010	62.48	
内蒙古	73060	水冷—闭式	1.27	18265	203.20	313.60
		空冷	0.23	54795	110.40	
宁夏	19550	水冷—闭式	1.27	4890	54.40	83.94
		空冷	0.23	14660	29.54	
甘肃	19150	水冷—闭式	1.27	4780	53.18	82.13
		空冷	0.23	14370	28.95	
陕西	30240	水冷—闭式	1.27	7560	84.11	129.80
		空冷	0.23	22680	45.70	
山西	58000	水冷—闭式	1.27	14500	161.32	248.96
		空冷	0.23	43500	87.64	
总计	240600			240600	1027.60	1027.60

第四章 中长期低碳电力规划情景方案研究

第五节 中长期电力投资测算及供电成本分析

一、情景说明

在进行电力投资测算及供电成本分析时设定3个情景假设：一是参照情景S1（高增长需求、延续现有政策），即在电力需求高速增长的情景下，假设煤价年均增长率1.5％，未考虑煤炭外部成本；二是政策情景S21（低增长需求、延续现有政策），即通过考虑节能潜力降低用电需求增长，煤价年均增长率1.5％，未考虑煤炭外部成本；三是政策情景S22（低增长需求、实施严格的控煤措施），即通过考虑节能潜力降低用电负荷，同时考虑煤炭外部成本来控制煤炭消费，煤价年均增速为1.0％。

二、电力投资测算

电力投资主要包括电源建设投资与电网建设投资。其中，针对大规模远距离输电的需求，电网建设投资单独核算了跨区输电线路投资。

1. 电源建设投资

根据不同类型电源的装机规模和单位投资成本，计算不同情景下2020—2050年不同类型电源建设投资成本，见表4-30。

表4-30　　　　不同类型电源不同时期新增建设投资总额　　　　单位：亿元

类型	S1			S2		
	2012—2020	2020—2030	2030—2050	2012—2020	2020—2030	2030—2050
水电	10053	9900	2400	10053	9900	4800
抽水蓄能	1587	4050	6750	1987	3600	6750
煤电	9574	0	0	7071	75	821
集中式气电	488	1850	108	488	1850	720
分布式气电	5000	4500	7760	5000	4500	10400
核电	7723	26260	12000	7723	17160	13200
风电	10394	18720	25200	13019	24840	36400
集中式PV	3293	4800	17500	3743	6000	19600
分布式PV	6000	12600	12000	6500	12150	24000
太阳能光热	800	4030	14400	1600	6500	24000
生物质能	442	420	1050	442	420	1400
合计	55353	87130	99168	57625	86995	142091

注　2030年煤电机组投资总额仅为CCS改造费用；2050年煤电机组投资总额包括CCS改造以及700℃ USC替代部分旧SC机组的更新费用。

2. 电网建设投资

电力行业电源投资与电网投资的经验关系是1∶1。未来有两种力量对这一经验关系产生影响：一是核电、可再生能源占电源投资比例的增加会显著提升电源单位千瓦投资成本；二是智能电网（包括远距离跨区输电工程）大幅投入则会显著增加电网投资规模。本书假定2020—2050年电源投资与电网投资比例关系仍保持在1∶1的经验关系上，2020—2050年电网投资与跨区输电线路投资见表4-31。

表4-31　　　2020—2050年电网投资与跨区输电线路投资　　　单位：亿元

年　份	S1			S2		
	2020	2030	2050	2020	2030	2050
电网投资	55353	87130	99168	57625	86995	142091
其中：跨区电网投资	3714	3446	3488	4328	4371	4800

综合考虑我国电力负荷及电源布局，未来我国将形成大规模的西部、北部电源基地向中东部负荷中心送电的电力流格局。其中，西南水电、西部和北部煤电及风电通过跨区电网送入华北、华中、华东及南方电网负荷中心地区；同时，周边发电资源丰富的俄罗斯、蒙古、中亚、东南亚等国家和地区也具有就近向我国负荷中心地区送电的能力。

预计到2020年，我国主要跨区电力流向包括：呼盟煤电送电东北、华北京津冀鲁地区；锡盟煤电送电京津冀鲁和华东地区；山西、蒙西、陕西、宁夏煤电送电华北、华中、华东地区；新疆煤电送电华中地区；四川和金沙江水电送电华中、华东和南方地区；云南水电送电广东、广西地区；俄罗斯、蒙古跨国电力送电东北、华北地区；缅甸水电送电南方地区。2020年，我国跨区、跨国电网输送容量将占全国电力总负荷的25%～30%。

2030年前后，跨区电力流规模将在2020年的基本格局基础上进一步加大，主要是西藏水电以及新疆煤电基地的外送规模增加。西部、北部基地向华北、华东、华中负荷中心的送电规模有所加大。四川、云南水电开发规模继续增大，但主要留给当地使用，外送规模与2020年基本持平。湄公河次区域水电开发和向南方电网送电规模继续增长。俄罗斯电力继续加大向我国东北地区的送电规模。届时跨国、跨区电网输送容量占全国电力总负荷的30%以上。

2030—2050年期间，随着太阳能光热发电及储能技术等的逐步成熟应用，西部、北部能源基地的风电、太阳能发电装机有可能大规模增长，并成为煤电、水电基地外送的接续电力，全国跨区电力流规模有进一步增大的潜力。

第四章 中长期低碳电力规划情景方案研究

我国电力流发展格局对我国电网输电能力提出了更高的要求,迫切要求提高电网跨区域电力输送能力,实现更大规模、更大范围的资源优化配置。

三、到网发电成本

本节分析的到网发电成本,对于电力输出省区,即本地按电量加权的平均LCOE加上因可再生能源产生的额外接入成本;对于电力输入省区,是本地区按电量加权的平均LCOE、可再生电网接入成本和跨区输电成本三项之和。需特别注意,本处的概念是"到网发电成本",不是通常的"上网电价",也不是到终端用户侧的"供电成本"。

1. 电源发电成本

根据2020—2050年不同类型电源的装机规模、投资、运行维护等参数的预测,计算不同类型电源在不同发展阶段的LCOE成本。

而针对煤电机组,根据2013年各省煤炭价格,基于3种情景假设的煤价增速与煤炭外部成本参数(根据《2012煤炭真实成本》[97]的估计,吨煤产生的环境和健康影响为260元,其中煤炭消费的外部损害成本为166元/t煤,结合实际,考虑到逐步将煤炭外部成本内部化的进程,设定2020年、2030年、2050年考虑煤炭的外部成本分别为50元/t、100元/t、166元/t),计算2020—2050年的煤炭价格,综合考虑不同燃煤机组容量对应的单位投资成本、供电煤耗、厂用电率等参数,运用LCOE模型计算各省不同燃煤技术对应的LCOE电价,并根据火电不同机组容量装机结构,采用加权的方式计算2020—2050年各省煤电平均LCOE,具体见表4-32、表4-33。

表4-32　　　　2020—2050年不同类型电源的LCOE　　　　单位:元/kWh

电源	年份	LCOE	电源	年份	LCOE
水电	2020	0.35	核电	2020	0.6
	2030	0.35		2030	0.55
	2050	0.35		2050	0.5
抽水蓄能	2020	0.32	风电	2020	0.5
	2030	0.32		2030	0.45
	2050	0.32		2050	0.4
火电	2020	见表4-36	集中式PV	2020	0.90
	2030			2030	0.80
	2050			2050	0.60

续表

电源	年份	LCOE	电源	年份	LCOE
集中式气电	2020	0.65	分布式PV	2020	1.00
	2030	0.6		2030	0.80
	2050	0.55		2050	0.60
分布式气电	2020	0.9	生物质能	2020	0.75
	2030	0.7		2030	0.70
	2050	0.5		2050	0.60

表4-33　　　　2020—2050年不同省区的煤电LCOE　　　单位：元/kWh

区域	省份	S1			S21			S22		
		2020	2030	2050	2020	2030	2050	2020	2030	2050
华北电网	北京	0.42	0.46	0.55	0.40	0.41	0.47	0.42	0.45	0.54
	天津	0.42	0.46	0.55	0.40	0.41	0.47	0.42	0.45	0.54
	河北	0.43	0.47	0.57	0.41	0.42	0.48	0.43	0.46	0.56
	山东	0.46	0.50	0.61	0.44	0.45	0.52	0.46	0.50	0.59
	山西	0.39	0.42	0.51	0.37	0.38	0.43	0.40	0.42	0.51
	内蒙古	0.34	0.36	0.42	0.32	0.32	0.36	0.34	0.36	0.44
华东电网	上海	0.49	0.53	0.65	0.46	0.47	0.55	0.49	0.52	0.63
	浙江	0.50	0.54	0.67	0.47	0.50	0.57	0.50	0.53	0.59
	江苏	0.45	0.49	0.60	0.43	0.44	0.51	0.45	0.48	0.62
	安徽	0.45	0.49	0.60	0.43	0.44	0.51	0.45	0.48	0.62
	福建	0.45	0.49	0.60	0.43	0.44	0.51	0.45	0.48	0.62
华中电网	湖北	0.49	0.53	0.65	0.46	0.47	0.55	0.49	0.52	0.63
	河南	0.45	0.49	0.59	0.43	0.43	0.51	0.45	0.48	0.62
	湖南	0.52	0.57	0.70	0.49	0.51	0.59	0.51	0.55	0.67
	江西	0.49	0.53	0.65	0.46	0.47	0.55	0.49	0.52	0.63
	四川	0.49	0.53	0.65	0.46	0.47	0.55	0.49	0.52	0.63
	重庆	0.46	0.50	0.61	0.44	0.45	0.52	0.46	0.50	0.59
东北电网	辽宁	0.43	0.47	0.57	0.41	0.42	0.48	0.43	0.46	0.56
	吉林	0.42	0.46	0.55	0.40	0.41	0.47	0.42	0.45	0.54
	黑龙江	0.42	0.46	0.55	0.40	0.41	0.47	0.42	0.45	0.54

续表

区域	省份	S1			S21			S22		
		2020	2030	2050	2020	2030	2050	2020	2030	2050
西北电网	陕西	0.42	0.46	0.55	0.40	0.41	0.47	0.42	0.45	0.54
	甘肃	0.37	0.40	0.48	0.35	0.36	0.40	0.38	0.40	0.48
	青海	0.38	0.41	0.49	0.36	0.37	0.42	0.39	0.41	0.49
	宁夏	0.30	0.31	0.37	0.29	0.28	0.32	0.31	0.33	0.39
	新疆	0.29	0.30	0.35	0.28	0.27	0.30	0.30	0.32	0.38
南方电网	广东	0.52	0.57	0.70	0.49	0.51	0.59	0.51	0.55	0.67
	广西	0.49	0.53	0.65	0.46	0.47	0.55	0.49	0.52	0.63
	云南	0.40	0.43	0.52	0.38	0.39	0.44	0.40	0.43	0.52
	贵州	0.41	0.44	0.53	0.39	0.39	0.45	0.41	0.44	0.53
	海南	0.50	0.54	0.67	0.47	0.50	0.63	0.50	0.53	0.59

2. 输电成本

由于难以获取准确的输电工程运行维护成本参数，跨区输电工程的输电成本按一度电每百公里7厘钱的经验参数估算。根据输电距离与输电电量，计算2020年、2030年、2050年跨区输电成本见表4-34。

表4-34　　　　　　　2020—2050年跨区输电成本　　　　　　单位：亿元

年　份	S1			S2		
	2020	2030	2050	2020	2030	2050
跨区输电成本	5054	7445	7377	5459	10790	12231

3. 新能源接入成本

假设2020年电网可接入分布式气电、风电、太阳能发电分别达到20%、10%、10%，接入成本分别是0.2元/kWh、0.2元/kWh、0.3元/kWh，则新能源接入成本总计达到233.6亿元。

假设2030年电网可接入分布式气电、风电、太阳能发电分别达到30%、20%、20%，接入费用分别为0.2元/kWh、0.2元/kWh、0.3元/kWh，则新能源接入成本总计达到784亿元，具体见表4-35。

假设2050年电网可接入分布式气电、风电、太阳能发电分别达到50%、30%、30%，接入费用分别是0.1元/kWh、0.1元/kWh、0.2元/kWh，则新能源接入成本总计达到661亿元。

第五节 中长期电力投资测算及供电成本分析

表 4-35   分布式电源接入比例及接入电价

类 型		2020	2030	2050
接入比例 /%	气电	20	30	50
	风电	10	20	30
	太阳能	10	20	30
接入费用 /(元·kWh^{-1})	气电	0.2	0.2	0.1
	风电	0.2	0.2	0.1
	太阳能	0.3	0.3	0.2

4. 全国到网发电成本分析

全国到网发电成本主要包括三部分，即发电成本、跨区输电成本与新能源接入成本。其中发电成本占到网发电总成本的比例均超过 80%，3 个情景下跨区输电成本大致为 0.06～0.11 元/kWh，其占到网发电总成本的比例在 2030 年达到最高值，分别为 13%、19%、18%（表 4-36）。新能源接入成本比例较小，不超过 1%。S22 与 S1 相比，2020 年全国到网发电平均成本升高了 0.03 元/kWh，2030 年升高了 0.05 元/kWh，2050 年升高了 0.04 元/kWh，主要是煤电外部成本内部化的影响。

表 4-36   2020—2050 年全国到网发电成本   单位：元/kWh

类 型	S1			S21			S22		
	2020	2030	2050	2020	2030	2050	2020	2030	2050
发电成本	0.45	0.48	0.49	0.45	0.47	0.47	0.46	0.49	0.48
跨区输电成本	0.06	0.07	0.06	0.07	0.11	0.1	0.07	0.11	0.1
新能源接入成本	0.003	0.004	0.003	0.004	0.006	0.004	0.004	0.006	0.004
到网发电成本	0.51	0.56	0.55	0.52	0.59	0.57	0.54	0.61	0.59

5. 到网总成本的比较

在对全国到网发电成本进行分析之后，还进一步结合发电量这一指标对参照情景（S1）以及政策情景（S22）总的到网成本进行了比较分析，如图 4-16 所示。

分析结果表明，为了达到预期的低碳目标，需要进行额外的投资，并且这部分额外投资是呈现扩大的趋势，具体来说，2020 年政策情景比参照情景的到网总成本要高出约 618 亿元，也就是说，为了达到预期的低碳目标，2020 年政策情景比参照情景要多投资 618 亿元；2030 年，为了达到预期的低碳目标需要追加的投资额扩大到 1916 亿元；2050 年这部分追加的投资额回落，降至 760 亿元。

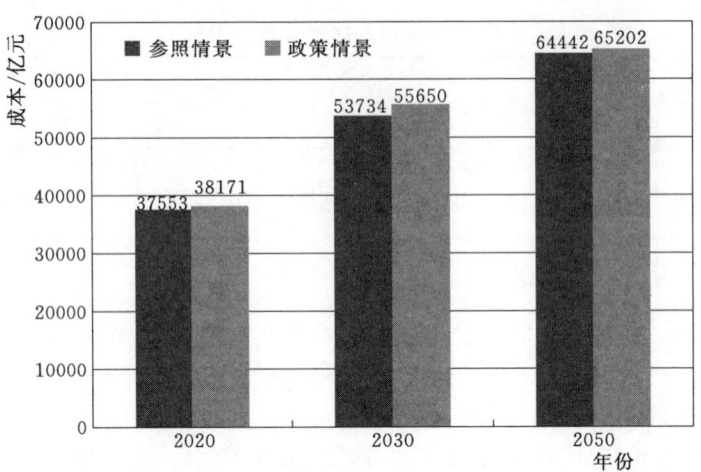

图 4-16 2020—2050 年参照情景与政策情景到网总成本比较

四、燃煤机组污染物控制投资

对燃煤机组污染物控制投资部分的测算，主要是对燃煤机组脱硝改造部分的投资估算。根据 2010 年典型电厂燃煤机组脱硝改造投资数据，综合考虑不同情景下的火电厂大气污染排放限值，计算燃煤发电技术排放因子和单位脱硝投资及改造费用，核算不同情境下的燃煤机组脱硝改造投资，见表 4-37。

表 4-37　　　　2020—2030 年燃煤发电脱硝投资费用　　　　单位：亿元

年　　份	S1	S2
2020	2900	3200
2030	3540	2500

第六节　控煤的综合效益分析

1. 新增煤电建设投资分析

在电力规划参照情景下，2020 年间新增煤电机组的建设投资总成本为 9574 亿元，由于 2020 年煤电机组装机达到峰值，2030 年煤电机组不再新增装机，新增机组建设投资成本为 0。在电力规划政策情景下，2020 年煤电新增机组建设投资为 7071 亿元，政策情景比参照情景新增煤电装机投资成本减少 2503 亿元，2030 年、2050 年无新增装机建设投资，但考虑到 2030 年之后大气污染物排放量大幅减少，完全满足环境污染物约束，空气质量达标，国家应将环境保护的重点转移至温室气体减排，部分煤电机组开始 CCS 示范，CCS 示范改造费用达

第六节 控煤的综合效益分析

75亿元，2050年考虑到CCS技术以及700℃USC技术的大规模商业化应用，煤电机组CCS改造以及700℃USC更新投资达821亿元。因此，相对参照情景而言，政策情景大幅减少了煤电装机容量和新建煤电投资成本。

2. 煤电燃料成本分析

从煤炭消费总量来看，2020年、2030年、2050年政策情景比参照情景的发电用煤总量分别节省了0.76亿t标准煤、1.29亿t标准煤、4.42亿t标准煤；从煤炭价格来看，参照情景按照现有的煤炭消费趋势看，煤炭价格年均增长率为1.5%，政策情景则采用多项措施进行更严格的节煤控煤，煤炭价格年均增长率为1.0%，2020年、2030年、2050年政策情景比参照情景的煤炭价格分别下降了15元/t标准煤、50元/t标准煤、149元/t标准煤。政策情景中，不仅大幅提高了控煤量，煤电燃料成本比参照情景分别减少了910亿元、1997亿元、6870亿元，而随着煤炭价格的不断攀升，控制煤炭消费总量带来的燃料成本经济效益也将越来越显著。

3. 控煤的协同效益分析

煤电的外部成本主要是指煤炭生产及消费产生的环境及健康损害成本。与体现供需关系的经济成本不同，煤炭利用导致的大部分环境和健康成本并没有体现在目前的定价机制中，成为隐藏在价格身后的真实成本。根据煤炭协同效益工作组研究发现，按目前中国煤炭生产、运输和消费的技术及末端治理情况估计，1t煤产生的环境和健康影响为260元，其中煤炭生产的外部损害成本为66.3元/t煤，约占25%；煤炭运输的外部损害成本为27.8元/t煤，约占11%；煤炭消费的外部损害成本为166元/t煤，约占64%。基于煤炭外部成本量化分析，2020年、2030年、2050年政策情景比参照情景的煤电外部成本分别减少126亿元、214亿元、733亿元，因此煤炭消费总量控制可以有效降低煤炭对环境以及人体健康的损害。

4. 战略性新兴产业发展

政策情景通过大力推进节能技术提升需求侧能效，大幅提升可再生能源发电比例，优化调整电力结构，带动和促进战略性新兴产业发展。其中，可再生能源发电装机容量的大幅增加，到2050年政策情景比参照情景的可再生能源发电新增投资高达3.53万亿元，利用新能源和可再生能源的资源优势和市场发展潜力，将带动一系列战略性新兴产业整体发展。

5. 控煤综合效益分析

综合上述分析，由于可再生能源发电的大规模发展，2020年、2030年、2050年政策情景比参照情景的到网总成本分别增加了618亿元、1916亿元、760亿元（图4-17），但考虑到控煤后煤电新增投资成本、燃料成本、外部成本

的下降,以及战略性新兴产业发展带动的产业、行业投资与就业机会,控煤的经济效益与环境效益要明显高于供电总成本,控煤的综合效益突出。因此,电力行业通过不断优化电源结构,大力推动技术进步,积极探索体制创新,不仅可以有效地控制煤炭消费总量,还可以保护生态环境,促进电力行业低碳可持续发展。

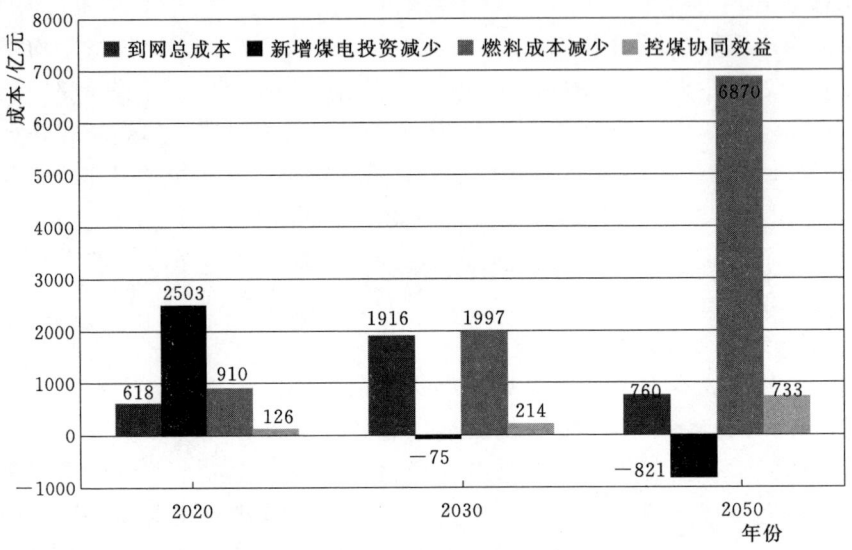

图 4-17　控煤综合效益

第五章 电力行业煤炭消费总量控制方案研究

第一节 情景预测结果

电力规划参照情景，在电力需求正常增长并保持现有政策措施不变的情况下，2020年全国发电耗煤14.10亿t标准煤，2030年耗煤12.00亿t标准煤，2050年耗煤9.62亿t标准煤，2020年左右发电煤炭消费总量达到峰值。而政策情景中，基于能效优化后的电力需求与政策工具，采取一系列控煤措施对电力规划进行优化，2020年发电耗煤13.34亿t标准煤，2030年耗煤10.71亿t标准煤，2050年耗煤5.20亿t标准煤；电力行业煤炭消费总量预计在2020年达到峰值，饱和峰值降低了0.76亿t标准煤。2020年、2030年、2050年政策情景比参照情景的发电用煤总量分别节省了0.76亿t标准煤、1.29亿t标准煤、4.42亿t标准煤。

第二节 大力推广节能技术

通过综合分析节能灯、节能电机、节能变压器、变频调速器、高效家电、地源热泵等不同节能技术发展趋势，基于能效管理进行电力节能潜力评估与负荷曲线优化潜力评估，从需求侧大幅降低用电负荷需求，达到控制煤炭消费总量的目的。因此，政策情景与参照情景相比，2020年、2030年、2050年用电需求总量累积下降了1000亿kWh、6000亿kWh、7200亿kWh，节能效果显著。通过提升需求侧能效，有效控制煤炭消费总量的增长，2020年、2030年、2050年分别节煤0.40亿t标准煤、0.55亿t标准煤、0.32亿t标准煤。

第三节 提高非化石能源发电比例

2014年全国非化石能源装机44655万kW，占总装机容量的32.59%，发电

量 13771 亿 kWh，占总发电量的 24.57%。参照情景中，2020 年预计全社会用电量将达到 7.32 万亿 kWh，电力装机容量达到 18.90 亿 kW，其中非化石能源发电装机将达到 7.87 亿 kW，占总装机容量的 41.65%，非化石能源发电量约 2.21 万亿 kWh，占总发电量的 30.16%；2030 年预计全社会用电量将达到 9.63 亿 kWh，电力装机容量达到 27.53 亿 kW，其中非化石能源发电装机容量 16.46 亿 kW，占总装机容量的 59.79%，非化石能源发电量 4.74 万亿 kWh，占总发电量的 49.26%；2050 年预计全社会用电量将达到 11.76 亿 kWh，电力装机容量达到 39.33 亿 kW，其中非化石能源发电装机容量 28.55 亿 kW，占总装机容量的 72.59%，非化石能源发电量 7.24 万亿 kWh，占总发电量的 61.55%。

政策情景中，持续提高非化石能源发电比例，优化电源结构，积极有序发展水电，安全高效发展核电，加快发展风能、太阳能、生物质能等可再生能源。预计到 2020 年，非化石能源发电量比例将达到 32.03%。到 2030 年，非化石能源发电量的比例将达到 49.82%。到 2050 年，非化石能源发电量的比例将达到 72.24%。

因此，通过提升非化石能源发电比例，优化调整电力结构，政策情景相比参照情景，2020 年、2030 年、2050 年的全国发电耗煤量分别降低了 0.12 亿 t 标准煤、0.52 亿 t 标准煤、3.92 亿 t 标准煤，煤炭消费量减少显著，见图 5-1。

2014 年 11 月 12 日中美两国共同发布《中美气候变化联合声明》，中国计划 2030 年非化石能源占一次能源消费比例提高到 20% 左右。11 月 19 日国务院办公厅正式发布《能源发展战略行动计划（2014—2020 年）》，提出要大力发展可再生能源，按照"输出与就地消纳利用并重、集中式与分布式发展并举"的原则，加快发展可再生能源。到 2020 年，非化石能源占一次能源消费比例达到 15%。

由于发电是各类能源主要的生产转化方式，综合考虑电力行业参照情景与政策情景的非化石能源发电量及其对应的标准煤量，根据总课题组提供的全国煤控目标，研究分析电力行业不同情景下非化石能源占一次能源消费总量的比例。结果表明，2020 年电力行业参照情景非化石能源占一次能源消费比例为 13.87%，与国家非化石能源消费比例 15% 的目标还有一定的差距，政策情景非化石能源占比 14.77%，考虑到地热能等其他类型非化石能源，15% 的非化石能源目标基本能够完成。2030 年参照情景的非化石能源占一次能源比例为 24.76%，政策情景的非化石能源占比为 24.76%，均超过国家计划实现目标。2050 年这一比例持续上升，参照情景占比达 32.04%，政策情景比参照情景提高 8.9%，达到 40.89%。其中，核能占非化石能源生产的比例达 24.97%，水能占到 23.54%，非水可再生能源占比 51.49%，如图 5-2 所示。

第三节　提高非化石能源发电比例

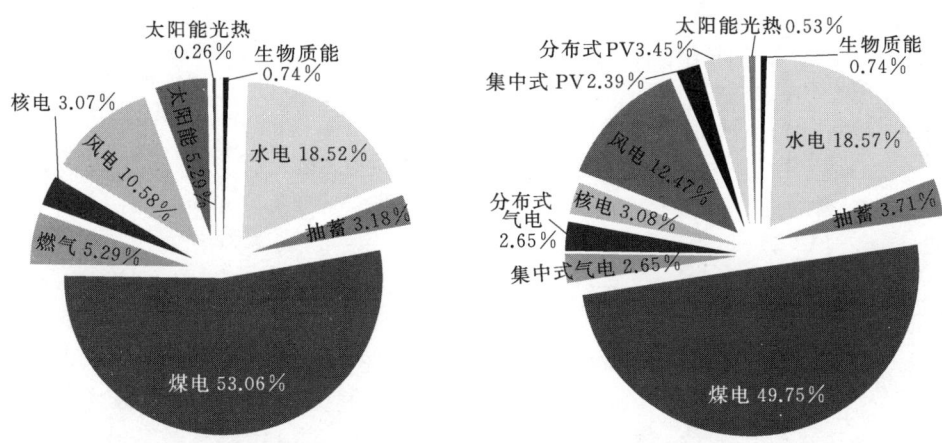

(a) 2020 年参照情景(左)和政策情景(右)装机容量比例

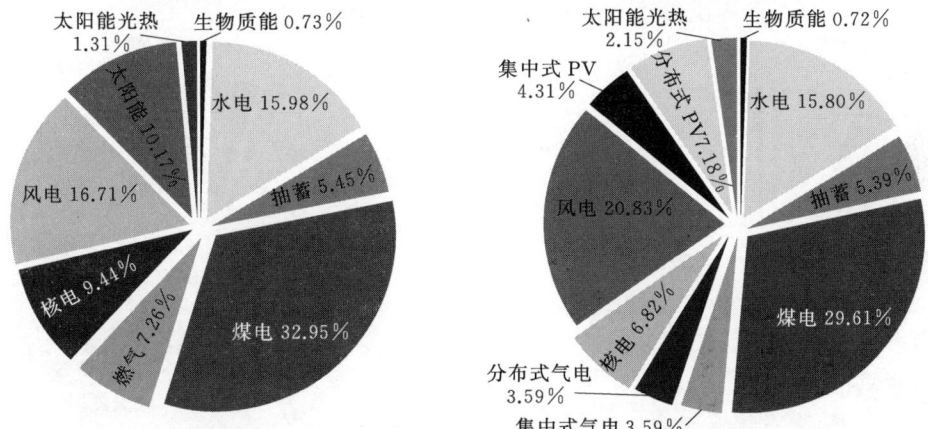

(b) 2030 年参照情景(左)和政策情景(右)装机容量比例

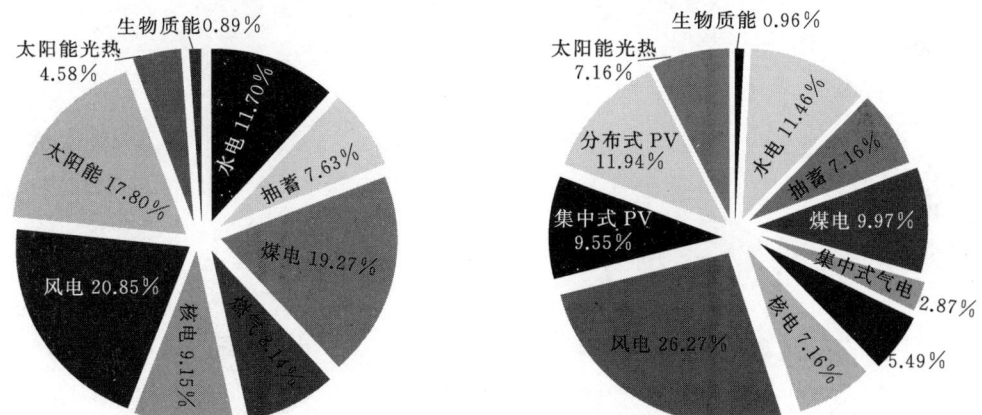

(c) 2050 年参照情景(左)和政策情景(右)装机容量比例

图 5-1 (一)　2020—2050 年参照情景与政策情景发电装机及发电量对比

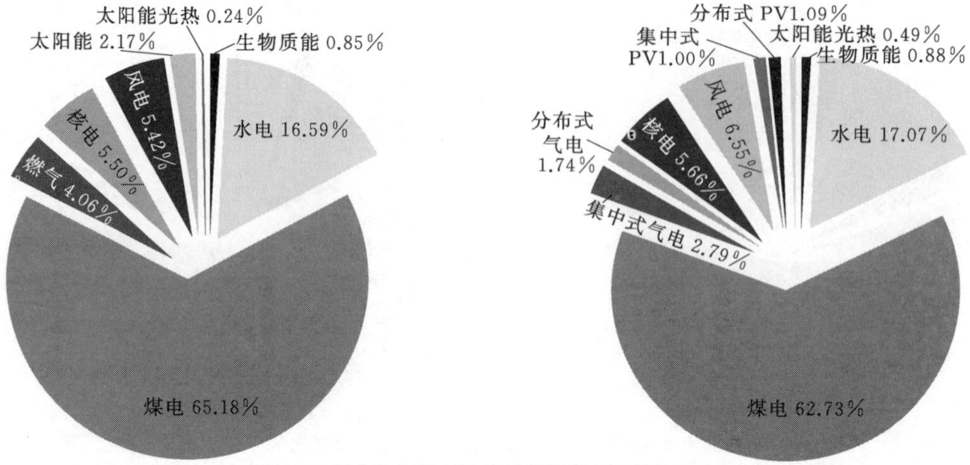

第五章 电力行业煤炭消费总量控制方案研究

(d) 2020 年参照情景（左）和政策情景（右）发电量比例

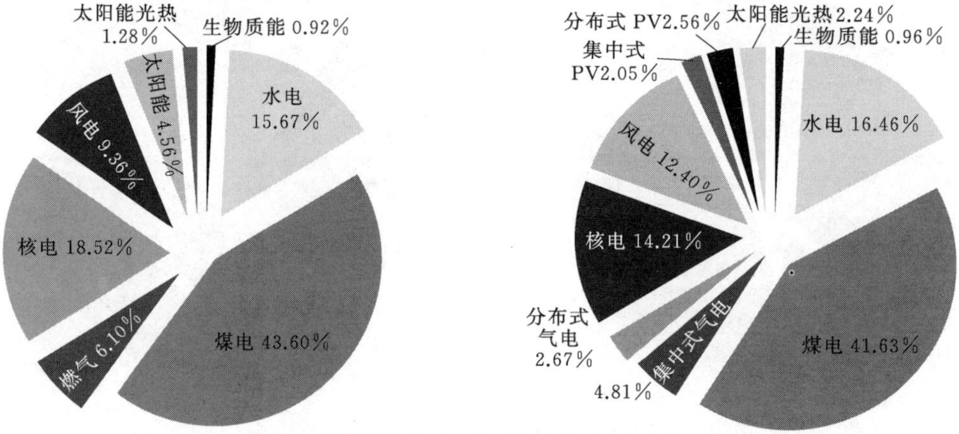

(e) 2030 年参照情景（左）和政策情景（右）发电量比例

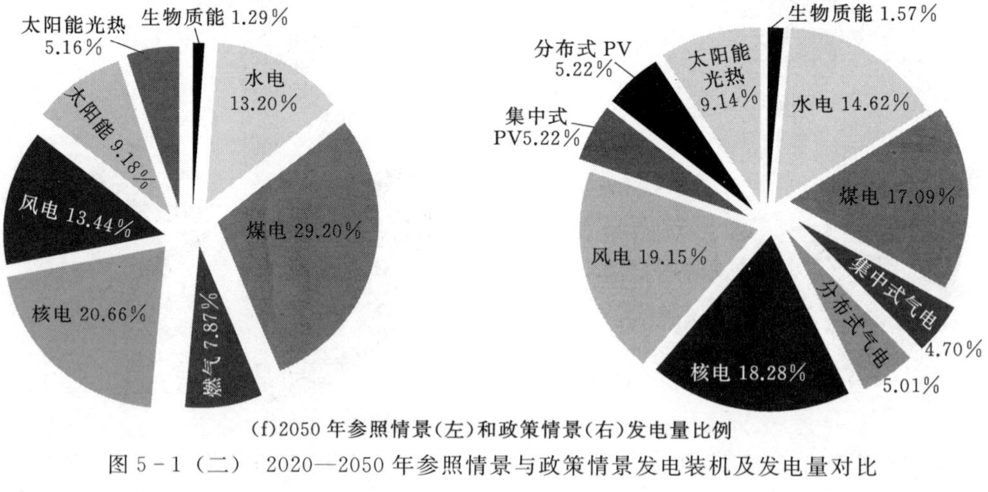

(f) 2050 年参照情景（左）和政策情景（右）发电量比例

图 5-1（二） 2020—2050 年参照情景与政策情景发电装机及发电量对比

第四节 优化火力发电结构与布局

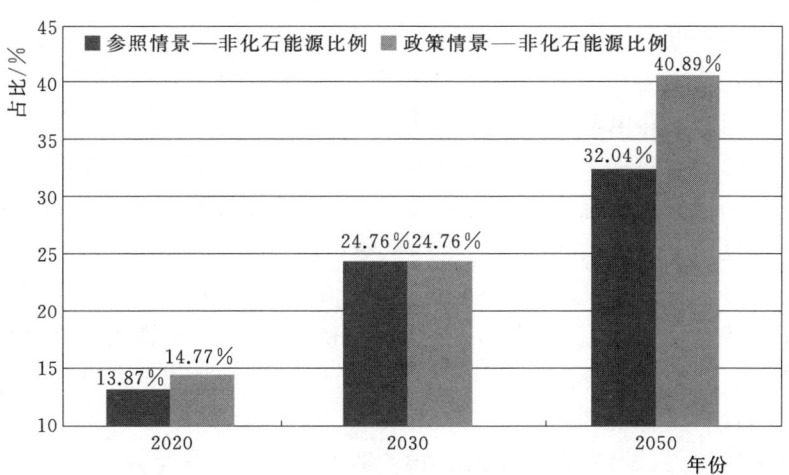

图 5-2 2020—2050 年电力行业非化石能源占一次能源消费比例

综上分析，电力行业提高可再生能源发电比例对国家实现非化石能源占一次能源消费比例目标做出了积极贡献，起到了至关重要的推动作用。但考虑到 2030 年电力行业参照情景的污染物排放降速不满足全国空气质量改善的要求，由此可见国家规定的 2030 年非化石能源占一次能源消费比例的目标并不能促进实现污染物排放、二氧化碳排放的目标。

第四节 优化火力发电结构与布局

我国煤炭资源相对丰富，电源结构以煤电为主的格局将在相当长一段时间不会改变，因此需要特别重视煤电绿色发展。

1. 继续推进"上大压小"工程，以合理的速度淘汰落后机组

电力行业在"十一五"时期关停小火电机组 7683 万 kW，超额 53.6% 完成国务院确定的"十一五"关停 5000 万 kW 的任务，为实现"十一五"时期全国节能减排目标发挥了重要作用。截至 2012 年年底，全国统计范围内的 20 万 kW 以下火电机组仍有 1.44 亿 kW，其中，10 万 kW 以下火电机组约 0.81 亿 kW。根据国务院印发的《节能减排"十二五"规划》，"十二五"期间，将重点淘汰小火电 2000 万 kW。由于目前火电投资放缓，火电装机容量和增速呈快速下降趋势，因此关停小火电机组的速度应适宜，可在增加一部分热电联产、燃气电站的基础上以合适的速度关停小火电机组。

2. 积极发展热电联产

热电联产可以减少汽轮机冷端热损失，是火力发电机组提高能源利用效率的最有效途径。

(1) 大型发电机组兼顾供热。随着火力发电技术的进步，火电机组的初参数越来越高，单机容量越来越大。热电联产与热电分产相比具有显著的节能、环保效益，因此，热电联产机组的大型化是国际上的发展趋势，在规划建设大型发电机组的同时，如果具备对外供热的条件，应尽可能兼顾发电与供热，其目的是充分利用电源资源，实现热电联产，以最大限度提高能源综合利用效率。

(2) 现役纯凝机组供热改造。空冷供热改造技术，对于有供热的空冷机组，通过增设空冷汽轮机排气管旁路供热系统，在供热期利用空冷机组可以高背压运行的技术特点，实现直接供热，利用低压缸排汽直接加热热网循环水（增加排汽换热器、旁路掉空冷系统），实现了蒸汽热量的大部和全部利用，变蒸汽废热为供热热量，汽轮机的冷源损失大幅减少。热网高背压改造后一方面大幅增加了机组供热能力，另一方面大幅降低了供热期的发电煤耗。

随着节能减排力度的加大，单机容量在 20 万 kW 以下的纯凝机组都将要被关停，将其改造为供热机组是解决我国部分城市和工业园区热力需求的一种简捷途径，对节能减排也有显著效果。

(3) 利用热电厂供热介质实现区域制冷。目前我国绝大部分抽凝供热机组承担的热负荷为采暖热负荷，在采暖期间，因为热电联产，使得机组的热效率很高。而在非采暖期间，城市采暖热网是停运的，供热机组采用纯凝方式运行，机组的热效率明显下降。另外，在我国冬冷夏热地区城市的建筑物空调系统几乎全部采用电空调，全产业链的能源利用效率低；同时，大量使用空调系统的地区，夏季电力负荷为全年电力负荷的高峰期，为了满足空调系统的用电需求，电力系统的容量必须提高，社会资本投入加大，但由于空调系统用电周期较短，造成电力系统设备利用率降低。利用热电厂的供热介质在夏季驱动吸收式制冷机进行热制冷替代电空调制冷，可提高燃煤电厂的热效率，降低机组的发电煤耗，减少污染物排放和温室气体排放；同时，可削减电网的夏季尖峰电负荷，减少电网投资，具有能源利用效率高、节约一次能源、节约社会投资等突出优点。

3. 积极优化火电机组结构与布局使火电机组向清洁方向发展

为控制燃煤消耗，燃煤电厂的布局和结构都要进行优化调整，统筹考虑规模、质量和效益，重点加快在沿海地区、煤电基地、输煤输电通道进行战略性布局，整体提升沿海火电的技术水平，发展清洁高效大型煤电项目。在内地则要大力扩展西部煤电基地项目，加强煤炭运输通道、特高压外送电项目的建设，积极建设大容量、高参数、高效率、环保型煤电机组。发展超（超）临界、IGCC、循环流化床等高效火电机组，不断提高高参数、高效率、低消耗的火电机组比例。因此，未来 60 万 kW 及以上机组容量等级占火电容量比例会逐渐提高，30万 kW 及以下机组会逐步淘汰或是改造为热电联产。

参照情景中，2020 年 20 万 kW 以下机组部分纯凝机组改造为热电联产，剩余的纯凝机组全部淘汰，2030 年 20 万～30 万 kW（不含 30 万 kW）纯凝机组部分改造为热电联产，剩余全部淘汰；政策情景中，2020 年 20 万 kW 以下机组全部淘汰，2030 年 30 万～60 万 kW（不含 60 万 kW）部分改造为热电联产，剩余全部淘汰，见表 5-1。

表 5-1　　2020—2050 年不同容量等级火电机组装机结构比例　　　　%

容量等级		2012	S1			S2		
			2020	2030	2050	2020	2030	2050
6000kW 及以上机组		100	100	100	100	100	100	100
循环流化床机组		8.70	8.00	8.00	8.70	8.00	8.50	9.90
热电联产机组		27.49	26.00	25.20	22.00	27.00	26.00	22.50
纯凝机组	100 万 kW 及以上	6.72	10.00	13.00	16.00	15.00	18.00	22.00
	60 万～100 万 kW（不含 100 万 kW）	31.43	35.00	38.00	42.00	39.00	47.50	45.60
	30 万～60 万 kW（不含 60 万 kW）	21.72	19.86	15.80	11.30	10.00	0.00	0.00
	20 万～30 万 kW（不含 30 万 kW）	1.49	1.14	0.00	0.00	1.00	0.00	0.00
	10 万～20 万 kW（不含 20 万 kW）	1.31	0.00	0.00	0.00	0.00	0.00	0.00
	不足 10 万 kW	1.14	0.00	0.00	0.00	0.00	0.00	0.00
	合计	63.81	66.00	66.80	69.30	65.00	65.50	67.60

第五节　提高火力发电能效和技术

由于我国煤炭资源相对丰富，电源结构以煤电为主的格局长期不会改变，需要高度重视煤电绿色发展。运用国内外大型火电厂先进、成熟、可靠的设计优化技术和成功经验，加大节能新技术、新工艺、新产品在新建机组中的应用，进一步优化火电机组的系统设计、参数匹配和设备选型等，不断提高新建项目能耗指标的先进性。

一、提高机组负荷率

提高机组负荷率是目前节能潜力最直接、最经济的节能方式（提高机组负

荷率 10%，就可降低供电煤耗 5g/kWh 以上）。深化节能发电调度，优化机组与电网运行方式，努力减少电网中高参数火电机组旋转备用设备容量，最大限度地提高机组负荷率。

二、降低机组发电煤耗

机组容量等级不同，机组的实际发电煤耗相差很大，基本遵循机组容量越大，机组的效率越高，机组的发电煤耗指标越好，节能减排力度越大。根据《煤电节能减排升级与改造行动计划（2014—2020年）》，加强新建机组准入控制，严格能效准入门槛，加快现役机组改造升级，综合考虑火电机组装机结构比例，通过加权方式确定 2020—2050 年不同等级机组发电煤耗与全国平均煤耗。在表 5-2 中，60 万 kW 等级与 100 万 kW 等级发电煤耗大约相差 15g/kWh，30 万 kW 等级与 60 万 kW 等级大约相差 20g/kWh，20 万 kW 等级与 30 万 kW 等级大约相差 15g/kWh，20 万 kW 等级与 60 万 kW 等级相差 35g/kWh 左右。

表 5-2　　　　2020—2050 年不同等级机组发电煤耗

指标分类	S1			S2		
	2020	2030	2050	2020	2030	2050
100 万 kW 及以上机组	268	256	254	275	267	255
60 万～100 万 kW 机组（不含 100 万 kW）	284	280	271	280	278	270
30 万～60 万 kW 机组（不含 60 万 kW）	310	300	289	315	300	290
20 万～30 万 kW 机组（不含 30 万 kW）	324	315	310	330	320	310
10 万～20 万 kW 机组（不含 20 万 kW）	330	320	320	335	330	330
不足 10 万 kW 机组	376	376	376	376	376	376
全国煤电机组平均	290	280	270	285	275	265

政策情景通过调整火电机组结构可以降低发电煤耗，2020 年、2030 年、2050 年政策情景的全国煤电机组平均发电煤耗相比参照情景各下降 5g/kWh。

三、大力发展清洁煤发电技术

1. 超超临界发电技术

近年来，我国超超临界机组得到了快速发展。截至 2012 年年底，全国已投运百万 kW 超超临界火电机组 54 台,数量居世界第一;世界上 60% 的新增超临界机组和超超临界机组在我国,我国已成为国际上投运超超临界燃煤机组最多的国家。目前,超临界机组发电效率为 43% 左右,超超临界机组发电效率甚至可达 45% 以上,对于降低我国火电机组煤耗、节能减排起到了关键作用。以 60 万 kW 级机组为例,当蒸汽条件从亚临界提高到超超临界时,电站热效率可从 41% 提高到 45%,供电煤耗可降低 20g/kWh 左右。不同发电技术的热效率见图 5-3。

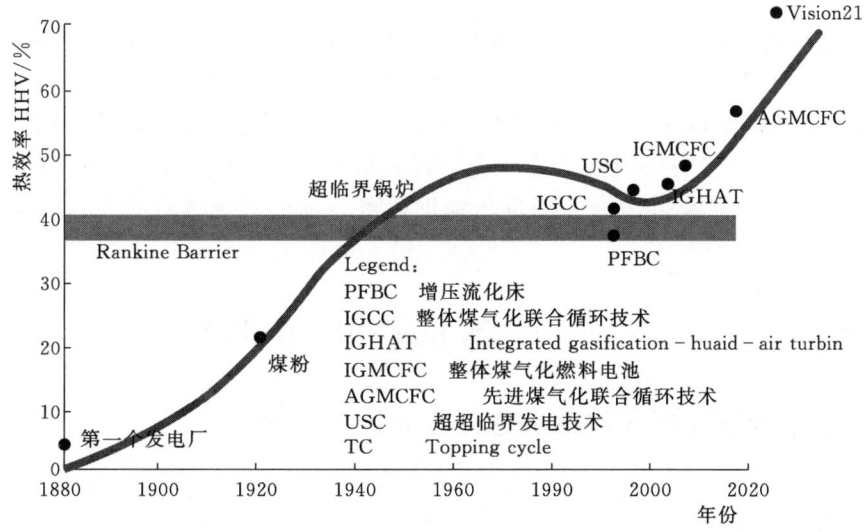

图 5-3 不同发电技术的热效率

但是,受部分地区旋转备用容量过大和开机方式等因素影响,火电机组发电负荷率偏低,长期在低负荷下运行,尤其是大容量、高参数的超超临界机组,其发挥节能优势的作用受到一定影响和制约。因此,下一步在继续加大超临界、超超临界等机组比例的同时,应合理配置调峰机组,确保高参数机组高效运行。

2. 循环流化床燃烧技术

我国煤炭种类复杂,劣质低热值煤、高硫煤等储量较多,循环流化床燃烧发电技术是洁净煤燃烧发电技术较为现实的发展方向之一。自 20 世纪 80 年代循环流化床燃烧技术出现以来,该技术在国内迅速发展。目前,我国已成为世界上循环流化床锅炉装机容量最多的国家。从 1995 年首台国产 5 万 kW 循环流化床锅炉投运以来,在短短十几年内,我国完成了从高压、超高压到亚临界循环流化床技术的过渡,到 2011 年年底,已经投运循环流化床锅炉机组 9000 万 kW,2013 年 4 月世界首台 60 万 kW 超临界循环流化床示范机组在四川白马成功投入商业运行,这些均标志着我国的大型循环流化床锅炉技术已经走在了世

界的前沿。下一步应充分发挥循环流化床燃烧技术的优点及其在劣质煤利用、低成本污染控制方面的优势，进一步提高机组可靠性，降低厂用电率，深度降低 SO_2、NO_x 排放，发展超临界/超超临界大容量、高参数循环流化床锅炉技术。

四、持续推进节能技术改造

（1）进行能量梯级利用改造。发电企业进行能量梯级利用改造将是降低供电煤耗，提高整体社会资源利用效率的主要手段。

（2）开展汽轮机通流部分技术改造。近年来新投 30 万 kW 及以上亚临界或超临界机组，从投产表现看技术性能指标比较差，特别是有些空冷机组低压缸效率明显偏低，排汽干度大，使冷源损失增加，高参数优势削弱。根据企业实际对标及测量情况，进行汽轮机通流部分改造，提高机组效率，降低机组供电煤耗。

（3）对有节能减排潜力的辅机、辅助设备、辅助系统进行技术改造，降低厂用电率。

第六节　实施低碳电力调度

一、节能调度对煤炭消费总量控制的积极效应

2007 年国务院办公厅转发《节能发电调度办法（试行）》（国办发〔2007〕53 号）提出节能发电调度的理念和要求，即在满足电力安全可靠的前提下，按照经济节能的原则，通过优化调度可再生能源，以机组能耗及污染物排放水平从低到高依次调用，尽可能地节约能源和减少污染物排放，最大限度地发挥电力市场的积极作用。节能发电调度的基本原则是：在电力系统安全稳定运行的前提下，以节能环保为目标，通过对各类发电机组按能耗和污染物排放水平排序，以分省排序、区域内优化、区域间协调的方式，实施优化调度，并与电力市场建设工作相结合，充分发挥电力市场的作用，努力做到单位电能生产中能耗和污染物的排放最少。节能发电调度适用于所有并网运行的发电机组[98]。

节能调度的利用，能够在当前电网结构的条件下，有效地扩大可再生能源的接入比例，发挥可再生能源对化石能源的替代作用，并优化火电机组平均煤耗水平。实施节能调度，可有效地实现煤炭消费控制。

二、节能调度案例分析

1. 吉林省风电利用现状

吉林省位于东北平原，属于我国风力资源富集区。吉林省当前风电并网容

量达到330万kW,但风电年利用小时数为全国最低,2012年的利用小时数仅1420h,约1/3的电量被弃掉。2012年弃风电量达到20.3亿kWh,年弃风率达到32%,是我国弃风情况最严重的地区之一。以吉林省作为研究对象进行节能调度研究,效果明显,具有典型性[99]。

2. 情景分析

本部分以吉林省为实际背景,在现有装机结构下,比较"三公"调度与节能调度的弃风量。由实际调研可以得到吉林省夏季与冬季典型日的负荷曲线,如图5-4所示,发电装机结构见表5-3。

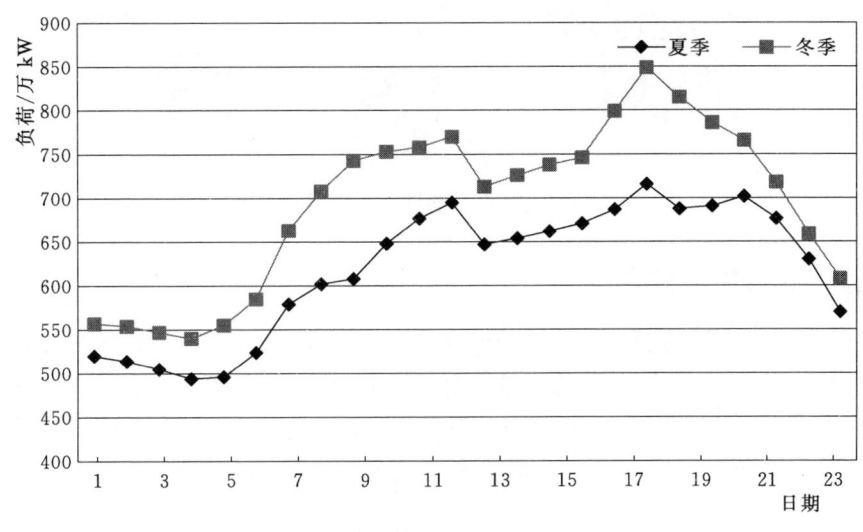

图5-4 吉林省夏季与冬季典型日负荷曲线

表5-3 吉林省发电装机结构

机组类型		装机容量/MW	等效爬坡能力/(MW·h^{-1})	最低负荷水平
水电		4260	—	—
风电		3299	—	—
火电		16242		
其中	60万kW及以上	10855	542.75	4342
	30万~60万kW	2635	131.75	1054
	30万kW以下	2752	137.6	1100.8
合计		23801	—	—

本研究设置3种调度情景,情景1为"三公"调度模式,情景2为节能发电调度,此时完全由水电充当风电的备用,情景3为节能发电调度,此时由水电

和火电共同充当风电的备用（数量模型详见附录B）。3种情境下，依据各自规则规定的开机顺序进行出力与调峰，估算出各自吉林省冬季典型日弃风电量如图5-5所示。

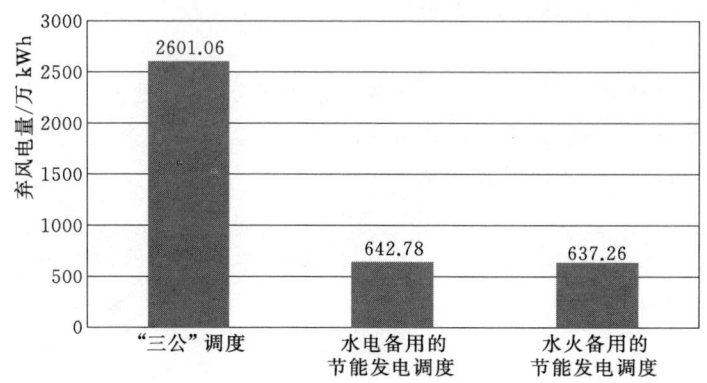

图5-5　3种不同调度模式的弃风电量

三、情景预测结果

综合吉林的案例分析，通过预测实施节能调度后弃风率的变化，计算2020—2050年的弃风电量与减少弃风电量，估算对火力发电的替代量。低碳电力调度模式可以提高可再生能源电量接入比例，减少弃风，有效降低火电的利用小时数，以此控制煤炭消费总量。S1情景的节煤量见表5-4，S2情景的节煤量见表5-5。

表5-4　S1情景的节煤量

年份	风电发电量/亿 kWh	弃风率/%	弃风电量/亿 kWh	减少弃风量/亿 kWh	供电煤耗/(g·kWh^{-1})	节煤量/万 t 标准煤
2020	4000	10	400	200	305	610
2030	7000	8	560	490	295	1445
2050	12000	6	720	1080	285	3078

表5-5　S2情景的节煤量

年份	风电发电量/亿 kWh	弃风率/%	弃风电量/亿 kWh	减少弃风量/亿 kWh	供电煤耗/(g·kWh^{-1})	节煤量/万 t 标准煤
2020	4600	10	460	230	300	690
2030	8000	8	640	560	290	1624
2050	16000	6	960	1440	280	4032

第七节 节煤潜力分析

本节分别对参照情景和政策情景的耗煤情况以及控煤潜力进行定量分析。控煤方案主要从5个方面展开，即提升需求侧能效、提升非化石能源发电比例、优化煤电结构、提升火电能效水平、推行低碳节能调度，并相应提出了多项具体可行的措施。

由于推行低碳节能调度与非化石能源发电比例的提升，以及火力发电小时数的下降存在联动关系，因此本节将其影响直接分解到了提高非化石能源比例和火电能效这两个因素上。另外，火电结构优化、火电技术进步的综合体现是火电综合发电煤耗，因此未对二者的独立影响作进一步区分。因此，从能效、非化石发电比例和火电能效及运行优化3个方面对各项控煤措施的量化影响进行了因素分析，见表5-6。

表5-6　　　2020—2050年电力行业控煤空间及其因素分解　　单位：亿t标准煤

因素			2020年	2030年	2050年
参照情景			14.10	12.00	9.62
政策情景			13.34	10.71	5.20
控煤空间			0.76	1.29	4.42
控煤措施	提升需求侧能效		0.40	0.55	0.32
	提升非化石能源发电比例		0.12	0.52	3.92
	提高火电能效及运行优化	优化火电结构	0.24	0.21	0.18
		提高火力发电能效			
		低碳电力调度			

结果显示，以上3项控煤因素中，对控煤影响最大的是提升非化石能源发电比例，其中，2020年仅是提升非化石能源发电比例这一项措施贡献的控煤潜力为0.12亿t标准煤，占当期控煤总空间的15.81%；2030年，其控煤空间的绝对量上升至0.52亿t标准煤，贡献率为40.44%；2050年，提升非化石能源发电比例这一措施的控煤绝对量达到了3.92亿t标准煤，占当期总控煤空间的88.83%。

同时，需求侧能效提升的控煤潜力也是非常可观的。2020年由于提升需求侧能效带来的控煤潜力为0.40亿t标准煤，占当期总控煤空间的52.96%；

2030年该项措施的控煤潜力达到0.55亿t标准煤,贡献率为42.91%;2050年该项措施的控煤潜力有所下降,控煤绝对量为0.32亿t标准煤,贡献率为7.14%。此外,火电能效及运行优化这一因素在控煤潜力的绝对量上也有明显的上升空间。具体来说,2020年该项措施的控煤潜力为0.24亿t标准煤,贡献率为31.24%;2030年控煤绝对量上升至0.21亿t标准煤,贡献率为16.65%;2050年该项措施的控煤潜力为0.18亿t标准煤,贡献率为4.03%。

第六章 电力行业煤炭消费控制政策措施

第一节 立足国情、稳步推进电力市场化改革

电力体制改革的核心是新型电力治理体系管理框架的顶层设计,其中政府能否通过立法实现电力治理体系和治理能力的现代化至关重要。实现"让市场在资源配置中发挥决定性的作用"与"政府用'看得见的手'进行顶层设计"并重。

放开两头,监管中间,构建统一开放的全国电力市场体系。放开两头就是在发电环节和售电环节,逐步放松管制,激发市场活力。监管中间就是在电网环节,继续发挥当前体制优势,进一步强化监管,实现电网公平开放。构建统一开放的全国电力市场体系,就是建立市场规则,健全电价机制,消除省间壁垒,形成发电企业自主卖电,电力用户自主买电,资源在全国范围内优化配置的市场格局。

我国电力市场化改革要立足国情、保障需求、确保安全、立法先行、培育市场、规范监管,遵循电力工业发展规律,充分发挥市场配置资源的决定性作用,建立与社会主义市场经济相适应的电力体制。改革要有利于满足经济社会不断增长的电力需求,有利于提高供电的安全可靠性,有利于优化资源配置,有利于保障新能源发展,有利于改善对环境的影响,有利于电力企业可持续发展。

电力市场化改革是一个适时调整、逐步完善的动态过程。我国应由政府主管部门制订总体方案和实施步骤,分阶段地推进电力市场化改革。按照电力市场体系建设不同阶段的重点,可以分为3个阶段。

一、起步试点阶段(2013—2015年)

以深化大用户直接交易试点为切入点,进一步开展售电侧放开试点,初步建立组织大用户和发电企业交易的省电力交易平台,建立组织跨省区长期双边

交易和短期竞价交易的国家电力交易平台，稳妥推进电价改革，同时健全法律法规。

1. 转变政府职能

完善电力发展统一规划机制，转变电力项目投资核准方式，研究开展电源项目投资招投标试点。健全电力行业监管法律体系，制订电力用户直接交易试点方案，制订全国电力市场准入规则和交易规则，加强对市场竞争秩序以及电网成本、收入、安全和服务的依法监管。

2. 稳妥实施电价改革

完善上网电价、销售电价的政府定价机制，建立反映成本、引导消费的价格联动机制，逐步减少价格交叉补贴。随着电力用户直接交易试点工作的开展，同比例开放发电竞争电量，发电上网价格通过自主协商或集中竞争形成，制订试点用户的输配电价。在云南、四川等水电富裕省份开展火电两部制电价试点，保证电力供应安全。

3. 深化电力用户与发电企业直接交易试点

按照电压等级和用户类别，统一规范电力用户和发电企业准入条件，完善电力用户和发电企业直接交易制度。建立省电力交易平台，组织电力用户与发电企业开展自由协商或集中竞价交易。

4. 推进跨区跨省电力交易

建立国家电力交易平台，组织签订长期合同，落实国家规划的跨省区送电交易；开展跨区跨省电力交易，采用多边协商、集中竞价等方式确定交易电量，实现跨省区电力交易的市场化、合同化；建立大型能源基地的外送交易机制；逐渐建立和完善中长期固化与短期优化交易相结合的跨省区电力交易机制。健全跨区跨省电力交易送端价格与受端价格的联动与传导机制，通过市场化方式合理配置资源。

5. 完善电力法律法规体系和电力监管机制

尽快完成《中华人民共和国电力法》等法律法规的修改完善，建立适应市场化改革的法律法规体系。完善电力监管手段和监管方式，在发电环节强化价格、投资监管，严格防范价格操纵、无序投资，在电网环节强化成本监管，建立完善的成本加收益监管方式，在供电环节强化服务质量监管，确保供电服务水平。

二、全面推进阶段（2016—2017年）

在总结试点的基础上，按照因地制宜的原则，在全国大部分地区推进用户选择权放开和售电侧竞争，深化全国电力市场建设，推进电价机制，建立普遍服务新机制。

1. 放开电力用户选择权

按照电压等级和用电容量逐步放开工业用户和商业用户的选择权。符合批发市场准入条件的用户可直接参与批发市场，与发电企业直接交易。

2. 全国统一电力市场逐步完善

制订并逐步完善全国电力市场统一、开放的市场规则，建立多品种电力交易机制，逐步实现国家与省平台的相互开放和融合。国家能源基地发电项目逐步从政府调控交易过渡到以中长期双边协商交易。逐步将省平台组织的部分交易上移至国家交易平台，通过自主协商、集中竞争等方式开展交易，逐步扩大交易量和交易品种，逐步建立可再生能源配额交易市场。

3. 健全电价机制

随着大、中用户选择权放开，建立发电竞价上网机制。逐步制订各电压等级、各类用户的电网环节电价。按照存量资产保持现有收入、增量资产按成本加收益的方式，逐步确定电网环节合理收入。实行销售电价与上网电价联动。全面推行峰谷分时电价，继续推进销售电价分类改革，实行差异化调价，逐步解决交叉补贴问题。根据部分地区两部制电价试点情况，总结经验教训，有针对性地推广。

4. 实现电网公平开放

建立全国统一电网管理体制，完善电源接入与使用的技术规范和服务标准。电网企业向所有发电企业、用户提供公平的接入和使用服务，按政府规定承担保底供电责任。电网企业负责电力系统安全运行和调度控制，负责电力交易的组织、执行和结算，及时、准确发布电力调度运行和交易信息，保障电力系统安全。国家对电网企业的成本、收入和服务实行监管，推进电网成本公开透明。

5. 健全电力普遍服务机制

明确普遍服务的责任主体和实施主体，以中央政府和各地方政府为责任主体，以电网企业、地方政府或相关机构为实施主体。稳定普遍服务资金来源，逐步建立电力普遍服务基金。完善服务对象、服务标准和分阶段目标，有序推进对农村地区和偏远地区用户、城镇地区弱势群体的优质服务。

三、成熟完善阶段（2018—2020年）

电力市场成熟完善阶段的主要特征是我国社会主义市场经济体系基本完善、经济社会进入平稳发展期、电力发展步入成熟期；电价机制、法律法规体系、农电可持续发展长效机制、普遍服务机制等市场配套机制的成熟和完善。

1. 形成全国统一开放、竞争有序的电力市场体系

随着电网结构、技术支持系统和管理能力等基础条件的成熟，国家电力交

易平台和基于安全控制区的省（或跨省）电力交易平台功能全面融合，国家电力交易平台组织开展电力现货交易、金融交易等，实现全国范围电力资源优化配置；省电力交易平台主要开展辅助服务和实时平衡交易，保证系统平衡和安全；放开所有用户选择权（居民用户依研究而定），形成多元的售电主体，实现售电市场竞争。

2. 健全科学、高效的政府监管机制

落实提升政府管理效率目标，优化政府对电力工业的管理方式、管理手段和管理内容，改变电力行业多头管理现状，成立职能集中、职责明确、运转高效的统一管电机构。

根据竞争环节和自然垄断环节的特点，建立相应的监管机制。对于竞争环节，主要以鼓励公平竞争、防止市场垄断、保证公平有效竞争的市场秩序为监管目标。对于发电环节，取消价格监管，开展环境、健康等社会性监管，主要运用市场竞争机制，提高经济效益；对于售电环节，对售电业务准入、电力零售市场价格和服务等进行监管。对自然垄断环节，重点是强化网络公平开放、输配电价、成本、服务质量等方面监管，避免低效率和重复建设。

第二节 大力推广节能技术、促进节能减排

电力规划改革是电力体制改革重要的一环。建立以综合资源战略规划（IRSP）为核心的国家电力规划设计体系，需要将需求侧资源（能效电厂）纳入电力规划，并进一步明确电力规划主体与实施流程。综合资源战略规划将是解决当前我国在发展中所遇挑战的有效手段，对需求侧管理、节能减排、应对全球气候变化等措施提供理论支撑。

一、在用户侧推广节能产品

消费者对于LED节能灯及高效家电等节能环保的产品，在认识与接受上还存在一些问题：首先，真正可供选择的节能产品有限；其次，节能产品市场鱼龙混杂，缺乏基本的规范；再次，补贴政策不完善，许多消费者对于节能家电能够享受补贴的政策还不了解等。应从以下几个方面进行改进。

1. 着力提升技术创新能力，逐步开展推广应用

围绕产业发展需求，加快LED照明及高效家电等节能产品核心材料、装备和关键技术的研发，关键设备和重要原材料实现国产化，重大技术取得突破，高端应用产品达到国际先进水平。加强公共研发平台建设，建立以企业为主体，产学研紧密结合的技术创新体系。积极发挥企业技术研发中心作用，提升节能产品产

业的整体创新能力。培育具有自主知识产权和较强竞争力的龙头企业。以市场需求为导向，根据产品技术成熟度和经济性，逐步加大节能产品推广力度。

2. 加快完善产业服务支撑体系，开展标准检测及认证体系建设工程

完善节能产品标准、检测、认证等服务支撑体系。梳理相关标准，提升我国节能产品检测能力和水平，完善节能认证制度，建设行业技术资源和信息共享等服务平台，开展节能产品生态评估和废旧产品回收问题研究。

设定能效标识计划可以帮助消费者在选择家电等用能设备时做出更明智的决策。目前，美国已经对约30种电气设备制定了明确的能效标准，包括配电变压器、商业冰箱和冷柜、出口指示灯、饮料自动售货机、洗碗机等。据估算，新标准实施后在2010—2014年期间，每年可节约能源消费开支大约40亿美元。照明产品等家电设备的最低能效标准，已被认为是美国各州和联邦政府非常成功的节能政策。家电能效标准规定，禁止生产、进口或销售能效低的产品。执行这些标准不仅有利于节约能源、减少污染，为消费者节省大量的开支，还有助于替换掉营运成本较高的产品并加速技术创新。

3. 制定相关补贴政策，刺激居民用户的积极性

为鼓励家庭、个人使用节能产品，对私人住宅更新取暖、空调等家庭大型耗能设施，美国政府提供税收减免优惠，甚至更换室内温度调控器和窗户，维修室内制冷制热设备的泄漏等，也可获得全部开销10％税收减免。房主通过使用高效节能产品，如热绝缘门窗以及高效能加热和冷却设备，安装太阳能电力系统的房主、安装小型风力系统的房主、安装地源热泵的房主都有资格获得税收抵免。另外，各州政府还根据当地实际情况，分别制定了地方节能产品税收优惠政策。例如，在加利福尼亚州购买节能型洗碗机、洗衣机、水加热设备，减税额度在50～200美元之间；对购买环保电动车等新型车辆的消费者给予抵税优惠，根据车速、轻重型、车全重给予免税额1000～40000美元。美国政府还设立联邦政府车队购车专项款，专门用于购买电动汽车，并给予电动汽车在城市市区内停车的便利。免收电动汽车停车费，通过高速公路等免收养路费、过桥费、关费等。

在内需不振、出口萎缩等利空消息的影响下，2012年我国家电行业步履维艰。当年6月出台的节能补贴政策无疑给低迷的家电市场注入了一针强心剂，消费者也开始享受补贴带来的优惠。调查发现，约78％的受访者表示在购买家电时会将补贴因素考虑进去，毕竟几百元不等的补贴在老百姓眼中仍是一笔不小的费用。而随着2013年最后一项国家刺激政策"节能惠民"到期退出，并没出台后续的相关政策。有吸引力的补贴政策对于居民用户侧节能的推广至关重要。

二、工业企业节能推广措施

近年来，国家高度重视高效电机、节能变压器及变频调速器的推广工作，然而效果并不理想。首先，高效节能产品设备的价格较高，部分企业并不优先选择高效节能的设备；其次，大型设备升级换代缓慢，大部分企业一般不会拿出额外的投资来更换正常运转的设备；最后，由于系统节能改造项目投资较大、节能量统计计量困难、回收期长等因素，节能技术改造的合同能源管理项目推行困难。应从以下几个方面进行改进。

1. 充分利用补贴政策拉动市场，从生产环节淘汰低效设备

调整高效节能设备的推广范围，公布生产企业及相关产品型号，加大推广财政补贴力度。地方工业和信息化主管部门要充分利用节能减排、技术改造、中小企业等专项资金渠道，加大对能效提升重点工程和项目给予支持。贯彻能效新标准，禁止企业生产低能效等级的产品。加强政策引导和能评审查，加强能效标识备案管理，确保新增产品全部达到高效节能的能效标准，引导现有生产企业逐步转型生产高效节能产品。

2. 从使用环节淘汰与改造相结合，建立健全废旧设备回收机制

完善落后耗能设备淘汰机制，把淘汰低效设备与重点用能企业节能目标任务相结合。支持建立规模化、规范的废旧设备加收拆解及再利用企业，推进淘汰设备定点回收补偿机制。分解淘汰任务，组织对工业企业开展在用高耗能设备的普查，分年度下达落后设备淘汰目标任务。企业对列入淘汰范围的设备明确淘汰时间和措施，并组织实施。

3. 发挥合同能源管理市场机制的积极作用

鼓励高效节能设备生产企业成立节能服务公司或与专业的节能服务公司合作，选择部分行业或领域，以合同能源管理模式推广节能产品。鼓励专业的节能服务公司对企业运行系统进行技术改造，建立节能系统改造合同能源管理产业联盟。发布能源系统服务公司推荐名单，发布能效提升合同能源管理技术指南、实施指南；建立合同能源管理公司与银行等金融投资机构的合作平台，加大对高效节能产品的推广及系统节能技术改造合同能源管理项目的金融信贷支持。

三、电网公司的能效管理

1. 组织管理

加强并落实与政府部门的合作，落实差别电价等节能减排政策，淘汰落后产能，推动政府建立相关法规、政策；建立需求侧管理长效机制；完善需求

侧管理工作的激励机制,加大对电力需求侧管理的奖励;全面开展并统一协调对用电客户的节能咨询和诊断服务工作,逐步形成相关的组织、实施和评估机制。

2. 负荷管理

组织编制错峰、避峰计划和方案,组织实行有序错峰;依靠峰谷电价等政策手段以及蓄冷、热泵等技术手段,实现电网负荷的移峰填谷,减少电网峰谷差;制订各类限电计划,制订优先供电行业、大用户名单;加快电力负荷管理系统建设,进一步提高负荷监控能力,强化技术手段,提高电力用户的用电管理水平,确保有序用电。

3. 节电管理

落实国家对高耗电产品单位电耗限额,对国家、省、市政府的节电增效重点用户进行重点监控,协助实施各类政府电力需求侧管理示范工程。

4. 激励约束机制

与电力体制改革相配套,对电网公司的定位和功能做出调整。当前电网公司的盈利模式是从售电与上网电价的差价中获利,电网公司有强烈的经营意愿去多卖电获取高额利润。随着电力体制改革,电网公司应被定位为提供电网接入和输配电服务的纯公用事业单位,国家对电网公司实行特许核准电价,电价水平与其服务绩效挂钩。因此,建立电网公司节能激励约束机制的关键,一是借鉴国际经验,要给电网公司下达有挑战性的能效目标;二是要在公共服务合约中对电网公司提供的节能服务建立明确的收入挂钩机制。

第三节 推进电力科技创新、建设协同创新体系

一、电力科技创新重点

(1) 水电技术。攻克复杂地质条件下超高混凝土拱坝、超高心墙堆石坝、超大型地下洞室群开挖与支护技术等关键技术难题。研究大型复杂水电站群的优化规划技术、流域梯级水电站群多目标联合运行与优化调度技术、水文水情预测预报技术的研究。研制高效、高参数水轮发电机组,开展建立生态环境友好的水电建设体系研究。

(2) 火电技术。研发具有自主知识产权的超超临界 60 万 kW 等级和 100 万 kW 等级各系列机组设计、制造和运行技术;掌握 600℃ 超超临界发电机组高温材料技术,研究 700℃ 超超临界发电技术可行性和技术路线,掌握其关键技术。掌握大型超临界循环流化床锅炉设计和制造技术,掌握 100 万 kW 机组空冷系统设计和设备制造及运行技术,掌握大型 IGCC 机组设计集成技术和煤气化、煤

气高温净化等关键技术，总结IGCC发电示范工程。掌握E级和F级燃气轮机核心部件的制造技术。研制适合分布式供能的微小型燃气轮机发电机组。

（3）核电技术。研究开发大型先进压水堆核电站技术，消化吸收AP1000核电站技术，形成自主知识产权的CAP1400核电站技术品牌，并开展CAP1700技术预研。开展自主化核电软件开发领域的应用研究。开展20万kW高温气冷堆技术，以及制氢、超临界发电、氦透平发电等研究；开展实验快堆运行及相关试验验证和示范快堆技术研究。开展核电站运行管理、核燃料元件、动力堆乏燃料后处理、分离嬗变、高放废物长期暂存以及核共性与应用等方面技术研究。建立能适应核电大规模发展的核燃料供应体系，推动核燃料循环利用技术的研究。

（4）可再生能源发电技术。风力发电，研发具有自主知识产权的大型陆上及海上风力发电关键技术，开展风电场规划设计技术以及监控技术研究，掌握具有完全自主知识产权的5MW风电机组整机及关键部件的设计制造技术，掌握海上风电场建设、电力传输、远程监控及应对极端情况的关键技术，开展大型风电场安全并网技术研究工作，特别是千万kW风电基地输送和消纳相关技术研究。太阳能发电，研究低成本、低污染、高效率的太阳能电池技术，开展大规模太阳光伏系统技术研究，掌握不同类型光伏发电系统设计集成、运行控制及保护技术；发展光伏发电系统规模化应用技术，掌握其系统集成及装备技术；研究太阳能光热发电热电转换材料和核心部件及大规模储热技术；开展大规模太阳能光热发电技术研究，掌握10万kW级太阳能光热发电技术，开展多塔超临界太阳能光热发电技术的研究，实现30万kW超临界太阳能光热发电的商业应用。其他新能源，基本掌握燃料电池发电技术，建成试验电站；开发储能和多能源互补系统的关键技术，实现可再生能源稳定运行；开展多种类型分布式发电示范工程。

（5）智能电网技术。以智能电网为导向的提高电力系统整体效率和安全性的关键技术及节能、节电技术。研究大容量输电、灵活交直流输电和新型输电技术，高海拔、高寒等复杂环境下特高压交直流输电技术，紧凑型和同塔多回线路技术。研究超导输配电技术的工程应用。开展电网灾变防治技术研究，开展智能电网技术研究，建立智能化输配电及供用电系统，开展电力需求管理技术和电网调度控制技术的研究和推广应用。开展大规模间歇式电源并网技术研究，并在集中接入、送出方面取得技术突破。开展微电网关键技术研究，推动分布式发电发展。掌握多能互补系统的规划、运行控制和能量管理技术。

（6）电力环保技术。开展资源集约型、环境友好型的污染物控制技术研究

第三节 推进电力科技创新、建设协同创新体系

开发与利用；开展先进脱硫技术的工程应用研究；掌握烟气脱硝装置及脱硝催化剂技术、超低 NO_x 燃烧技术和低温脱硝技术，并加快推广应用；进一步开发高效除尘技术，包括电除尘、布袋除尘和电袋复合除尘；开展火电机组低能耗 CO_2 捕集技术和资源化利用研究；开展多污染物协同控制技术研究；开展水电开发流域和库区生态保护、风力发电、太阳能等相关环境保护工作研究。

（7）前沿技术攻关。包括：海洋能发电技术；新概念太阳电池技术；第 4 代核电技术，新型燃料反应堆技术，核聚变技术；天然气水合物开发与利用技术；氢能利用技术等。开展烟气重金属、细颗粒物（PM2.5）控制及其他污染物排放治理技术研究。

二、电力科技创新体系建设

为保障电力科技创新战略的顺利实施，要不断整合科技创新资源，完善科技创新机制，加强创新队伍建设，形成完善的科技创新体系，突破制约创新活力的各种束缚，增强电力科技创新能力。

（1）整合科技创新资源。围绕电力科技前沿领域研究，加强科技创新基础设施和平台建设；利用现代信息技术手段，建立电力科技资源共享机制；深化产学研相结合的创新体系，激发各方创新活力；协调电力行业各类科技规划，防止重复浪费，加强产学研联合、装备与应用企业联合、同类型企业联合，形成自主创新联合组织。

（2）完善创新机制和扶持政策。加大国家财政科技创新投入；从税收、金融、土地等方面支持、鼓励各类企业开展电力科技创新，对技术研发费在企业缴纳所得税前扣除，对国内企业采购国产重大电力科技装备给予财政补贴或税收减免；综合运用市场化手段和政策扶持措施，形成有利于电力科技成果转化的制度环境；完善知识产权保护法律法规，保护电力科技知识产权。

（3）引进国外先进技术，实现消化吸收再创新。在立足自主创新的基础上，积极支持国外先进技术的引进。鼓励对配套生产线的引入及相关专利的收购，避免重复引进和单纯地进口设备。增加对引进技术设备消化吸收环节的资金投入，鼓励在引进消化吸收的基础上实施再创新，不断提高国产化水平。

（4）建设科技创新队伍。人才资源是最重要的战略资源。要把人才队伍建设摆在突出位置，抓好各领域、各专业、各年龄段的能源科技人才队伍建设，形成专业领域全覆盖、老中青结合、结构合理的电力科技人才梯队。重视引进海外智力人才，提升我国能源创新队伍的全球眼光，提升把握能源前沿、前瞻未来的能力。

第四节 消除影响可再生能源发电应用的体制机制障碍

一、可再生能源电价机制

1. 完善可再生能源上网电价和电价附加政策

（1）修改完善可再生能源上网电价的相关办法与规定，按照风能、太阳能、生物质能等可再生能源发电技术特点和各地资源状况，分别制订上网电价和相应的定价办法，对已经规模化发展且较为成熟的可再生能源发电项目，根据可再生能源成本下降情况，适时调整电价水平和财税扶持政策，建立可再生能源上网电价逐年降低机制，促进可再生能源发电企业不断降低成本和技术创新。

（2）加强可再生能源电价附加征收力度，并适度提高电价附加标准。与德国、丹麦等实行可再生能源发展费用分摊机制的国家相比，我国可再生能源电价附加占销售电价比例相对较低，因此在不影响经济发展和物价可承受的情况下，应进一步适度提高可再生能源电价附加标准，尽可能增加补贴资金来源总额度，促进可再生能源可持续发展。

2. 完善可再生能源跨省（区）交易电价机制

（1）完善可再生能源跨省（区）交易电价机制。充分发挥可再生能源电力运行成本低的优势，采取相对灵活的市场定价机制，促进可再生能源的跨省（区）交易。国家可以从可再生能源发展基金中支出部分资金对输电环节给予一定的价格补贴，以此提高可再生能源发电的消纳能力。

（2）统一可再生能源发展基金管理，优化资金利用。目前国家支持可再生能源发展的财政专项资金已达上百亿元，包括"金太阳工程"、沼气补贴、秸秆资源化利用补贴、海洋能专项资金等，但这些资金处于分散管理状况，没有发挥可再生能源发展基金统筹管理的优势。建议将财政资金和电价附加征收额统一纳入基金进行预算管理，在各类支持可再生能源发展的补贴用途中优化使用，提高电价附加的使用效率。

3. 完善辅助服务补偿政策

目前我国辅助服务市场尚未建立，发电上网电价中未合理体现辅助服务成本差异，提供备用和调峰调频辅助服务的电厂得不到相应的经济补偿。要完善调峰、调频、备用、事故支援等辅助服务电价（费用）制度，核定并量化备用辅助服务的成本费用，实现对生产成本的合理经济补偿，调动提供备用辅助服务电厂的积极性。逐步建立竞争性辅助服务市场，辅助服务价格由市场竞争确定。

第四节 消除影响可再生能源发电应用的体制机制障碍

二、战略规划协调机制

随着电力市场化改革的不断深化,电力统一规划逐步削弱,已经影响到电力工业持续健康发展。表现在:统一规划缺失,电力无序发展;规划工作流程不完善,滚动修编机制不健全;规划研究支撑力量不足,规划研究深度不足;规划对项目审批的指导作用有待加强;规划后评价和责任追究制度亟待建立等。

1. 完善电力规划研究支撑体系

政府电力主管部门是电力规划研究的组织者。一是在中央和省级建立独立、公正的电力规划研究常设机构,财政提供经费支持,以保障规划研究的科学性、公正性、连续性和深入性。要充分发挥电力行业协会在信息采集、组织协调、独立公正和经费渠道等方面优势,在财政经费受限的现实条件下,建议电力规划研究常设机构挂靠电力行业协会。二是要充分利用电力主营企业、科研设计和装备制造单位等的规划研究力量,充分吸取专家学者和社会公众意见,建立健全政府部门指导下相互协调合作的规划研究支撑体系。

2. 制订完善的电力规划工作流程

制订并完善包括规划研究、编制、发布、滚动和后评价等多个环节的电力规划工作流程和相应管理制度。提前两年启动五年规划前期专题及专项研究;相关专题研究和专项规划研究在规划启动的第一年完成;在规划研究基础上编制完成规划报告,必须向社会各界广泛征求意见,充分听取相关企业、有关专家和广大电力用户意见,逐步实行规划听证制度;修改后的国家电力工业五年规划报告,按程序由国家电力主管部门上报国务院审批〔省级规划报告上报省(直辖市、自治区)政府审批〕;规划报告经国务院或省(直辖市、自治区)政府批准后正式向社会发布。规划执行过程中,可定期(2~3年)进行滚动修编,如规划重大边界条件发生变化,应及时按流程对规划进行滚动调整,按照规定程序经审批后正式向社会发布。

3. 建立健全电力规划协调机制

(1) 加强电力规划与国民经济社会发展规划的协调。电力规划的研究和编制要服从于经济社会发展规划,自觉纳入国民经济社会发展规划中。

(2) 加强电力规划与能源规划的协调。电力规划要服从于和纳入能源规划,坚持以电力为中心,逐步提高电能消费在终端能源消费中的比例和电气化水平。

(3) 加强电力规划与国土、水利、环保等相关专业规划的协调。电力规划应当遵守国家法规,深入研究土地、水资源和环保等外部约束条件,加强与相关主管部门的定期沟通协调,提出保障措施,确保规划具有可实施性。

(4) 加强电力规划与城乡建设规划协调。电力规划要纳入城乡建设规划和

土地利用详规,各级政府部门要按照规划保障电力厂址、站址和走廊用地。在大中型城市,要专题开展电力站址通道规划,预留地下电缆通道,与城市市政地下通道统筹规划、同步建设。

(5)加强国家规划与省级及省级以下规划协调。坚持上下级规划统筹,上级规划依据下级规划制定,下级规划服从上级规划。省级电力规划编制中,资源富集省(自治区)要充分考虑能源电力外送,中东部缺能省(自治区)要充分考虑接受区外来电。国家电力主管部门要统筹电能市场消纳,推进更大范围资源优化配置,促进电力结构和布局优化。

(6)加强电力规划与上下游行业规划协调。加强与煤炭、天然气、核燃料、运输、电力设备制造业等规划的统筹协调,及早发现制约因素,提前采取相应措施同步解决。

(7)加强电力规划与市场机制、财税政策、产业政策等的协调。国家电力主管部门要与国务院价格主管部门、财政部门充分协调,研究提出以可再生能源电价附加为主的国家财政补贴中长期目标,优化可再生能源结构,确保风电、太阳能、分布式能源等规划目标与财政补贴总量相平衡,同时建立项目核准与财政补贴直接挂钩机制。要立足我国具体国情和经济社会可持续发展需要,深入研究提出电价水平及结构,促进节能减排和电力绿色发展。研究建立市场环境下市场主体协调共赢机制,研究提出相关产业政策,充分发挥两种资源、两个市场优势。

(8)加强电力发展内部的协调与平衡。加强电力供需间、电源电网间、常规电源与新能源发电间、输电网与配电网间、技术创新与示范应用间、提高系统安全可靠性与降低成本间的统筹协调。加强短期规划、中期规划与战略规划的统筹协调。

4. 健全电力规划刚性实施机制

规划正式发布后必须严格执行,摒弃"规划只约束企业、不约束政府""规划的发展规模是最低要求、可以超过规划建设项目"等错误思想及行为,加快推行部委间联合(席)审批制度,对规划内项目简化审批手续,取消"路条"环节,限期审批;没有列入规划内项目,必须进行全面深入的技术经济论证,切实合地在滚动调整中列入规划后再行审批。

三、完善行业监管体制

(1)需要对现行的促进可再生能源发电的政策与法律法规进行完善,增加配套法规的建设,形成能够在实践中运行的行为准则,以提高监管规则的可操作性与目的性,让监管更有效。例如,应该在监管法规中补充以下内容:要求所有供电商无歧视入网，要求输电系统的信息透明化，遏制市场权力的滥用，监管输配电成本等。

（2）加强可再生能源优先调度的监管。通过对电网公司的投资监管、弃风或弃光时的电网信息监管等，加强电网公司对承担可再生能源发电发展责任履行情况的监管。

（3）完善信息披露机制，提高监管透明度与公众参与度。要求被监管机构定期向监管部门以及公众披露其被监管行为的履行情况，包括对电力调度的信息，弃风/弃光的原因、电网运行维护情况等，需要定期、及时予以披露。同时监管机构的行为也应该定期向公众报告，接受公众监督。应建立监管机构、行业协会、公众、监察和审计机构等多种主体参与的社会监管体系，消除电力市场中信息的不透明性以及电力市场的垄断性。

（4）在电力体制改革与国资体制改革背景下，协调电网公司的行业监管与所有权监管，在监管目标、内容与手段上协调配合，对电网公司的垄断环节加大监管力度，激励电网公司更好地履行公共责任。

（5）增加监管执行和惩罚力度。成立独立于政府和监管对象的综合能源监管部门对保障监管效果具有重要意义。此外，应该增加监管机构的监管权限，强化执法能力和行政处罚权力。

第五节　优化火电结构

1. 严格执行火电"上大压小"政策

继续实施"上大压小"的小火电关停政策，鼓励关停一定规模的小机组并能妥善安置职工的"上大"项目，优先纳入国家电力发展规划，提高单机容量；加大能源供应调控力度，大力推进节能发电调度，优先调度可再生能源和大容量、高效率的燃煤火电机组发电上网，扩大节能发电调度试行范围；利用市场机制使小火电主动退出，对小火电机组实行严格的上网电价政策，所有燃煤（油）小火电机组上网电价不高于本地区标杆上网电价；对小火电机组污染物排放实行严格的监督检查，加强排污收费管理，提高企业环保成本；鼓励关停机组享受发电量指标交易补偿等。同时，加强对关停工作的监督检查工作，确保按时关停。

2. 严格执行火电退役淘汰机制

火电机组要按计划退役，退役计划和项目要公布，接受社会监督。到达退役年限的火电机组要在当年停运和拆除，完成"以大代小"工程的被替代机组，要在新机组投运的第二年停运和退役。退役机组原则上停运和拆除，所有停运和拆除机组不准易地再建或以其他名义继续在电网内运营。各地区大项目的审批要与本地区停发小火电机组容量挂钩，重点发展大容量、高参数、高效率、环保型的火电机组，不断提高发电机组的整体参数水平，进一步降低发、供电煤耗，坚决淘汰落后产能，以促进电力结构有效调整。

3. 鼓励发展热电联产

优化调整热力布局，加快供热管网建设，因地制宜对现役纯凝机组进行供热改造，利用热电厂低品位的能替代高品位的能进行供热，实现大范围区域供热；在气源有保障的条件下，有序推进现有燃煤热电厂整合及迁建，积极稳妥地发展天然气热电联产，推进天然气分布式冷热电三联供，全面淘汰集中供热范围内的所有燃煤、燃油小锅炉，积极鼓励用热单位建造燃气锅炉；对高效节能环保热电项目实施必要的减免税收优惠政策；对热电企业实行"煤电联动""煤热联动"，并根据供热负荷曲线变化和节能因素，制订热电厂电力调度方案。

第六节　深化现有火电机组能效改造

1. 继续开展火电机组能效水平对标活动

火电厂要以开展能效对标活动为契机，围绕对标活动中发现的问题，加快节能技术创新和技术改造步伐，运用科技手段挖掘火电厂节能潜力，全面降低火电厂发电煤耗、厂用电率和水耗等主要耗能指标，改进能源利用方式，提高火电厂能源利用效率。同时，进一步提高火电企业管理水平，促进企业降低生产成本，增强企业竞争力，鼓励其他企业自愿开展能效对标活动。

强化激励措施对火电能效提升的推动作用。通过节能专项资金对试点企业给予一定的经费补贴，并优先支持对标合格企业的节能技术改造项目；对能效对标活动工作成效突出的企业、中介组织和地方节能部门给予表彰。总结推广先进企业节能降耗的典型经验，在媒体上广泛宣传报道，发挥示范带动作用。

省、市各级行业协会要发挥专业技术和信息方面优势，加强在能效对标方法、对标工具和最佳节能实践的研究指导，帮助和督促企业实施国家有关行业协会制订的能效对标指南；配合省、市节能主管部门，对重点耗能企业对标活动的跟踪、评估和指导；组织开展与国内外同行业能效先进企业的对标交流；组织专家审核企业提交的指标数据、分析报告，参与对标验收工作。

各级节能监察机构要充分发挥节能监察对能效对标的指导作用，对监察中发现的企业能源浪费和薄弱环节要提出限期整改建议时间表，指导和督促企业通过对照先进标杆，采取改进措施，提高能效。

2. 持续推进火电机组节能技术改造

（1）进行能量梯级利用改造。发电企业进行能量梯级利用改造将是降低供电煤耗，提高整体社会资源利用效率的主要手段。

（2）开展汽轮机通流部分技术改造。近年来新投 30 万 kW 及以上亚临界或超临界机组，从投产表现看技术性能指标比较差，特别是有些空冷机组低压缸效率明显偏低，排汽干度大，使冷源损失增加，高参数优势削弱。根据企业实际对标、测量情况，进行汽轮机通流部分改造，提高机组效率，降低机组供电煤耗。

（3）对有节能减排潜力的辅机、辅助设备、辅助系统进行技术改造，降低厂用电率。

3. 发挥市场机制作用

运用经济手段，因地制宜，调整电价水平，疏导电价矛盾，完善电价结构，对包括环保电价、可再生能源电价在内的电价水平进行科学调整，促进资源配置优化和产业结构调整。开展发电权交易和排污权交易，降低污染治理成本。继续深化环保设施特许经营，促进专业化分工和提高减排效率，通过经济手段和市场机制有效推动火电机组自愿主动地进行节能改造。

第七节　实施节能发电调度

1. 严格实行节能发电调度

各级调度中心应严格按照《节能发电调度办法（试行）》中的调度要求，在编制日计划、月计划时，严格按照规定的机组出力，优先接入可再生能源发电机组，之后按照满足环保的要求接入核电、热电联产机组等机组的方式来编制机组发电顺序，从运行规则上改变原有"三公"调度的方式中各类机组等利用小时数运行的方式，有效地减少不符合节能发电要求机组的出力时间。

2. 优化电源结构、提高灵活发电能力

促进发电权交易市场的完善，进一步减小污染物排放量大、效率低下的小型火电机组的使用；加速促进小型火电机组的关停与淘汰，从根源上减少小型火电机组出力的可能性；在电源结构中，扩大灵活性电源所占的比例，不可调节的可再生能源（风电、太阳能）扩大接入量的一个重大障碍就是电力系统中没有足够的灵活电源，灵活电源是用于保障当可再生能源无法按照计划出力时，电力系统能够安全稳定运行的关键，扩大电源结构中的灵活电源比例就是扩大电力系统的响应能力，为节能发电调度提供了可再生能源接入的空间；增加电力系统中的备用负荷容量，备用容量是电力系统安全运行的基本保障，其作用与增加电力系统中灵活电源相同，目的就是为可再生能源接入提供空间。

3. 大力发展储能技术

积极鼓励储能技术的发展。储能技术对可再生能源的扩大使用有着重大现

实意义，储能技术的发展可以大大提升可再生能源的利用效率与使用效果，大量减少弃风弃光，对控制煤炭消费具有重大意义。

4. 完善电力辅助服务市场

建立和完善电力辅助服务市场。电力辅助服务市场包括调峰、调频和备用服务等相关服务。在电力系统的调度过程中，辅助服务市场的建立，一方面利用市场化的手段优化了电力系统的运行效率，有利于扩大可再生能源的接入比例；另一方面，可通过经济激励给火电等化石能源机组提供辅助服务创造新的盈利空间，有利于强化电力行业在实施煤炭消费总量控制中的经济调控能力。

5. 分布式电源与集中式电源协同发展

积极鼓励分布式电源的发展，力求分布式电源与集中式电源协同发展。分布式发电是一种环保、高效、灵活的发电方式，目前常规能源的逐渐衰竭和环境污染的日益加重，分布式电源在替代传统能源的同时能够很好地缓解环境压力。采用分布式发电供能技术，有助于充分利用各地丰富的清洁和可再生能源，向用户提供"绿色电力"，是实现"节能减排"目标的重要举措。

第七章 结 论

第一节 研 究 结 果

通过对电力行业不同发展情景的研究，采取一系列节煤控煤措施，结合政策工具优化，可以有效地控制电力行业煤炭消费总量，使电力行业耗煤峰年份由 2030 年提前到 2025 年，且峰值有较大幅度降低。在需求侧节能、非化石能源大规模发展、火电结构优化与能效提升、节能发电调度等措施的大力推动下，从 2020 年到 2050 年节煤量逐年提高，节电和控煤效果非常显著，并且减少了大量煤电污染物排放，促进电力行业煤炭资源清洁、高效利用。实施电力行业煤炭消费总量控制，可切实形成倒逼机制，促进电力行业绿色低碳高效可持续发展。

第二节 政 策 建 议

一、完善能源与电力法律法规体系

推进我国能源与电力可持续发展离不开科学有效的制度保障，不断健全和完善我国能源与电力法律法规政策，充分发挥制度的规范和引导作用，对我国电力行业持续健康发展具有重要意义。

20 世纪 90 年代伴随着政企分开与能源市场化改革，《中华人民共和国矿产资源法》《中华人民共和国电力法》《中华人民共和国煤炭法》《中华人民共和国节约能源法》等大批能源类法律法规相继出台。这些行政法规和部门规章的颁布实施使得单个部门能源领域步入了有法可依的法制轨道。但是我国能源法律法规体系仍不健全，制度建设不规范，没有跟上能源领域的市场化改革趋势，发展改革的深化与能源供应安全的矛盾日益突出。当前我国能源发展的内外部环境正在发生深刻变化，进一步加强能源法制建设的形势和任务非常紧迫。《中华人民共和国能源法》是一个国家能源法制健全的突出标志，从整体上确立了能源法律法规体系的逻辑框架、基本脉络和总体立法思路，是能源领域其他法律法规制定和修订的主要依据。在专业性法律法规缺位的情况下，《中华人民共和国能源法》可以为具体情境中的能源发展提供原则性、法律性的法律规范和法律保护作用。加强能源法制建设，完善能源法律法规体系，推动《中华人民共和国能源法》的出台是重中之重。

能源管理从根本上讲是宏观问题，离不开国家发展战略、投资政策、价格杠杆等宏观政策和手段的综合运用。《中华人民共和国能源法》需要从制定战略规划到储备应急，从立足国内到对外合作，从政府监管到利用市场，从反对强势团体的垄断到对弱势群体利益的保护，从技术创新到经济刺激等方面予以规定和保障，加强能源产业的综合管理，建立高效的能源综合管理体制；深化能源领域改革，促进能源领域由计划经济向市场经济转型，通过市场机制引导实现能源资源的优化配置，最终形成高度发达的统一开放、竞争有序的能源市场。

此外，现行《中华人民共和国电力法》已经与当前电力工业生产力要求和生产关系特征严重不相适应，亟须进行修订，以适应和推动电力工业新的科学发展。今后电力法规修订时应重点注意《中华人民共和国电力法》与其他部门法的衔接、电力市场体制的完善、电力监管体制的健全以及促进新能源和节能事业的发展。

国家发展改革委、国家能源局和各级地方政府的能源电力管理机构作为电力行业的主管部门，需要切实转变职能，按照机构调整后的职责分工，尽快健全完善主管部门职责，全面承担起电力管理与调控任务。统筹完善电力产业政策，加强电力领域战略和规划等事关全局发展的顶层设计，完善政府宏观管理与企业自主决策有机协调的投资管理体制；建立适应市场化改革要求的、与相关行业发展协调统一的电力法律法规体系；强化电网的能源资源优化配置平台，提升电力在国家能源产业体系中的地位；推动科技创新和电力体制改革，建立健全市场机制，构建科学的电价体系和机制，促进资源优化布局和能源高效利用，持续提升电气化水平；完善监管手段，逐步建立与市场化方向相一致的监管机制。

二、加快完善电力宏观调控机制

国家发展改革委、国家能源局和各级地方政府的能源电力主管部门是电力主管部门，也是电力调控的责任主体，具体负责电力产业政策制定，电力规划编制、发布、督导落实，重大电力项目核准等工作。电力主营企业、电力辅助企业、电力行业协会和电力消费者等是电力调控主要对象或利益相关方。当前，需要着重从健全电力产业政策、加强统一规划、改革项目核准审批制度等方面，加快完善电力调控机制。

改革电力项目审批制度。要以国务院今年以来相继下放一批电力项目审批权限为契机,以转变职能为核心,结合政府职能转变和社会主义市场经济体制环境完善,更加注重发挥价格、财税等调控手段,强化规划引导,弱化项目审批,推行规划下的电力项目招标备案制,充分发挥规划的引导作用。积极研究出台相关政策措施,对规划内电源项目采取公开招标来选择投资主体和确定发电上网容量电价。建立电力项目前期周转金制度和前期工作商品化制度,由行业协会或中介机构完成前期工作,通过转让给公开招标择优确定的投资主体收回成本。

健全电力规划刚性实施机制。规划正式发布后必须严格执行,摒弃"规划只约束企业、不约束政府""规划的发展规模是最低要求、可以超过规划建设项目"等错误思想及行为。加快推行部委间联合(席)审批制度,对规划内项目简化审批手续,取消"路条"环节,限期审批;没有列入规划内项目,必须进行全面深入的技术经济论证,确实合理地在滚动调整中列入规划后再行审批。

建立电力规划后评价机制和责任追究制度。五年规划执行结束后,建议全国人大组织或委托独立的中介机构对规划进行后评价,总结推广成功经验,对造成严重供需失衡、严重投资浪费、严重危及电力安全等重大失职或失误行为进行问责。在规划执行期内,也可定期进行检查评估,发现问题及时纠正并问责。

三、坚持节约优先、加快落实节能减排

1. 支持研发节能技术

节能技术往往价格高昂,收益短期无法显现,没有政府和公众的全面支持,节能技术就没有市场竞争力。改革开放40年来,我国一直非常重视提高能效,并取得了很大成效。但是,我国有关提高能源效率的做法,更多的是偏重于"节能"的理念,没有把"能效"作为一种资源纳入规划进行合理开发和利用。我国节能技改奖励政策虽然根据节能量奖励企业,但疏于考虑技术差别导致项目成本的差别,无论何种技术均按节能量大小予以奖励,客观上相当于只鼓励企业选择最廉价且最容易产生效果的改造方案。

相比之下,美国和日本的政策是根据技术种类或项目成本进行补贴,有利于先进技术的推广应用,激励企业深度挖掘节能潜力。例如,美国的"标准化奖励"政策,标准化奖励政策的核心在于"标准化"运作模式,这种模式有两个特点:一是政策实施机构预先制订能够获得奖励的节能技术目录,同一大类节能技术按统一标准予以奖励,如为高效照明改造设置唯一且固定的标准,无论企业采用何种具体手段,奖励标准相同,避免了后期节能量核查时由于繁杂

第七章 结论

的节能技术以及不同实施方式造成干扰;二是为改造难度较大、投资较多的节能技术(如中低温余热利用技术)设置更高的奖励标准、提供更多补贴,以鼓励企业更全面、深入挖掘节能潜力。

另外,我国基于节能量的奖励方式也可能会让企业产生虚报节能量的冲动,给后期审核带来困难,从而增加了政策监管成本。"标准化奖励"政策对各项节能技术进行了分类,并制订相对固定的奖励额度,可以减少后期节能量审核成本,但对政策前期调研准备工作提出了更高要求。此外,美国和日本的政策"门槛"都比较低,中小型企业也可享受到国家的优惠政策。

2. 通过节能激励政策推动节能工作开展

节能的关键在于激励机制的有效性。一般采用物质和精神双重激励,以调动参与节能的积极性。一方面对节能中具有杰出贡献的个人、组织和机构进行认可,认可后政府颁发节能奖;另一方面通过基于市场的财政激励政策调动节能的积极性,激励的形式有现金返还、税收减免和低息贷款等,现金返还是为了鼓励用户购买节能产品,特别是"能源之星"标志产品。

3. 重视能效标准的制定

在能效标准上采用两条腿走路的做法,一方面,国家制定相关产品、设备和系统的最低能源效率标准,这些标准均是强制性国家标准;另一方面,通过财税激励措施鼓励厂家、用户来实现更高的能源效率标准,这些标准是自愿性的标准,属市场行为,对于具有自愿性能耗标识的节能型产品,如"能源之星"标识产品政府必须优先采购。

4. 发挥电力公司节能的主观能动性

我国应根据电力资源综合规划,要求各电网在保障满足服务区域电力总需求的同时,按一定比例采购传统电源电能、清洁电能和能效电厂降低需求量的计划要求,综合确定成本、盈利和销售价格,让电网公司在能效电厂建设中既有压力也有动力。电网公司能效投资的资金一部分来源于能效专项基金,一部分可从电网公司上缴利润中抵扣,一部分可来自财政资助或奖励等。

5. 设立专门的节能管理机构

发挥节能服务公司在技术、管理、专业人才等方面的优势,帮助能源用户设计实施一整套切实可行的解决方案来应对和管理每天在生产经营及生活中遇到的复杂的能源问题。建立能源用户整体能源管理系统,整合能源管理经验、数据处理服务、门户网站中各项工具以及培训服务,帮助能源用户全面降低能耗,有效利用资源,减少废弃物排放,提高经济效益。

6. 大力开展电力需求侧管理

首先,完善相关法律法规制度。我国目前与之相关的法律法规很少,现今颁布实施的法律，只有《中华人民共和国节约能源法》和《节约用电管理办法》等少数法律与需求侧管理相关，支持力度明显不够。其次，实施卓有成效的经济刺激政策。电网公司首先要解决好销售效率与对用户供电之间的矛盾，电力的均价销售必然减少了电网公司所获得利益，从而在很大程度上降低了这个电力需求侧管理的实际实施者的积极性。最后，完善电力差别价格体系，在现有的差别价格的基础上，按照产业政策和能效标准，制订能效差别价格，对能效低的实行高价，对能效高的实行优惠价格，促进我国产业结构调整。

四、促进能源资源的清洁高效利用

1. 大力推行发电权交易

在保障电网安全的前提下，通过市场方式和经济手段推行发电权交易，促进高效环保机组的利用，减少对小机组关停带来的冲击，有利于社会稳定与和谐。拓宽发电权交易的开展范围，加大开展力度，不断完善和规范全国范围的跨省跨区发电权交易，并指导和推动各区域电网内的跨省跨区发电权交易，进一步完善电力交易机制。

2. 积极促进并网消纳

支持分布式发电及微电网的接入，建设坚强智能电网，提高电网运行的可靠性和调峰能力，提高新能源发电的消纳能力，尽量避免弃风、弃水、弃电；进一步完善可再生能源电量全额收购的监管工作，明确监管职责、监管措施和法律责任；积极推动企业落实可再生能源全额收购和电价政策，协调解决可再生能源上网中存在的问题。

3. 利用市场手段促进电力环保

对能源开发利用全过程实施严格的环保政策。严格执行各项环保政策，适时开征环境税，将环境污染和生态破坏的外部成本通过税收的方式内部化。设立资源节能减排制度，对完成节能减排承诺表现突出的企业予以一定的政府奖励，逐步健全污染物排放额交易、碳排放交易、环境容量交易机制。

五、完善电力节能调度机制

1. 建立科学合理的电力市场辅助服务价格机制

将节能发电调度与辅助服务交易相结合，促进可再生能源优先并网，兼顾其他电源方利益，进一步满足风、光等可再生能源大规模发展的需要。为此，应建立市场化的辅助服务定价标准和体系，使各类辅助服务提供者在市场中各尽所能并得到充分补偿，刺激辅助服务供给；同时，要研究建立"谁受益、谁付费"的辅助服务市场传导机制，使受益者在增加或减少辅助服务需求之间做

第七章 结论

出合理的市场选择。

2. 建立科学的输配电价机制和电网备用容量服务价格机制

风电等可再生能源大规模并网对电网企业输配电成本的影响是显而易见的，成本的增加理应通过输配电价进行疏导，确保电网和电源协调发展；鼓励分布式可再生能源与大用户直接交易，同步建立电网备用容量服务价格机制，使电网备用容量的受益者在增加或减少备用容量服务需求之间做出合理的市场选择。

3. 严格调度信息披露与过程监督制度

加大电力节能调度监督力度，严格调度交易信息报送与调度过程监督制度，监督电网企业及时披露相关信息，打破"三公"调度，大力促进节能发电调度发展，使调度机制公开、透明。

六、明晰主力电源的发展政策

为了能在短期内达到预期的控煤效果，必须明晰主力电源的发展政策，依靠水电、核电、气电来替代煤电；适应可再生能源发展需要，加快抽水蓄能电站的健康有序发展。

1. 坚持生态保护底线、科学安置移民、积极发展水电

国家发展水电的首要考虑因素就是要保护生态，统筹安排各阶段环境保护的设计、建设和运行，保证各项环境保护措施设计符合规范要求，及时建设落实并发挥作用，确保安全。对环评已批复、项目已核准（审批）的水电工程，经回顾性研究或环境影响后评价确定须补设或优化生态流量泄放、水温恢复、过鱼等重要环境保护措施的，应按水电工程设计有关变更管理的要求，履行相关程序后实施。设计变更工作应开展专题研究，必要时进行模型试验，以保障工程安全和稳定运行。

借鉴地方先进的移民经验，结合实际，推出全国层面的统一移民政策，妥善安置受影响居民。不断改进和完善水库移民工作的管理模式和实施机制，加强水库移民工作实施管理，在"政府负责、投资包干、移民监理"的基础上，增加业主参与制，对投资包干加强合同管理，对移民监理需要加强和全面推广。

2. 尽快明确核电技术发展路线、安全高效发展核电

督促尽快完善核电技术发展路线，明确核电技术选型，在确保安全的基础上大力发展核电。核电发展长期来看以第 3 代核电技术为主，当前主要依靠成熟的第 2 代＋技术进行过渡。鼓励核电企业引进技术、消化吸收和再创新，并支持其在国内企业实现技术共享。对第 3 代核电技术要稳妥推进市场化，在尽快完成首台商业化运行的基础上加速其技术学习与市场扩散。同时应加大第 4

代核电技术的研发投入力度,促进其加速完成从实验室到商业化的商业创新过程。

3. 出台全国性的政策框架、积极发展气电

天然气发电作为一种清洁、高效、安全的电源,具有装机结构优化和系统调峰的双重作用;在北京这样空气质量约束严格的负荷中心,还承担基核电源的角色。目前,天然气发电扶持政策主要是在地方政府层面,在中央政府层面还缺乏强有力的支持。建议国家尽快出台天然气发电政策框架,采取政策性价差补贴政策对天然气电站给予扶持。

4. 促进抽水蓄能电站健康快速发展

抽水蓄能电站运行灵活、反应快速,是电力系统中具有调峰、填谷、调频、调相、备用和黑启动等多种功能的特殊电源,是目前最具经济性的大规模储能设施。为保障电力系统安全、稳定、经济运行,适应可再生能源快速规模化发展需要,国家应着力促进抽水蓄能电站持续、健康、有序发展。

一是要按照区域电网范围,统筹资源与市场、电力发展规划与新能源发展规划、电网运行需要与系统经济性,合理规划抽水蓄能电站站点布置、建设规模、建设时序。二是要加大科技投入,加强技术攻关,健全技术标准体系,不断提高抽水蓄能机组设备制造能力和抽水蓄能电站设计、建设、运行管理技术水平。三是要强化运行管理和行业监管,有效监督规划执行和政策落实,切实加强市场监管,根据电力系统运行特性和安全要求,科学制订调度规则和考核、监管措施,有效发挥抽水蓄能电站作用。四是要结合电力市场化改革,完善和落实建设管理体制和价格机制,不断优化产业发展政策,调动各方发展抽水蓄能电站的积极性,适度加快抽水蓄能电站发展。

当前的重点是加强规划工作。要统筹考虑区域电网调峰资源、系统需要和站址资源条件,分析研究抽水蓄能电站建设规模和布局,合理确定推荐站点、建设时序和服务范围,将选点规划作为各地抽水蓄能电站规划建设的基本依据。在选点规划基础上,结合电力规划编制,制定全国和各区域抽水蓄能电站中长期发展规划。同时要深化战略研究工作。积极开展抽水蓄能电站辅助服务作用和效益研究,适时启动海水抽水蓄能电站研究论证工作。

七、立足国情,稳步推进电力市场化改革

放开两头,监管中间,构建统一开放的全国电力市场体系。放开两头就是在发电环节和售电环节,逐步放松管制,激发市场活力。监管中间就是在电网环节,继续发挥当前体制优势,进一步强化监管,实现电网公平开放。构建统一开放的全国电力市场体系,就是建立市场规则,健全电价机制,消除省间壁

第七章 结论

垒,形成发电企业自主卖电,电力用户自主买电,资源在全国范围内优化配置的市场格局。

建立市场导向的新型电价结构体系和价格形成机制。以绿色低碳为基本准则,在发电侧,引入两部制电价机制,对不同性质电源根据其社会平均成本,分别制定容量电价标准,实现电网购电成本最低目标与低碳发电调度优化目标的统一;引入碳排放价格底线,通过市场机制和政策等手段,结合碳排放成本对发电报价进行修正,将碳排放外部成本内部化,形成价格最优与排放最低相一致的市场选择新机制,从而实现市场竞争调度模式优化目标与低碳发电调度优化目标的统一。在电网侧,明晰输电、配电、零售等价格标准,建立独立输配电价体系,改变现行电网企业依靠买电、卖电获取购销差价,单纯追求售电量增长的粗放式盈利模式。在需求侧,进一步完善节能减排导向的价格体系,逐步放松对零售电价的管制,允许和鼓励售电公司根据用户用电负荷特点提供多样化的电价套餐;引入需求侧响应信号,实现上网环节与售电环节的有机联动,通过阶梯电价、峰谷电价、分时电价、节点电价等手段引导用户自觉移峰填谷,科学、合理地消费能源。

附录 A 统筹电源、电网、负荷的分区 IRSP 电力规划模型

综合资源战略规划模型以整个规划期的社会总投入最小为目标函数，统筹考虑电源、电网、负荷各环节区内、跨区的制约因素，通过全局优化，得到未来各水平年电源装机、发电量、电网建设规模、各类投资和运行费用、各种污染物排放量等情况，模型构架如图 A-1 所示。

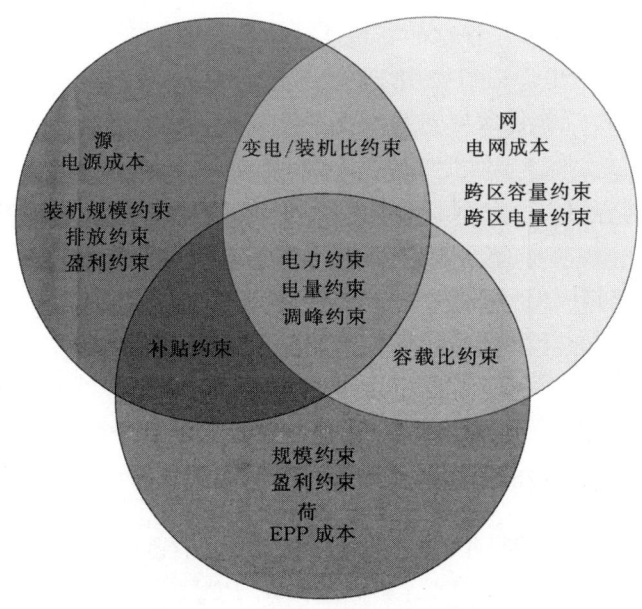

图 A-1 综合资源战略规划模型

A.1 目标函数

目标函数为规划期内总成本 f 最小（考虑资金的时间价值），包括电源成本 C^{Gen}、电网成本 C^{Net}、EPP 成本 C^{EPP} 和排放成本 C^{Emi}，有

$$\min f = C^{Gen} + C^{Net} + C^{EPP} + C^{Emi} \quad (A-1)$$

(1) 电源成本 C^{Gen} 包括规划期内各年投运机组的固定费用和所有机组的运行费用，即

$$C^{Gen} = C^{Gen}_{cap} + C^{Gen}_{run} \quad (A-2)$$

式中：C^{Gen}_{cap} 为各年考虑建设补贴的投运机组固定投资之和；C^{Gen}_{run} 为各年考虑运行补贴的所有机组运行费用之和。

(2) 电网成本 C^{Net} 包括规划期内各年投运线路和变电站的固定费用和运行费用，即

$$C^{Net} = C^{Net}_{cap} + C^{Net}_{run} \quad (A-3)$$

式中：C^{Net}_{cap} 为各年投运线路和变电站的固定投资之和；C^{Net}_{run} 表示各年电网的运行成本之和。

(3) 能效电厂成本 C^{EPP} 包括规划期内各年投运 EPP 的固定费用和所有 EPP 的运行费用，即

$$C^{EPP} = C^{EPP}_{cap} + C^{EPP}_{run} \quad (A-4)$$

式中：C^{EPP}_{cap} 为各年考虑推广补贴的新增能效电厂固定投资之和；C^{EPP}_{run} 为各年考虑运行补贴的所有能效电厂运行费用之和。

(4) 排放费用 C^{Emi} 包含规划期内各年各类电厂的污染物排放费用，即

$$C^{Emi} = C^{Emi}_{CO_2} + C^{Emi}_{SO_2} + C^{Emi}_{NO_x} \quad (A-5)$$

式中：$C^{Emi}_{CO_2}$、$C^{Emi}_{SO_2}$、$C^{Emi}_{NO_x}$ 分别表示各年 CO_2、SO_2、NO_x 的排放费用之和。

A.2 约束条件

IRSP 涉及电源、电网、负荷各个环节，下面将对约束条件分别从电源、电网、负荷各类进行介绍。

A.2.1 涉及电源的约束

(1) 装机规模约束。每年常规电源的装机规模不超过一定的限度，即

$$P^{endGen}_{r,m,y-1} + P^{newGen}_{r,m,y} \leqslant P^{maxGen}_{r,m,y} \quad (A-6)$$

式中：$P^{endGen}_{r,m,y-1}$ 为第 $y-1$ 年末区域 r 中第 m 类机组的装机容量（考虑机组退役情况）；$P^{newGen}_{r,m,y}$ 为第 y 年第 m 类机组的新增装机容量；$P^{maxGen}_{r,m,y}$ 为第 y 年末第 m 类机组的最大装机容量限度。

(2) 污染物排放约束。每年燃煤、燃气机组排放的 CO_2、SO_2、NO_x 不大于限定值，即

$$\sum_m (E^{endGen}_{r,m,y} \times I^O_{r,m,y}) \leqslant O^{max}_{r,y} \quad (A-7)$$

附录 A　统筹电源、电网、负荷的分区 IRSP 电力规划模型

$$\sum_{m}(E_{r,m,y}^{\text{endGen}} \times I_{r,m,y}^{\text{S}}) \leqslant S_{r,y}^{\max} \qquad (A-8)$$

$$\sum_{m}(E_{r,m,y}^{\text{endGen}} \times I_{r,m,y}^{\text{N}}) \leqslant N_{r,y}^{\max} \qquad (A-9)$$

式中：$E_{r,m,y}^{\text{endGen}}$ 为第 y 年末区域 r 中第 m 类机组的发电量；$I_{r,m,y}^{\text{O}}$、$I_{r,m,y}^{\text{S}}$、$I_{r,m,y}^{\text{N}}$ 分别为第 y 年区域 r 中第 m 类机组的 CO_2、SO_2、NO_x 排放强度；$O_{r,y}^{\max}$、$S_{r,y}^{\max}$、$N_{r,y}^{\max}$ 分别为第 y 年区域 r 中 CO_2、SO_2、NO_x 排放限值。

(3) 盈利约束。新增常规电源（水电、火电、核电、风电等）在其寿命期或规划期内要实现盈利，有

$$C_{r,m,y}^{\text{fixGen}} + C_{r,m,y}^{\text{runGen}} \leqslant E_{r,m,y}^{\text{newGen}} \times R_{r,m,y}^{\text{eGen}} \qquad (A-10)$$

式中：$C_{r,m,y}^{\text{fixGen}}$ 为第 y 年区域 r 中新增的第 m 类机组的容量成本；$C_{r,m,y}^{\text{runGen}}$ 为第 y 年区域 r 中新增的第 m 类机组的运行费用（考虑补贴）；$R_{r,m,y}^{\text{eGen}}$ 为第 y 年区域 r 中第 m 类机组的上网电量电价。

A.2.2　涉及电网的约束

(1) 跨区电力约束。跨区输电通道要在规划限度的约束下，有

$$P_{r,rr,y}^{\text{minTran}} \leqslant P_{r,rr,y}^{\text{Tran}} \leqslant P_{r,rr,y}^{\text{maxTran}} \qquad (A-11)$$

式中：$P_{r,rr,y}^{\text{Tran}}$ 为第 y 年从区域 r 输送到区域 rr 的输电通道容量，它满足 $\max_{mo}(P_{r,rr,mo,y}^{\text{Tran}}) \leqslant P_{r,rr,y}^{\text{Tran}}$，$P_{r,rr,mo,y}^{\text{Tran}}$ 为第 y 年 mo 月由区域 r 跨区输出到区域 rr 的容量；$P_{r,rr,y}^{\text{maxTran}}$、$P_{r,rr,y}^{\text{minTran}}$ 分别为第 y 年从区域 r 到区域 rr 跨区输电通道的容量上、下限。

(2) 跨区电量约束。跨区输送的电量要在通道允许的范围内，有

$$E_{r,rr,y}^{\text{minTran}} \leqslant E_{r,rr,y}^{\text{Tran}} \leqslant E_{r,rr,y}^{\text{maxTran}} \qquad (A-12)$$

式中：$E_{r,rr,y}^{\text{Tran}}$ 为第 y 年从区域 r 输送到区域 rr 的电量；$E_{r,rr,y}^{\text{maxTran}}$、$E_{r,rr,y}^{\text{minTran}}$ 分别为第 y 年从区域 r 到区域 rr 跨区输送电量的上、下限。

A.2.3　涉及负荷的约束

(1) 规模约束。每年各类 EPP 推广规模限度为

$$P_{r,e,y-1}^{\text{endEPP}} + P_{r,e,y}^{\text{newEPP}} \leqslant P_{r,e,y}^{\text{maxEPP}} \qquad (A-13)$$

式中：$P_{r,e,y-1}^{\text{endEPP}}$ 为第 $y-1$ 年末区域 r 中第 e 类 EPP 的规模；$P_{r,e,y}^{\text{newEPP}}$ 为第 y 年区域 r 中第 e 类 EPP 的新增规模；$P_{r,e,y}^{\text{maxEPP}}$ 为第 y 年末区域 r 中第 e 类 EPP 的最大规模限度。

(2) 盈利约束。各类 EPP 在规划期内要实现盈利，有

$$C_{r,e,y}^{\text{fixEPP}} + C_{r,e,y}^{\text{runEPP}} \leqslant P_{r,e,y}^{\text{newEEPP}} \times R_{r,e,y}^{\text{pEPP}} + E_{r,e,y}^{\text{newEPP}} \times R_{r,e,y}^{\text{eEPP}} \qquad (A-14)$$

式中：$C_{r,e,y}^{fixEPP}$ 为第 y 年区域 r 中新增的第 e 类 EPP 的容量成本；$C_{r,e,y}^{runEPP}$ 为第 y 年区域 r 中新增的第 e 类 EPP 的运行费用（考虑补贴）；$P_{r,e,y}^{newEEPP}$ 为第 y 年区域 r 中第 e 类 EPP 的等效出力；$E_{r,e,y}^{newEPP}$ 为第 y 年区域 r 中第 e 类 EPP 的等效发电量；$R_{r,e,y}^{pEPP}$ 为第 y 年区域 r 中第 e 类 EPP 的上网容量电价；$R_{r,e,y}^{eEPP}$ 为第 y 年区域 r 中第 e 类 EPP 的上网电量电价。

A.2.4 涉及电源和电网的相关约束

变电容量与装机比例约束。输电网变电容量与发电装机容量（包含跨区输入电力）的比例要在一定的区间约束下：

$$\alpha_{r,y}^{min} \leqslant \frac{\sum_{v} P_{r,v,y}^{endNet}}{\sum_{m} P_{r,m,y}^{endGen} + \sum_{rr} P_{rr,r,y}^{Tran}} \leqslant \alpha_{r,y}^{max} \quad (A-15)$$

式中：$P_{r,v,y}^{endNet}$ 为第 y 年末区域 r 的第 v 类电网的变电容量；$P_{rr,r,y}^{Tran}$ 为第 y 年从区域 rr 跨区输入到区域 r 的容量；$\alpha_{r,y}^{max}$、$\alpha_{r,y}^{min}$ 分别为第 y 年区域 r 的变电容量与装机比例系数上、下限。

A.2.5 涉及电网和负荷的相关约束

容载比约束。各区域电网变电容量与最大负荷（包含输出电力）的比例（容载比）要大于一定的限度，有

$$\beta_{r,y}^{min} \leqslant \frac{\sum_{v} P_{r,v,y}^{endNet}}{L_{r,y}^{max} + \sum_{rr} P_{r,rr,y}^{Tran}} \quad (A-16)$$

式中：$L_{r,y}^{max}$ 为第 y 年区域 r 的最高负荷预测值；$P_{r,rr,y}^{Tran}$ 为第 y 年由区域 r 跨区输出到区域 rr 的容量；$\beta_{r,y}^{min}$ 为第 y 年区域 r 的容载比限值。

A.2.6 涉及电源和负荷的相关约束

补贴约束。电源补贴（固定成本补贴和运行成本补贴）和 EPP 补贴不能高于一定限度，有

$$S_{r,y}^{Gen} + S_{r,y}^{EPP} \leqslant S_{r,y}^{max} \quad (A-17)$$

式中：$S_{r,y}^{Gen}$ 为第 y 年区域 r 的电源补贴；$S_{r,y}^{EPP}$ 为第 y 年区域 r 的 EPP 运行成本补贴；$S_{r,y}^{max}$ 为第 y 年区域 r 的补贴上限。

A.2.7 涉及电源、电网、负荷的相关约束

（1）电力约束。各区各月常规电源装机容量（考虑备用容量）、能效电厂等

附录 A 统筹电源、电网、负荷的分区 IRSP 电力规划模型

效容量和跨区输入电力之和不小于各月最大负荷需求和跨区输出电力之和,有

$$L_{r,mo,y}^{\max} + \sum_{rr} P_{r,rr,mo,y}^{\text{Tran}} \leqslant \sum_{m} P_{r,m,y}^{\text{endGen}} + \sum_{e} P_{r,e,y}^{\text{endEEPP}} + \sum_{rr} P_{rr,r,mo,y}^{\text{Tran}} \quad (A-18)$$

式中:$L_{r,mo,y}^{\max}$ 为第 y 年 mo 月区域 r 的最高负荷预测值;$P_{r,e,y}^{\text{endEEPP}}$ 为第 y 年末区域 r 中第 e 类 EPP 的等效容量。

(2)电量约束。常规电源发电量、能效电厂等效发电量和跨区输入电量之和等于负荷需求电量和跨区输出电量之和,有

$$E_{r,y}^{\max L} + \sum_{rr} E_{r,rr,y}^{\text{Tran}} = \sum_{m} E_{r,m,y}^{\text{Gen}} + \sum_{e} E_{r,e,y}^{\text{EEPP}} + \sum_{rr} E_{rr,r,y}^{\text{Tran}} \quad (A-19)$$

式中:$E_{r,y}^{\max L}$ 为第 y 年区域 r 的最高电量预测值;$E_{r,m,y}^{\text{Gen}}$ 为第 y 年区域 r 中第 m 类机组的发电量;$E_{r,e,y}^{\text{EEPP}}$ 为第 y 年区域 r 中第 e 类 EPP 的等效发电量;$E_{r,rr,y}^{\text{Tran}}$、$E_{rr,r,y}^{\text{Tran}}$ 分别为第 y 年从区域 r 输出到区域 rr 的电量和从区域 rr 输入到区域 r 的电量。

(3)跨区调峰约束。①全网常规电源和能效电厂的可调容量不小于波动性电源(主要是风电、太阳能)的装机容量和系统最大峰谷差;②各区域电网的常规电源和能效电厂的可调容量与跨区输入容量之和不小于各区域波动性电源(主要是风电、太阳能)的装机容量和最大峰谷差,即

$$\begin{cases} \sum_{r}(\Delta L_{r,y}^{\max V} + \sum_{w} P_{r,w,y}^{\text{endGen}}) \leqslant \sum_{r}(\sum_{m} V_{r,m,y}^{\text{endGen}} + \sum_{e} V_{r,e,y}^{\text{endEEPP}}) \\ \Delta L_{r,y}^{\max V} + \sum_{w} P_{r,w,y}^{\text{endGen}} \leqslant \sum_{m} V_{r,m,y}^{\text{endGen}} + \sum_{e} V_{r,e,y}^{\text{endEEPP}} + \sum_{rr} P_{rr,r,y}^{\text{Tran}} \end{cases} \quad (A-20)$$

式中:$\Delta L_{r,y}^{\max V}$ 为第 y 年区域 r 的最大峰谷差;$P_{r,w,y}^{\text{endGen}}$ 为第 y 年末区域 r 中风电 w 的装机容量;$V_{r,m,y}^{\text{endGen}}$、$V_{r,e,y}^{\text{endEEPP}}$ 分别为第 y 年末区域 r 的常规电源的可调节容量和能效电厂的等效可调节容量。

附录B 节能发电调度模型

B.1 目标函数

$$\min C = C_1 + C_2 + C_3 + C_4 + C_5 + C_6 + C_7 + C_8$$

$$C_1 = C_{11} + C_{12}$$

$$C_{11} = \sum_{i=1}^{N}(aP_{it}^2 + bP_{it} + c)$$

$$C_{12} = \sum_{i=1}^{N} kP_{it}$$

式中：C_1 为电力系统中火电的发电成本；C_{11} 为火电厂燃料成本；C_{12} 为火电厂运维成本；P_{it} 为火电厂 i 在时间 t 内的发电量；a、b、c、k 为系数。

$$C_2 = \sum_{i=1}^{N} drP_{it}$$

式中：C_2 为火电厂燃烧排放污染物的惩罚成本；P_{it} 为火电厂 i 在时间 t 内的发电量；d 为系数；r 为污染物排放价格。

$$C_3 = \sum_{w=1}^{N} eP_{wt}$$

式中：C_3 为风电厂的发电成本；P_{wt} 为风电厂 w 在时间 t 内的发电量；e 为风电机组发电成本系数。

其中，当电网接纳风电的能力不足或者风电自身特性出力不稳定时，风电厂存在弃风的情况，此时存在弃风惩罚成本 C_4。

$$C_4 = \sum_{U=1}^{N} fP_{Ut}$$

式中：P_{Ut} 为风电厂 U 在时间 t 内的弃风量；f 为风电机组弃风惩罚系数。

$$C_5 = g_1 P_r^2 + g_2 P_r + g_3$$

式中：C_5 为备用容量产生的成本；P_r 为电力系统的备用容量，g_1、g_2、g_3 为备用容量的成本系数。

$$C_6 = \sum_{wa=1}^{N} hP_{wat}$$

式中：C_6 为水电站的发电成本；P_{wat} 为水电站 wa 在 t 时间内的发电量；h 为水力发电的成本系数。

$$C_7 = \sum_{p=1}^{N} ihP_{pt}$$

式中：C_7 为系统中抽水蓄能电站的发电成本；P_{pt} 为水电站 p 在 t 时间内的发电量；h 为水力发电的成本系数；i 为抽水蓄能电站与普通水电站成本换算参数，值为 $\frac{4}{3}$。

其中：由于新能源的接入存在一定的不确定性，所以可能存在切负荷的情况。当电力系统的出力无法满足电网需求端的负荷时，则存在 C_8 为切掉负荷产生的惩罚成本。

$$C_8 = jP_{qt}$$

式中：P_{qt} 为电力系统在 t 时间内切掉的负荷；j 为工商业用户用电电价。

B.2 约束条件

B.2.1 电量平衡约束

$$\sum_{t=1}^{T}\sum_{i=1}^{N}P_{it} + \sum_{t=1}^{T}\sum_{w=1}^{N}P_{wt} + \sum_{t=1}^{T}P_t - \sum_{t=1}^{T}\sum_{U=1}^{N}P_{Ut} + \sum_{t=1}^{T}\sum_{wa=1}^{N}P_{w_a}$$
$$= \sum_{t=1}^{T}P_{Lt} - \sum_{t=1}^{T}P_{qt} + \sum_{t=1}^{T}\sum_{p=1}^{T}P_{pt}$$

式中：P_{it} 为火电厂 i 在时间 t 内的发电量；P_{wt} 为风电厂 w 在时间 t 内的发电量；P_t 为电力系统在 t 时间的实际发电量；P_{Ut} 为风电厂在时间 t 内的未能接入电网的发电量；P_{w_a} 为水电站在时间 t 内的发电量；P_{Lt} 为系统中的负荷；P_{qt} 为系统在 t 时间内切掉的负荷；P_{pt} 为系统中抽水蓄能电站抽水蓄能消耗掉的电量。

B.2.2 火电机组爬坡能约束

当机组向上爬坡时，有

$$0 \leqslant P_i^n - P_i^{n-1} \leqslant r_i^{up}$$

当机组向下爬坡时，有

$$-r_i^{down} \leqslant P_i^n - P_i^{n-1} \leqslant 0$$

式中：r_i^{up}、r_i^{down} 分别为火电机组小时内向上、向下爬坡能力；P_i^n 与 P_i^{n-1} 分别为某时间及其前一时间段内火电机组出力。在此假设电力系统中的火电机组是连续运行的,不考虑火电机组启停机时的情况。

发电机组出力约束为

$$P_{i,\min} \leqslant P_i \leqslant P_{i,\max}$$
$$0 \leqslant P_W \leqslant P_{W,\max}$$
$$0 \leqslant P_{Wa} \leqslant P_{Wa,\max}$$

式中:$P_{i,\min}$ 为火电机组运行最低出力水平;$P_{i,\max}$ 为火电机组额定最高出力水平;$P_{W,\max}$ 为风电机组满负荷发电时可能达到的最高水平;$P_{Wa,\max}$ 为水电站出力能够达到的最高水平。

B.2.3 系统备用约束

上备用约束

$$\sum_{i=1}^{N} P_{ri}^{up} + P_{rw} \geqslant R_t^{up} + R_{wt}^{up}$$
$$P_{rit}^{up} + P_{it} \leqslant P_{i,\max}$$

式中:P_{ri}^{up} 为向上爬坡时火电机组承担的备用容量;P_{rw} 为水电成本的备用容量;R_t^{up} 为不考虑风电的接入时电力系统的向上爬坡备用;R_{wt}^{up} 为电力系统中专门为风电准备的备用;P_{rit}^{up} 为机组 i 在时间 t 的向上爬坡容量;P_{it} 为机组 i 在时间 t 的出力;$P_{i,\max}$ 为机组 i 的最大出力能力。

下备用约束

$$\sum_{i=1}^{N} P_{ri}^{down} + P_{rw} \geqslant R_t^{down} + R_{wt}^{down}$$
$$P_{it} - P_{rit}^{down} \geqslant P_{i,\min}$$

式中:P_{ri}^{down} 为向下爬坡时火电机组承担的备用容量;P_{rw} 为水电成本的备用容量;R_t^{down} 为不考虑风电的接入时电力系统的向下爬坡备用;R_{wt}^{down} 为电力系统中专门为风电准备的备用;P_{rit}^{down} 为机组 i 在时间 t 的向下爬坡容量;P_{it} 为机组 i 在时间 t 的出力;$P_{i,\min}$ 为机组 i 的最小出力能力。

附录 C 电力需求情景分析

C.1 情景分析模型与参数设定

本书根据我国经济社会发展的动力特征构造了电力需求情景分析模型，对 2013—2030 年的电力需求进行了多情景分析。情景分析本质上是探究"最可能的"或"最合意的"经济社会发展轨迹下节能与收入分配政策对电力消费的影响。模型的构建为

$$EI_{\text{GDP}} = \frac{E}{\text{GDP}} = \frac{E_P + E_R}{\text{GDP}} \quad (C-1)$$

$$\frac{E_P}{\text{GDP}} = \frac{E_{\text{PP}} + E_{\text{PS}} + E_{\text{PT}}}{\text{GDP}} = \sum_{i=1-3}(S_i I_i) \quad (C-2)$$

$$E_R = E_{\text{UR}} + E_{\text{RR}} = \frac{e_U}{I_U} \times \frac{I_U}{\text{gdp}} \times R_U \times \text{POP} + \frac{e_R}{I_R} \times \frac{I_R}{\text{gdp}} \times (1-R_U) \times \text{POP} \quad (C-3)$$

$$EI = \text{GDP} \times EI_{\text{GDP}} \quad (C-4)$$

式中：EI_{GDP} 为 GDP 电力强度；E 为全社会电力消费总量；E_P 与 E_R 分别为全行业电力消费与居民生活电力消费量；E_{PP}、E_{PS} 与 E_{PT} 分别为三大产业的电力消费量；S_i 为产业结构比例；I_i 为各产业所对应的电力消费强度；R_U 为城市化率；gdp 为人均 GDP；I_U 为城市人均可支配收入；I_R 为农村人均纯收入；POP 为总人口。

参数设定方面，GDP 总量、人口、城镇化率和三次产业比例这 4 个经济社会关键变量的参数设定，采用了中国煤控项目总情景组的研究成果。根据该假设，2020 年 GDP 总量为 2010 年的 2.08 倍（略高于翻一番的目标）；2020 年总人口达到 14.33 亿，2030 年增长到 14.53 亿；城镇化率 2030 达到 70%；三次产业比例，2020 年达到 8∶42∶50，2030 年三产比例将进一步上升到 56%。而三次产业电力强度、人均 GDP 与人均收入、人均收入与人均生活用电的参数主要

作以下几点考虑。

根据历史变化趋势（图C-1），第一产业的电力强度变化相对比较稳定，并且第一产业的增加值比例很小，对未来电力需求的影响很小。第二产业和第三产业的电力强度分别设定了3种趋势。对于第二产业来说，根据历史趋势其电力强度呈下降趋势，3种变化趋势假设为：加速下降；维持历史趋势不变；减速下降。当然，根据研判，加速下降是未来较为合理的趋势。对于第三产业，以历史变化趋势作为参照系，另外考虑新型服务业、办公电气化以及电气化交通的影响，第三产业电力强度未来可能会上升，此外还假设了一个下降趋势作为对比。

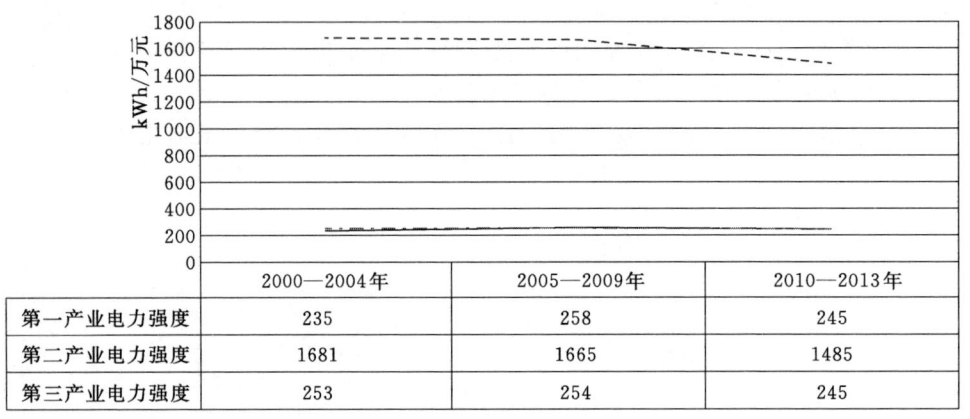

图C-1 三大产业电力消费强度变化

对于城、乡居民人均收入—人均GDP弹性和人均用电量—人均收入弹性的变化趋势假设则比较简单，一种假设是维持历史趋势不变，另一种考虑是随着收入水平的提高而加速发展（即保持率先进入高收入国家的发达地区的居民用电增长轨迹，本研究以北京市城乡居民用电特性的变化趋势为参照系）。通过对不同参数及其变化趋势的不同组合，设定了8个情景。参数设定方面，情景1~4的居民用电参数的设定是一样的，主要比较的是第二产业和第三产业电力强度参数变化趋势的不同对电力需求的影响。情景5~8等主要考虑的是居民用电参数的不同假设对电力需求的影响。根据散点图的线性拟合结果（图C-2和图C-3），城镇居民人均用电量—人均收入弹性及人均收入—人均GDP弹性相对比较稳定，用电量—收入弹性基本维持在0.8上下波动，人均收入—人均GDP弹性整体呈现波动下降的趋势，下降趋势十分缓慢；对农村居民来说，人均用电量—收入弹性从较高位的2开始呈下降趋势，人均收入—人均GDP弹性则呈稳定上升趋势。

附录 C 电力需求情景分析

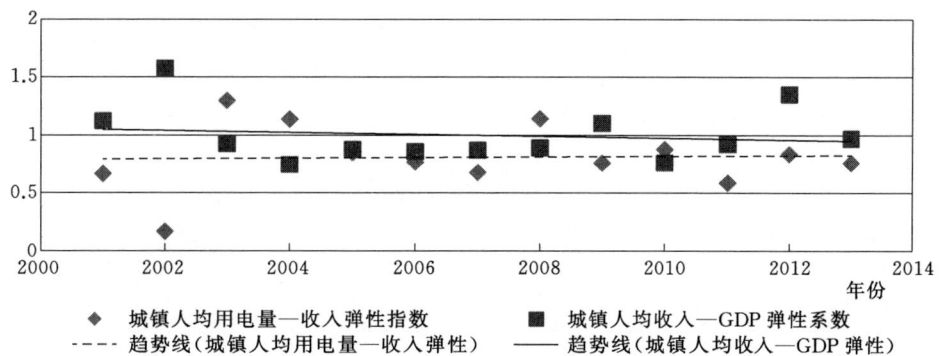

图 C-2 全国城镇人均用电量—人均收入弹性、人均收入—人均 GDP 弹性变化

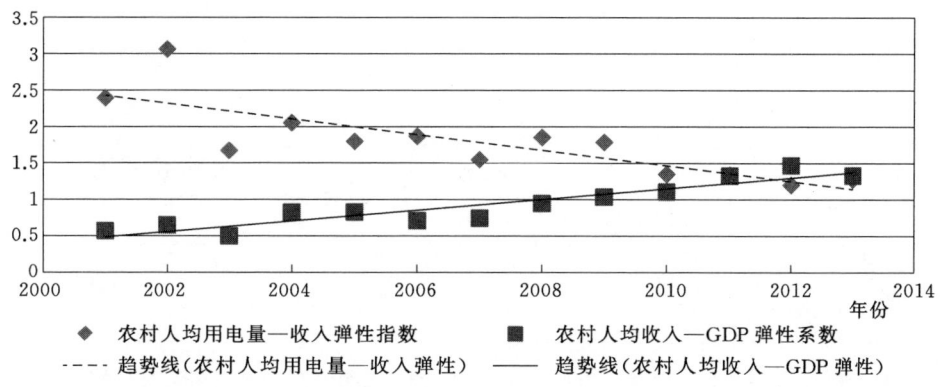

图 C-3 全国农村人均用电量—人均收入弹性、人均收入—人均 GDP 弹性变化

为了对城乡居民用电的增长趋势有更好的把握,研究选取北京市为参照系,对其从中高收入向高收入跨越期间城乡居民用电的增长特征进行了分析。根据公开统计资料截至 2013 年年底,北京市人均 GDP 已经达到 1.25 万美元。报告分析了北京市城乡居民人均用电量—人均收入弹性,以及人均收入—人均 GDP 弹性的变化趋势(图 C-4 和图 C-5)。根据统计数据,2010 年全国人均 GDP 为 3.05 万元,而在 1998 年,北京市就已经达到 3.02 万元的水平。本书认为,北京 1998 年至今居民用电特性的变化能够很好地反映全国城乡居民未来 10~15 年用电特性的变化趋势。

根据图 C-4 显示的趋势,北京市城镇人均用电量—人均收入弹性与人均收入—人均 GDP 弹性的变化趋势能够用抛物线进行很好的拟合,人均用电量—人均收入弹性自 1998 年后呈现出下降趋势,而城镇人均收入—人均 GDP 弹性呈现出上升趋势;同时北京市 1998 年前两个弹性的变化趋势也与目前全国的变化趋势较吻合。图 C-5 显示的结果,北京市农村人均用电量—人均收入弹性与人均收入—人均 GDP 弹性的变化趋势与全国目前的变化趋势一致。

171

附录 C 电力需求情景分析

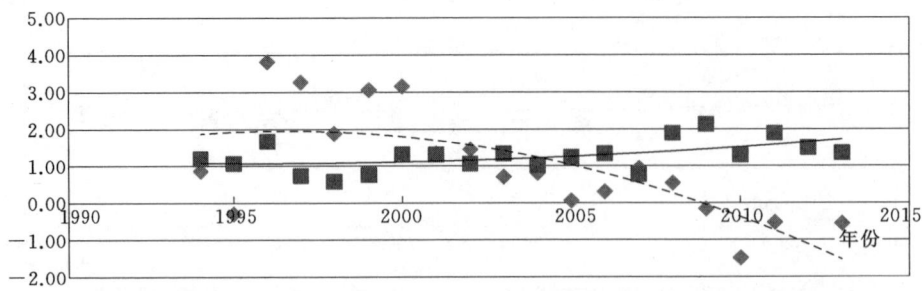

图 C-4 北京城镇人均用电量—人均收入弹性、人均收入—人均 GDP 弹性变化

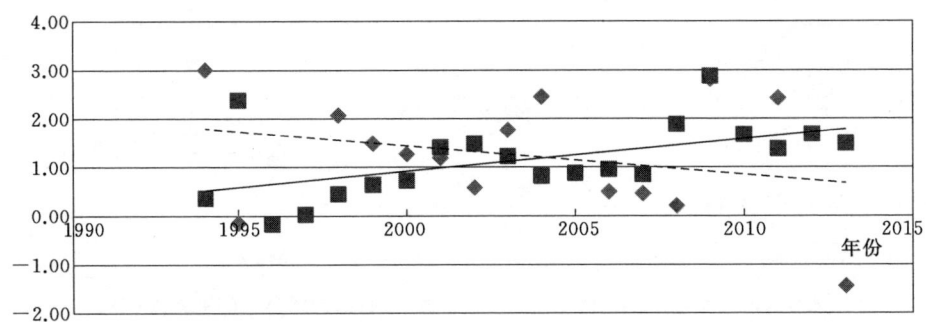

图 C-5 北京农村人均用电量—人均收入弹性、人均收入—人均 GDP 弹性变化

基于以上分析,对于电力需求各参数的具体量化设定见表 C-1。

表 C-1　　　　　　　　电力需求参数的设定

参　　数	变化趋势	2016—2020 年	2021—2025 年	2026—2030 年
一产电力强度	历史趋势	1.00%	-1.00%	-0.80%
二产电力强度	加速下降	-3.30%	-3.43%	-3.50%
	历史趋势	-3.30%	-3.30%	-3.30%
	减速下降	-3.30%	-2.50%	-2.20%
三产电力强度	强度上升	2.00%	1.80%	1.60%
	历史趋势	2.00%	-1.00%	1.00%
	强度下降	0.50%	-1.00%	-1.00%

续表

参　　数	变化趋势	2016—2020 年	2021—2025 年	2026—2030 年
城镇人均用电量—人均收入弹性	历史趋势	0.88	0.64	0.74
	下降趋势	0.45	0.40	0.38
城镇人均收入—人均 GDP 弹性	历史趋势	0.96	0.82	1.02
	加速趋势	1.05	1.20	1.30
农村人均用电量—人均收入弹性	历史趋势	1.13	1.11	1.10
	下降趋势	1.05	0.98	0.92
农村人均收入—人均 GDP 弹性	维持趋势	1.38	1.40	1.42
	加速趋势	1.40	1.45	1.50

C.2　电力需求情景分析结果

8 个情景下电力需求的综合比较见图 C-6。由图 C-6 可以清楚地看出，二、三产业电力强度参数设定的不同对电力需求的影响程度最大，而城、乡居民电力消费参数的不同随着时间的推移，对全社会电力需求影响逐渐增强。情景 1 是所有情景中增速最大的情景，其输出结果是 2020 年全社会用电量为 6.98 万亿 kWh，2030 年全社会用电量达到 10.09 万亿 kWh。情景 7 是增速最小的情景，2020 年全社会用电量为 6.83 万亿 kWh，2030 年全社会用电量达到 8.51 万亿 kWh。此外，情景 2 可以作为一个中速发展情景进行考虑，2020 年全社会用电量为 6.98 万亿 kWh，2030 年全社会用电量达到 9.15 万亿 kWh。

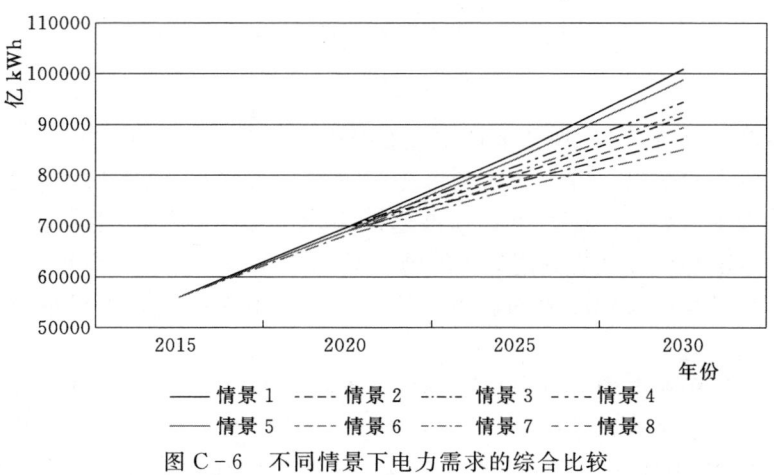

图 C-6　不同情景下电力需求的综合比较

附录 C 电力需求情景分析

综合分析表明，2020 年我国全社会电力需求量为 6.83 万亿~6.98 万亿 kWh，2030 年全社会电力需求量为 8.51 万亿~10.09 万亿 kWh。情景 8 作为本书的推荐情景，其输出结果为 2020 年全社会用电量为 6.90 万亿 kWh，2030 年全社会用电量达到 9.24 万亿 kWh。2020 年，推荐情景的全社会用电量相对较高，主要是考虑新型服务业、办公电气化以及电气化交通对第三产业电力强度的影响。到 2030 年，推荐情景的全社会用电量仅比中速增长情景略高；但与高速增长情景相比，仍有较大差距。

本书还对各个情景的电力消费弹性系数进行了测算（图 C-7）。高速增长情景（情景 1 和情景 5）下电力消费弹性系数呈现的是一个上升趋势；而中速发展情景（情景 2 和情景 6）下电力消费弹性系数在 2030 年时出现反弹；低速发展情景（情景 3 和情景 7）仅是起到对照的作用，现实意义不强；本书的推荐情景（情景 8）其电力消费弹性系数呈现的是一个逐步下降的趋势，这与电力发展趋势是吻合的。

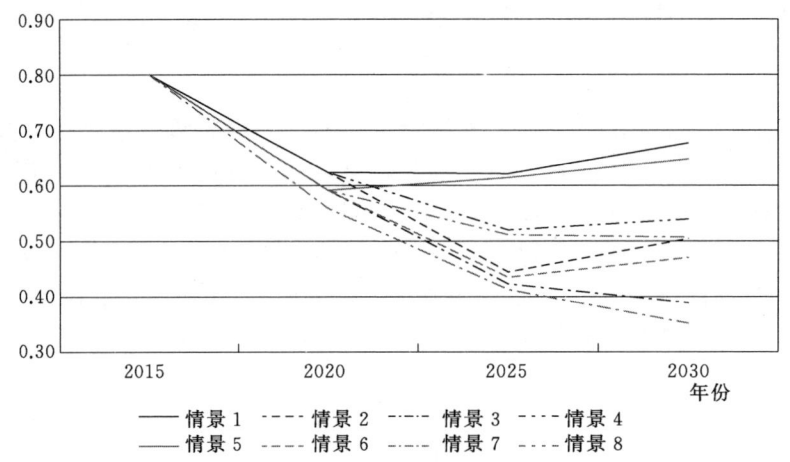

图 C-7 不同情景下的电力消费弹性系数比较

推荐情景（情景 8）参数的设定主要考虑到以下几点（表 C-2）。

首先是产业部门，第一产业的电力强度变化趋势各个情景都是相同的，但是推荐情景中，第二产业的电力强度变化为适度加速降低，主要考虑高耗能产业产能基本饱和以及新型高附加值制造业是未来发展趋势。而考虑新型服务业、办公电气化以及电气化交通的影响，第三产业的电力强度未来很可能呈现的是一个上升趋势。

其次是居民用电测。对于全国城、乡居民人均收入—人均 GDP 弹性和人均用电量—人均收入弹性的变化趋势的判断，主要以北京市城、乡居民人均收入—人均 GDP 弹性和人均用电量—人均收入弹性的变化趋势作为参考。由于目前全国人均收入水平与1998年北京的人均收入水平大致一致,而目前北京市人均收入水平大致是全国2025年的水平。因此,根据北京市城、乡居民的用电特性变化情况对参数变化趋势进行设定。

表 C-2 推荐情景(情景8)的参数设定

年代/年	第一产业电力消费强度增速/%	第二产业电力消费强度增速/%	第三产业电力消费强度增速/%	城镇		农村	
				人均用电量—人均收入弹性	人均收入—人均GDP弹性	人均用电量—人均收入弹性	人均收入—人均GDP弹性
2016—2020	1.00	-3.30	2.00	0.45	1.05	1.05	1.40
2021—2025	-1.00	-3.43	1.80	0.40	1.20	0.98	1.45
2026—2030	-0.80	-3.50	1.60	0.38	1.30	0.92	1.50

根据情景8的参数设定,经过预测得到推荐情景的全社会电力需求变化情况(图C-8和图C-9)。从全社会用电量的角度来看,根据预测,"十三五"期间,电力消费弹性可能由"十二五"期间的0.8下降至0.6,之后进一步降低。同时"十三五"期间全社会电力需求增速为4.26%,之后逐步降低,2021—2025年,全社会用电需求年均增速为3.17%,2026—2030年年均增速为2.74%。

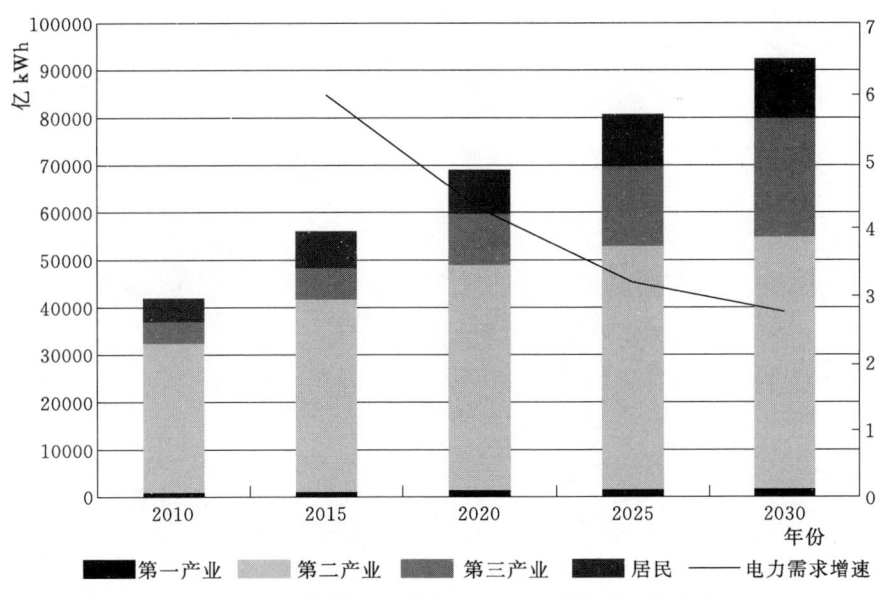

图 C-8 推荐情景全社会用电量预测结果及其增速

附录 C 电力需求情景分析

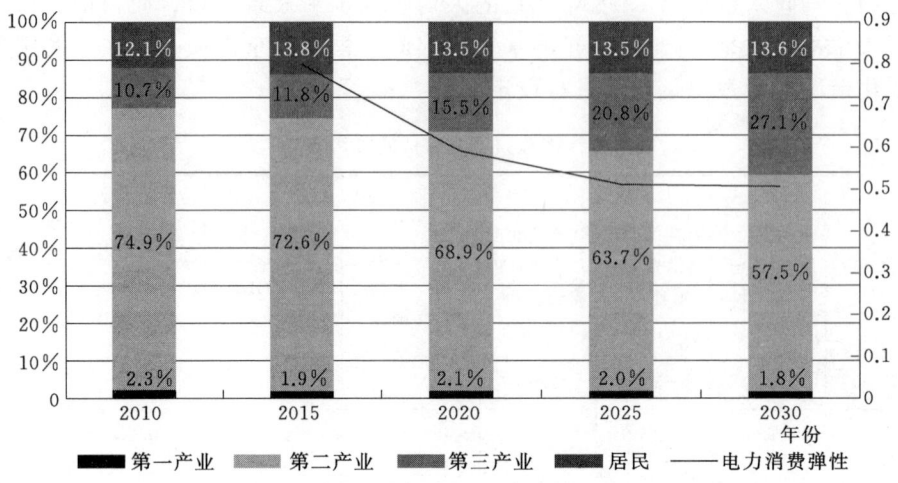

图 C-9 推荐情景各部门用电比例及电力弹性变化情况

参 考 文 献

[1] Deutsche Bank Market Research. China: Big bang measures to fight air pollution [R]. 1 March 2013.

[2] 应光伟, 赵玉柱, 孙科, 等. 600MW 超临界火电机组运行现状及性能优化 [J]. 发电与空调, 2012, 33 (1): 1-8.

[3] 国家能源局. 我国启动国家 700℃ 超超临界燃煤发电技术创新联盟 [EB/OL]. (2010-07-23) [2013-12-15]. http://www.gov.cn/jrzg/2010-07/23/content_1662622.htm.

[4] 内江人民政府. 白马 60 万超临界循环流化床示范电站机组顺利完成 168 小时满负荷试运行 [EB/OL]. (2013-04-15) [2013-12-15]. http://www.neijiang.gov.cn/zwgk/show/20130415092758-734731-00-000.

[5] 周星龙, 谢建文, 范永胜, 等. 大型循环流化床锅炉的发展现状与研究进展 [C]. 中国电机工程学会年会, 2013.

[6] 岳光溪, 胡昌华. 我国大型循环流化床技术的创新与发展 [EB/OL]. (2010-01-22) [2013-12-15]. http://scitech.people.com.cn/GB/10822572.html.

[7] 国家能源局. 国家能源科技"十二五"规划 [EB/OL]. (2012-02-10) [2013-12-15]. http://www.gov.cn/gzdt/2012-02/10/content_2063324.htm.

[8] 毛健雄. 中国火电技术的发展方向和世界超超临界技术的最新发展 [J]. 热电技术, 2011 (4): 1-8.

[9] Global CCS Institute. The global status of ccs: 2011 [R]. 2011.

[10] 中国农业机械工业协会风能设备分会. 2012 年中国风电装机容量统计 [C]. 中国农业机械工业协会风能设备分会 2013 年度论文集 (上), 2013.

[11] 中国电力企业联合会 (CEC). 中国电力行业年度发展报告 2013 [R]. 北京: 中国市场出版社, 2013.

[12] 国家能源局. 关于印发《风电发展"十二五"规划》的通知 [EB/OL]. (2012-09-14) [2013-12-16]. http://news.bjx.com.cn/html/20120914/388348.shtml.

[13] 中国可再生能源学会风能专业委员会 (CWEA). 2011 年风电限电情况初步统计 [J]. 风能, 2012 (4): 41-42.

[14] 张宜俊. 2013 核电建设将提速 [EB/OL]. (2013-03-11) [2013-12-17]. http://paper.dzwww.com/jjdb/data/20130311/html/4/content_3.html.

[15] 李俊峰, 王斯成, 王勃华, 等. 2013 中国光伏发展报告 [R]. 2013.

[16] 国家发改委能源研究所, 中国可再生能源企业家俱乐部, 北京大学教育基金会. 中国光伏发电平价上网路线图 [R]. 2011.

[17] 中国资源综合利用协会可再生能源专业委员会 (CREIA). 中国光伏分类上网电价政策

研究 [R]. 2013.

[18] 刘振亚. 中国电力与能源 [M]. 北京：中国电力出版社，2012.

[19] 中国气象局风能太阳能资源评估中心. 中国风能资源评估2009 [M]. 北京：气象出版社，2010.

[20] 国家发改委能源研究所，IEA. 中国风电发展路线图2050 [R]. 2012.

[21] 王璐. 国务院通过《核电安全规划》和《核电中长期发展规划》[EB/OL]. (2012-10-25) [2013-12-17]. http://finance.sina.com.cn/roll/20121025/014013467731.shtml.

[22] 国务院. 核电中长期发展规划（2011—2020年）[Z]. 2012-10.

[23] 国家能源局. 国家能源局关于印发2014年能源工作指导意见的通知 [EB/OL]. (2014-01-20) [2014-2-1]. http://zfxxgk.nea.gov.cn/auto82/201401/t20140124_1756.htm.

[24] 中新网. 中国核电前景：我国能源战略的重要选择 [EB/OL]. (2011-03-21) [2014-2-1]. http://www.chinanews.com/ny/2011/03-21/2919297.shtml.

[25] 陈静，白美，刘倩. 太阳能光热产业发展现状及对策研究 [J]. 产业与科技论坛，2013，12 (19): 22-23.

[26] 国家能源局. 国家能源局关于印发太阳能发电发展"十二五"规划 [EB/OL]. (2012-09-12) [2013-12-16]. http://zfxxgk.nea.gov.cn/auto87/201209/t20120912_1510.htm.

[27] International Energy Agency (IEA). Technology Roadmap - Carbon Capture and Storage in Industrial Applications [R]. 2011.

[28] 贺德馨. 中国风能发展战略研究 [J]. 中国工程科学，2011，13 (6): 95-100.

[29] 张新宁. 风电整机研发技术现状与发展趋势 [J]. 大功率变流技术，2013 (3): 1-4.

[30] 兵，汪昕，费赫夫. 我国核电技术的能力演进与追赶路径 [J]. 南华大学学报（社会科学版），2013，14 (1): 1-5.

[31] International Energy Agency (IEA). Nuclear Energy Technology Roadmap [R]. 2010.

[32] 国家发改委. 核电中长期发展规划（2005-2020）[EB/OL]. (2007-11-02) [2014-2-1]. http://www.ndrc.gov.cn/gzdt/200711/t20071102_170163.html.

[33] 刘静静，杨帆，金以明. 太阳能热发电系统的研究开发现状 [J]. 电力与能源，2012，33 (6): 573-576.

[34] 张争，夏勇. 太阳能光热发电的发展现状及前景分析 [J]. 长江工程职业技术学院学报，2013，30 (1): 24-26.

[35] 李君，吴少华，李振中. 超超临界燃煤发电技术是我国目前发展洁净煤发电技术的优先选择 [J]. 中国电力，2004，15 (09): 30-35.

[36] International Energy Agency (IEA). 高效低排放燃煤发电技术路线图 [R]. 2012.

[37] Global CCS Institute. The Global Status of CCS: 2011 [R]. 2011.

[38] 国际气候组织. CCS在中国：现状、挑战和机遇 [R]. 2011.

[39] 中国能源报. CCS咫尺还是天涯 [EB/OL]. (2009-06-08) [2014-2-1]. http://paper.people.com.cn/zgnyb/html/2009-06/08/content_269678.htm.

[40] 经济参考报. 我国拟在2012年前后开征二氧化碳排放税 [EB/OL]. (2010-05-11) [2014-2-1]. http://finance.sina.com.cn/roll/20100511/00387909136.shtml.

[41] 工人日报. 澳大利亚7月开征碳税和矿产税 [EB/OL]. (2012-05-03) [2014-2-1]. http://finance.sina.com.cn/world/qtdq/20120503/144311977609.shtml.

[42] 邸元,崔潇濛,刘晓鸥.中国风电产业技术创新对风电投资成本的影响[J].数量经济技术经济研究,2012(3):140-150.

[43] 牛衍亮,黄如宝,常惠斌.基于学习曲线的能源技术成本变化[J].管理工程学报,2013,27(3):74-80.

[44] 杨光.低碳发展模式下中国核电产业及核电经济性研究[D].北京:华北电力大学,2010.

[45] 郑照宁,张树伟,刘德顺.中国核电实现商业化发展的成本及政策建议[J].中国软科学,2004(10):24-29.

[46] 郑竞宏,杨俊,魏玲,等.基于学习曲线模型的光伏上网电价预测[J].电气应用,2012(17):51-55.

[47] 杜凤丽,谢宏.太阳能热发电经济性分析和产业激励政策建议[J].新能源进展,2013(3):197-207.

[48] 宗胜利.鲁能集团甘肃太阳能光热发电调查报告[D].呼和浩特:内蒙古大学,2013.

[49] 张燕娜.鄂尔多斯50MW光热发电项目经济与社会效益评价[D].河北:华北电力大学(保定),2012.

[50] WBI (World Bank Index). Electric power consumption (kWh per capita) [EB/OL]. (2013-04-15) [2014-01-10]. http://data.worldbank.org.cn/indicator/EG.USE.ELEC.KH.PC.

[51] 张念瑜.美国能效电厂机制建设经验与借鉴[J].电力需求侧管理,2009,11(5):74-80.

[52] 涂雅飞,董亚琴.建筑照明节能问题研究[J].科技致富向导,2011(11):316,349.

[53] 深圳市大族绿能照明科技有限公司.LED日光灯设计方案与建议[EB/OL].(2011-10-25)[2013-01-10]. https://wenku.baidu.com/view/b33e012e2af90242a895e531.html.

[54] 中国行业研究网.我国照明用电约占全国用电量13%左右[EB/OL].(2013-12-18)[2013-12-25]. http://www.chinairn.com/news/20131218/134927216.html.

[55] 赵光连,王龙生.高效节能电机节能效果分析及推广前景[J].科技视界,2013,24:254,274.

[56] 陈向国.高效节能电机势必要独占鳌头[J].节能与环保,2013,(8):48-49.

[57] 工业和信息化部,国家质量监督检验检疫总局.电机能效提升计划(2013—2015年)[Z].2013-06-21.

[58] 栗清振.节能变压器大规模推广在即[N].中国电力报,2013-02-07(7).

[59] 余运俊,康利平,万晓凤,聂晓华.配电网安装新型节能变压器的CDM项目效益研究[J].中国电力,2013,46(10):129-132.

[60] 陈刚,靳攀峰.浅析配电网节能降损技术措施[J].机电信息,2012(3):95-96.

[61] 于慧,郭宇.节能变压器潜力巨大技术标准有待提升[N].中国工业报,2012-11-27(4).

[62] 向立清.变频调速在电厂中的节能应用[J].中国高新技术企业,2009(1):57-59.

[63] 搜狐.国家启动节能产品惠民工程[EB/OL].(2009-05-22)[2013-01-10]. http://tech.hexun.com/2009-05-22/117955418.html.

[64] 节能家电补贴新政:一场"及时雨"一味"催化剂"[J].环球聚氨酯,2012(6):

参考文献

22-35.

[65] 王秉忱,谭明. 我国城市浅层地热能开发利用现状与趋势 [EB/OL]. (2012-01-15) [2013-01-10]. http://www.dyrbw.com/Details.aspx? mid=2&id=36169.

[66] 尚普咨询. 中央空调地源热泵市场潜力巨大前景广阔 [EB/OL]. (2013-12-09) [2014-01-10]. http://www.cu-market.com.cn/spsd/2013-12-9/15112352.html.

[67] 肖艳. 农村地源热泵市场潜力大 [J]. 供热制冷, 2013 (9): 56-57.

[68] 周长林,戴思嘉. 建筑物冰蓄冷节能技术移峰又减排 [J]. 中国高新技术产, 2012 (5): 63-65.

[69] 樊瑛,龙惟定. 冰蓄冷系统的碳减排分析. 同济大学学报 (自然科学版) [J]. 2011, 39 (1): 105-108.

[70] 丁宇. 省级电网公司促进用户侧节能减排的思路分析 [J]. 电力需求侧管理, 2011, 13 (3): 10-14.

[71] 刘锐. 浅谈供电企业节能减排的需求侧管理 [J]. 中国高新技术企业, 2013 (34): 84-85.

[72] 郭志炯. 浅谈电力需求侧管理的技术与应用 [J]. 中国高新技术企业, 2013 (33): 136-137.

[73] 张运洲,白建华,程路,等. 中国非化石能源发展目标及其实现路径 [M]. 北京:中国电力出版社, 2013.

[74] 南方电网公司. 南方电网电力工业发展"十二五"及中长期规划研究 [Z]. 2012-01-01.

[75] 东方早报. 盘点审查中的沿海核电项目(表)[EB/OL]. (2014-04-21) [2014-06-16]. http://news.bjx.com.cn/html/20140421/505121.shtml.

[76] 国务院. 大气污染行动防治计划 [Z]. 2013-09-10.

[77] 国家能源局. 可再生能源发展"十二五"规划 [Z]. 2013-01-01.

[78] 李俊峰,施鹏飞,高虎. 中国风电发展报告2010 [M]. 海口:海南出版社, 2010.

[79] 国家发改委. 国家发展改革委关于发挥价格杠杆作用促进光伏产业健康发展的通知 [Z]. 2013-08-26.

[80] 国家发展和改革委员会. 产业结构调整指导目录(2011年本)[Z]. 2013-05-01.

[81] CSPPLAZA 光热发电网. IEA 发布 2014 版《光热发电技术路线图》[EB/OL]. (2014-09-17) [2014-08-20]. http://www.cspplaza.com/article-4037-1.html.

[82] 中国证券报-中证网. 新兴清洁能源崛起光热发电迎爆发 [EB/OL]. (2014-10-14) [2014-10-28]. http://news.cnstock.com/industry/sid_rdjj/201410/3204988.htm.

[83] 华北电力大学,绿色和平. 中国煤电产能过剩与投资泡沫研究 [R]. 2015.

[84] 国家发展改革委员会. 煤炭工业发展"十二五"规划 [Z]. 2012-03-18.

[85] 东方早报. 探营 PECO 公司. 美国智能电网先行者面临立法"阵痛" [EB/OL]. (2009-07-08) [2014-01-17]. http://finance.sina.com.cn/roll/20090708/01042937077.shtml.

[86] 网易探索. 智能电表将进入英国家庭 [EB/OL]. (2009-06-08) [2014-01-17]. http://news.163.com/09/0608/10/5B9FVOS3000125LI.html.

[87] 陈建斌,胡玉峰,吴小辰. 储能技术在南方电网的应用前景分析 [J]. 南方电网技术, 2010, 4 (6): 32-36.

[88] 中工网. 推进核电重启安全是关键 [EB/OL]. (2015-01-14) [2015-01-17].

http://news.163.com/15/0114/06/AFT9UG7000014AEE.html.

[89] 国家发改委，环境保护部，国家能源局.煤电节能减排升级与改造行动计划（2014—2020年）[Z].2014-09-12.

[90] 国家环保部，国家发改委，国家能源局.全面实施燃煤电厂超低排放和节能改造工作方案[Z].2015-12-11.

[91] 中国科学院地理科学与资源研究所，陆地水循环与地表过程重点实验室.噬水之煤（煤电基地开发与水资源研究）[M].北京：中国环境科学出版社，2012.

[92] 中国电力企业联合会.关于公示2012年度全国火电600MW级机组能效对标及竞赛数据的通知[EB/OL].（2013-04-07）[2014-01-17].http://kjfw.cec.org.cn/kejifuwu/2013-04-07/99877.html.

[93] 滕飞.2012年煤炭真实成本[R].2014-11-04.

[94] 国家发展改革委，环保总局，电监会，能源办.节能发电调度办法（试行）[Z].2007-08-02.

[95] 水电水利规划设计总院，国家风电信息管理中心.2012年中国风电建设统计评价报告[Z].2013-03.